文化の力、都市の未来

人のつながりと社会システム

（一財）森記念財団　都市と文化・クリエイティブ産業研究委員会 編著

鹿島出版会

文化の力、都市の

人のつながりと社会システム

大巻伸嗣《リミナル・エアー スペース - タイム》2015 年
展示風景：「シンプルなかたち展：美はどこからくるのか」
森美術館 東京 2015 年
撮影：木奥惠三
画像提供：森美術館

未来

Prologue
はじめに

　東京のこれから、都市のこれからを見据えた
ときに、都市のなかで起こるクリエイティブな
活動とそれを促す空間は、もはや欠かせないだ
ろう。本調査研究シリーズは、都市と文化の関
わりに着目し、文化・クリエイティブ産業が、
いかにして都市や空間のなかで育っていくのか、
またそれによって、都市が次の時代に向けて発
展するのかを探るべく、第一線で活躍する有識
者へのインタビューを通して、現場で起こって
いるリアルな出来事を伝えるものである。
　本書をまとめるに至った経緯は、まず2014
年、2015年に実施したロンドンでの現地調査
に始まる。2016年からは3年間にわたり、ニ
ューヨークの第一線で活躍する有識者へのイン
タビューを行った。それらを通じ、都市に根付
く文化力やクリエイティビティをマグネットに、

いかにしてそれをはぐくみ、都市の価値を高めていけるのか、その特徴やアプローチ方法を明らかにした（p. 20〜参照）。そして2020年より、いよいよその対象を東京・日本へと移し、調査活動を進めてきた。

　本調査研究は、都市におけるクリエイティブ・パワーの魅力やその違いをとらえ、先進的かつ効果的なクリエイティブ活動が、東京で、さらには日本で活発に行われるためのヒントを探ることを目的としている。日本の文化の魅力とはどういうものかを探り、それらを取り巻くコミュニティについても注目した。とくに東京、ひいては日本でもっとも大きな課題とされている、芸術文化を育てる社会システム（アートのエコシステム）を、どのように構築するかについて入念なリサーチを行っている。

　そのために、世界で闘う日本のアーティストと、それを支えるギャラリスト、プロデューサー、行政、芸能プロダクションといった11名の多彩な有識者にインタビューを行い、彼らの現場の声から、日本が置かれている現状や課題について詳細にわたりまとめている。また、これまでこうした調査では必ずしも対象とされてこなかった、漫画やアニメが牽引するコンテンツ産業についても具体的なデータを交えて分析している。その結果、日本の文化・クリエイティブ産業が、いまだ秘めている可能性について多角的に論じられており、ほかに類をみない内容となっている。本書によってその実際を感じとっていただければ幸いである。

都市と文化・クリエイティブ産業研究委員会
委員長　小林 重敬　横浜国立大学名誉教授
統括　　山中 珠美　（一財）森記念財団 主任研究員

都市と文化と未来
——なぜ文化は人を惹きつけるのか

南條史生

南條史生　Fumio Nanjo
1972年慶應義塾大学経済学部、1977年文学部
哲学科美学美術史学専攻卒業。国際交流基金など
を経て、2002年より森美術館立ち上げに参画、
2006年11月から2019年まで館長、2020年よ
り特別顧問。1990年代末よりヴェネツィア・ビ
エンナーレ日本館を皮切りに、台北ビエンナーレ、
横浜トリエンナーレ、シンガポールビエンナーレ、
茨城県北芸術祭、ホノルルビエンナーレ、北九州
未来創造芸術祭 ART for SDGsなどの国際展で総
合ディレクターを歴任。著書として『美術から都
市へ——インディペンデント・キュレーター15
年の軌跡』（鹿島出版会、1997年）、『アートを生
きる』（角川書店、2012年）など。

都市をイメージしようとしたときに思い浮かぶのは、単に建物やビル群のスカイラインだけではないだろう。重要なのはそこにあるカフェや洒落たレストラン、演劇、美術館、ギャラリーなどに通う人々のありようだ。また小さくても個性的にデザインされた住居、機能的なオフィス、明るい学校やパブリックスペースなどの総体である。

都市は生活を内包するカプセルであると同時に、基盤であり、システムであり、またそれを規定するフレームでもあるだろう。重要なことは都市がライフスタイルをはぐくむが、またライフスタイルが都市のかたちを規定するということだ。

ではそのライフスタイルの背景は何かといえば、それは文化である。そこには人間社会の対立や協働、信念や試行錯誤、希望と失望、期待と夢などが層をなして重なっている。それは多くの人たちの価値判断の集積である。

一方で、歴史を否定して新しい価値を提示することも重要である。それは創造性の発露である。文化は歴史からなっていると思われているが、それを否定することも重要だ。批判するこ

とと新しいものをつくり出すことは、表裏一体である。文化は古いものと新しいものの双方がバランスしていなければなければ生き残れない。都市はそれを体現する。

　日本の文化の特徴のひとつに、なんでも「道」に転化する性癖があると思う。それは匠の技を極めることに貢献しているし、仕事においても毎日の仕事の質を高めようと努力する国民性にあらわれている。

　もうひとつの特徴は、なんでも試してみようとする遊戯性ではないだろうか。遊びの精神は絶えることのない実験を可能にする。これは、イノヴェーションの豊かな基盤となるだろう。

　こうした営為が美的な表現に昇華したときに、日本の文化は、世界のなかでも際立ったものになる。寿司も、アニメも、ファッションもアートも、すべては美学の問題ではなかろうか。こうしたことを考えると、日本の文化力は、まだ十分にその機能を発揮し得ていないように思う。日本が大量生産で栄えた時代はとうに過ぎ去っている。これからの時代は、サステナビリティやSDGsを考慮しつつ、まったく新しい目標と価値を創造し、美的な生き方を生み出さなけれ

ばならないだろう。資本主義的消費社会から、美的ライフスタイルの追求にシフトするときに、初めて人新世後の人間社会が可能になるのではないか。

　今後日本の生きる道は文化芸術である、という意見は最近しばしば聞かれるようになった。しかし、芸術教育の軽視、文化遺産関係の諸制度の非寛容などをみると、政策にその視点が反映されていないようにみえる。また多くの人々の文化芸術に対する擁護と理解は、極めて未熟である。

　そこで今後、この本が明らかにした調査から浮かび上がる多様なデータ、多様なエピソードを読み解いて、それを文化・芸術の教育改革、市場の育成などに活かしていただけることを期待したい。今、日本がさらに文化的に魅力的になることは喫緊の課題である。文化・芸術に彩られたライフスタイルが、次世代の都市のアイデンティティを生み出し、そこで生きる人たちに希望と自信と、信念をもたらすことができるはずである。

1

都市と
クリエイティブ産業の
関わりを探る

──ロンドン、ニューヨーク、東京、そして日本

第1章では、これまでロンドン、ニューヨーク、東京において実施した現地調査や有識者インタビューから得られた知見と、都市と文化・クリエイティブ産業研究委員会にて議論された内容を紹介する。

いずれの都市にも強い魅力をもつ文化があり、それらがマグネットとなって世界中の人を惹きつけている。文化を文化産業としてさらに強く育てていくために、ロンドンにはイギリス式の文化を支援する仕組みがあり、ニューヨークにはアメリカらしいコミュニティが存在している。

文化・クリエイティブ産業を
はぐくむ都市とは

日本の文化・クリエイティブ産業の特徴を捉え、都市のなかではぐくみ、
いかにして相互に成長していくのかを知るために、以下の3つのステップを踏んだ。

step
1

都市形成に影響を与える特徴の分析

ロンドンとニューヨークの現地調査を通して、
とくに都市形成に影響を与える特徴について分析した。

特徴 1 コミュニティの形成が
クリエイティブパワーの源泉に

　ロンドンやニューヨークにおける現地調査を通じ、異口同音に語られたのは「各都市における文化の特徴や、文化がどう成長しているのかを調査し、比較する視点はとても面白い。われわれは案外己のことを知らない」というものだった。文化に情熱を注ぐ彼らは、自ずと的確なアドバイスをくれ、コミュニティの人々や施設を、数多く紹介してくれた。その際に、彼らの顔ぶれや特性のみならず、仕事の来歴や家族の仕事に至るまでの詳細が、会話の端々に登場した。アメリカは個人事業主が多いことも背景にはあるが、彼らの関係性の深さを知るとともに、文化を愛する同志への気持ちが込められて

いることを強く感じた。

　これらの調査により、世界有数の才能、作品、資金などが集まるロンドンやニューヨークでは、文化を愛する人々が織りなすアートコミュニティや社会システムが存在し、国境を越えてそのつながりが強固であることがわかった（p.32〜参照）。ここでいう「人」は、文化・クリエイティブ産業にかかる作品や製品を制作する人、それらを観る人、売る人、買う人、さらに文化や産業の発展を支援・投資する人など、さまざまな立場により文化・クリエイティブ産業に関わる人々を指す。一口にアートコミュニティといっても、立場の異なる人々が実際どのように関わっているのかを、われわれが具体的に知ることは簡単にはできない。そのため、このインタビュー調査は大変貴重なエビデンスなのである。

特徴 2　商業活動と非営利活動の両輪により文化産業は強く育つ

　ブロードウェイは世界中から人々を惹きつけ、資金を呼び込み、大きな利益を生み出すエンジンとなって存在しているが、もうひとつのエンジンとして、アメリカには非営利劇場（non-profit theater）が数多く存在しており、それらがとても豊かな役割をもっていることがわかった。これらの劇場は、ブロードウェイでのトライアウトという役割がクローズアップされがちだが、もう一方では、より自由な表現を追求できたり若い作家の発表の場だったりという、オルタナティブな側面をもち合わせている。さらに、教育の場所としても活用され、市民が気軽に参加できる場所にもなっている。

　すなわち、文化産業が強く育つためには、ブロードウェイのように大きな市場を形成し、ビジネスを主目的とした利益をもたらす商業活動のみならず、オフ・ブロードウェイやBAM（ブルックリン・アカデミー・オブ・ミュージック）のような非営利劇場において、ビジネスを主目的としない非営利活動が活発に行われていることが大変重要であるのだととらえた（p.38〜参照）。マーケティングの香りがする場所からは、自由な発想や作品は生まれにくい。他方、とくに前述したコミュニティは、こうした非商業を目的とする活動を通じてできやすく、はぐくまれている。商業活動と同時に、非商業活動が活発に行われている場があることこそが、世界において、ニューヨークを現代アートの中心地たらしめている所以であるといえる。

step 2

２つの視点からのアプローチ

step1の特徴を成す要素として、文化・クリエイティブ産業に関わり集う人々の関係性、コミュニティ形成や社会システムの仕組み、活動が行われる場のあり方や使われ方が重要であると捉え、以下の２つの視点によりアプローチすることにした。

視点１　人のつながりと社会システム

われわれが調査した演劇の分野のみならず、アメリカにおいてビジネスを主目的とせず、非商業を目的とする活動は、市民や企業などからの寄付によりその多くがまかなわれている。また、多くの商業活動はさらなる投資や観客、新しい才能らを惹きつけている（p.44～参照）。両者の活動は相互補完的に機能し、かつサステナブルにアートのエコシステムを形成している。一方で、日本に置き換え、文化を支援するという視点で見たときに、われわれの社会システムは、はたして機能しているのか、そもそもそのようなシステムは成り立つのかという疑問がわいた。そこで、日本において文化・クリエイティブ産業に関わる人々がどのようなつながりをもち、コミュニティをはぐくみ、社会を動かすシステムをどう形成していけばよいのかを知るために、以下の流れで調査研究を行った。

1. 日本の文化力・クリエイティビティの強みや特徴は何であるか
2. ①を育てていくために、どういうコミュニティが機能しているのか
3. 成長し続けるための持続可能な仕組み（アートのエコシステム）をつくるために何が必要か

視点２　都市空間や建築空間の活用

文化と都市の関わりを知ることが本調査研究の目的である。文化が創造される都市空間や建築空間とはどのようなものなのか。また、その空間がどのようにしてつくられ、そのあり方や使われ方、実際の運営はどのような仕組みで行われているのかなどに注目する。さらに、これらの空間をどう活用していけば、文化活動が活発に行われ、文化とともに都市がさらなる発展をし、その魅力が増していくのかを知りたいと考えている。視点２については、今後の調査研究により、実行していく予定である。

本書では、視点１からのアプローチにフォーカスをあて、まず日本の文化がもつ特徴や強みがどういうものなのかを探り、それらに関わる人々の働き方やコミュニティの実態、さらに現場で闘う人々が抱えている課題や、日本に足りないものなどを調査する必要があると考えた。文化が発展していくためには、個人の才能のみに頼るのではなく、社会全体として文化を成長させ、アートのエコシステムをつくっていくことが必要である。そこで、20名を超える有識者へのインタビュー調査を実施した。本書では、そのうち11名の方々による貴重な意見を紹介する。

日本での有識者への インタビュー調査を 実施

第2章掲載

杉本博司
Hiroshi Sugimoto
現代美術作家

名和晃平
Kohei Nawa
彫刻家

金森穣
Jo Kanamori
演出振付家、舞踊家

相馬千秋
Chiaki Soma
アートプロデューサー
NPO法人芸術公社代表理事

白石正美
Masami Shiraishi
ギャラリスト
スカイザバスハウス代表

林保太
Yasuta Hayashi
文化庁文化戦略官・芸術文化支援室長

第3章掲載

真鍋大度
Daito Manabe
アーティスト、プログラマ、DJ
Rhizomatiks代表

堀義貴
Yoshitaka Hori
ホリプログループ会長

野村達矢
Tatsuya Nomura
アーティストプロデュース・マネージメント
ヒップランドミュージック代表取締役

齊藤優
Yu Saito
漫画編集者
週刊少年ジャンプ副編集長

新井勝久
Katsuhisa Arai
トリックスターエンターテインメント
代表取締役

日本の文化力とクリエイティビティの強み・特徴

point
1

脈々と続いてきた文化と歴史

日本の文化には豊かな歴史があり、今日でもその背景に、独自のものの考え方や、様式、技術の継承がある。さらにその根底にある美意識や道（どう）につながる精神を、日本人は大切にしてきたのではないか

杉本博司
Hiroshi Sugimoto
p.48〜

千利休はシンプリシティを考えついた慧眼の人

日本の近世の美意識にある、装飾がいかに控えめで、それが美しいという発想は、茶室の美学、数寄屋の美学に通じている。室町時代の書院造りから数寄屋に転換できたのは、千利休の美意識が非常に大きい。利休はシンプリシティを考えついた人。コルビュジエより300年以上先取りしている　　　（杉本博司）

白石正美
Masami Shiraishi
p.120〜

東京、日本のアートシーンの強みは美術の歴史

アートシーンとしてみると、日本には美術の歴史がある。西洋美術が入ってきたのは明治維新以降で、それ以前から歴史的に、日本的な美術文化を支える力というのが非常に強かった。日本の古い美術品も、国立博物館、骨董品店、色々なところでみられる。そういうものがあるのが東京の魅力だ　　（白石正美）

京都の伝統工芸に詰まった知恵の凄み

京都の伝統的な漆や金箔の手法はよく考えられ、仏像や神社仏閣が経年劣化した場合にも、リニューアルできるつくり方をしている。産業革命以降の石油ベースの造形素材はそこまでカバーできていない。サステナブルな考え方としても優れており、京都の伝統工芸に詰まった知恵の凄みを感じる　　（名和晃平）

古典のドラマトゥルギーを現代に接続する

世界的に見ても日本の演劇は、芸能博物館のように伝統芸能が豊かにある。この豊かな伝統を、どのように現代に生きる私たちが活用できるか。私自身もお能の謡曲を現代に置き換えて考えたり、歌舞伎の物語のドラマトゥルギーを今に接続したり、そういうことを創作のなかで試している　　（相馬千秋）

相馬千秋
Chiaki Soma
p.108〜

point 2 作品に息づく精神性

美へのこだわりに真摯に取り組む国民性は、作品の精巧さや完成度の高さとなってあらわれている。日本には古来より自然に対する畏敬の念や遊びの精神があり、その自由な文化環境が多彩な表現を生み出すのではないか

名和晃平
Kohei Nawa
p.74〜

そのとき、その場所に対する表現

《Force》や《Direction》の制作過程では社会とエネルギーの関係、宇宙と生命との関係を考えていた。地方都市の芸術祭に参加する際はその場所に訪れ、雰囲気を肌で感じ取り、時には地元の人と交流することで見聞きするだけでないリアリティのあるロケーションのイメージが得られる　　　　　　（名和晃平）

金森穣
Jo Kanamori
p.86〜

身体にとことん向き合った先に見えてくるもの

トレーニングを通して自分の身体にとことん向き合っていくと、歴史的な身体性、そして身体を駆動する精神的な部分にふれていく。日本人としての己の身体と日々向き合い続けていれば、呼吸の仕方、間の取り方、静寂のつかみ方など、西洋人とは違う感覚がおのずと出てくる　　　　　　　　　　（金森穣）

自然と共生しながら生きていく強い感性

日本人が縄文時代から培ってきた自然と人間との関わり方。自然界に住んでいる神様を崇めて、豊穣をお願いする。そのために森の表情、草木の様子とコミュニケートする技術、そういうものによって詩的な感性が磨かれた。風や色の名前が英語圏よりも圧倒的に多い。万葉集も自然の情緒に満ちている（杉本博司）

野村達矢
Tatsuya Nomura
p.182〜

音楽にのせた「生きざま」の伝承

日本のロックバンドの音楽には、ティーンエイジャーの青春を支える側面もある。大人がつくった既成概念を打ち破り、新しいことを提案していく、そのフィロソフィーを届けるのもロックの役割。日本のアーティストは、言葉の意味を組み立て、物語に仕立てるストーリーテリングに長けている　　　（野村達矢）

point 3 型にはまらない 表現の自由と多様性

新しい文化に対する教育やメソッドが日本は欧米に比べて弱いといえる。表現に対する制限や型にはめようとする意識が少ないため、ユニークな発想やファンタジーな世界観が生まれやすい。それが強い魅力となっている

教育以外の場から芽吹く才能

日本には歴史的に国立大学に演劇学科がない。日本の近代化の過程で、演劇は反体制的と取られていた背景もあり、教育カリキュラムに入らなかった。しかしこれにはよいこともある。私の同世代では、演劇教育以外のところから出てきた才能が、突然変異的にユニークな演劇をつくる面白さがあった　（相馬千秋）

齊藤優
Yu Saito

p.192〜

日本の漫画は マーケティングから 生まれているのではない

日本のコンテンツの強みとは、こと漫画においては、圧倒的な多様性にあるだろう。映画などに比べると初期費用が低く、そのぶんチャレンジしやすい環境にある。需要があるかどうか未知数な、当たるか当たらないか分からないジャンルも、どんどん生みだしていくことで結果的に発展してきた　（齊藤優）

日本のストーリーを世界へ

日本には海外に向けて発信できるよいストーリーのものがたくさんある。それを実現するために、ヒット漫画『デスノート』のミュージカル版は海外進出を視野に入れて、最初から英語で台本をつくり、舞台化した。それも、本気でブロードウェイをめざすミュージカルを　（堀義貴）

堀義貴
Yoshitaka Hori

p.168〜

新しい表現を生み出す 自由な環境

日本には新しい表現を生み出す自由な環境がある。さらに、異文化との接点が少ないにもかかわらず、相手の文化や思考を許容するという考えがベースにある。それが日本の漫画やアニメ作品にもあらわれている。世界では唯一無二に近い環境ではないか　（新井勝久）

新井勝久
Katsuhisa Arai

p.198〜

point **4**

世界が評価
クロスオーバーする表現

日本には自由で多様な表現が生まれやすく、分野がクロスオーバーしている。アートとテクノロジー、演劇や音楽、ダンス、ファッションなどが交差した境界領域から生まれる表現や作品、才能が世界から注目されている

真鍋大度
Daito Manabe

p.148～

アート作品が社会に実装される

僕はよく技術が先かコンセプトが先かと聞かれる。自分の場合は技術があるからこそ生まれるコンセプトもある。Google のプロダクトである Google Earth も、元々は ART+COM のテラ・ビジョンというアート作品だった。社会に実装されたことでアート作品ではなくプラットフォームになった（真鍋大度）

東西の文化を合わせこんだ 身体表現

日本には能や歌舞伎の伝統、バレエ、60 年代に生まれた独自の身体表現、この3つが相容れないまま存在してきた。これらの要素を貪欲に吸収し、もっとフレキシブルに世界の要素を取り込み、芸術的オリジナリティや身体表現のあり方、その精神性、そういったものを同時に模索していきたい　　（金森穣）

本当に新しい表現者とは

元々日本にはテクノロジーをわざと間違った使い方をしたり、ビデオゲームを本来の目的とは違う遊び方をする文化がある。その影響もあり、日本ならではの作品や作家は多いと思う。本来は新しくツールやシステムをつくるところから始めないと、本当に新しい表現者にはなれないのではないか　　（真鍋大度）

林保太
Yasuta Hayashi

p.130～

新たな才能を発掘した 芸術祭方式

戦後すぐに芸術祭（現在の文化庁芸術祭）が始まっている。これは、パフォーミングアーツを主たる対象とする公募賞で、演劇や舞踊、音楽などから始まった。この芸術祭（公募賞）という手法はあとから出てくる「文化庁メディア芸術祭」にも引き継がれ、昭和・平成時代のおもな才能発掘の施策であった（林保太）

ロンドン、ニューヨークの現地調査から得た示唆
── 文化がもつ力を高め、拡大するために

　本調査研究には3つのシリーズがあり、22ページよりダイジェストを紹介していく（有識者の職業、肩書、発言は調査当時のもの）。

　本調査研究シリーズの第一弾として、ロンドンでの現地調査をもとに「ロンドン式 文化・クリエイティブ産業の育て方」を2016年3月に発行した。ロンドンでは9名のクリエイティブ産業の有識者へインタビュー調査を行い、さらに6名のロンドン在住のアーティストやクリエイターから話をうかがった。加えて、芸術文化・クリエイティブ産業に影響を受け発展したエリア（ショーディッチ、イースト/サウスロンドンなど）や文化施設・集積地を調査し、クリエイティブ産業にまつわる各種データの収集をした。

シリーズ第二弾では場所をニューヨークへと移し、「ニューヨーク版 文化・クリエイティブ産業の育ち方その1」を2018年5月に発行した。ニューヨークでは、文化・クリエイティブ産業を牽引する15人の有識者の発言を通して、おもに個人で活躍し働く人々の実態を調査した。さらに、教育やクリエイティブ産業を支えるための枠組み形成には、大きな資金が必要となることに着目して、アメリカにおける寄付や投資の文化や制度について調査した。また、ニューヨークでもっとも強い文化産業として成長を続けるブロードウェイに注目し、パフォーミングアーツの領域と連動し、エンタテインメント産業として花開き、世界中の人たちを魅了して止まない演劇界の仕組みについて紹介している。

　シリーズ第三弾として2019年12月に発行した「ニューヨークサーベイ その2」では、文化・クリエイティブ産業が育つ都市空間について着目し、17人の有識者による貴重な証言とともに、多くの事例を紹介している。ニューヨークのテック産業やスタートアップについての現状を把握し、クリエイティブ産業界の活動が活発な、作業場・製造場所であり、かつ発表の場にもなる、ブルックリンにある元軍事施設などのオフィス空間を訪問し、そこで活躍する人々や管理者らに話を聞いた。また、アーツ産業のアフォーダブル空間として機能するアーティスト・レジデンシーの調査も実施し、いかにして世界中のアートコミュニティを惹きつけているのかを知ることができた。

ロンドンの
クリエイティブ産業政策とは

質の高い文化プログラムで注目

都市において文化やクリエイティブ産業がいかにして育っているのかを知るために、本調査研究では、イギリスのクリエイティブ産業政策に注目した。その理由のひとつとして、ロンドンが 2012 年のオリンピックを契機に、自分たちの文化力やクリエイティビティの高さを、世界中に知らしめることに成功したことがある。当時、オリンピックの開催地をロンドンと競っていたのはパリであったが、この文化プログラムの質の高さが、招致を勝ち取る原動力になったと評され、ブレア首相が長年取り組んできたクリエイティブ産業政策への注目度があがった。

クリエイティブ産業

クリエイティブ産業とは、文化的な創作物の生産・販売・サービスを行う産業である。文化的な内容であるが、コマーシャルカルチャーが含まれており、経済的な利益を与える意味合いをもつ。また、個人のクリエイティビティ（創造性・創造力）とも結びつきが強い。

文化産業

文化産業とは、クリエイティブ産業のなかでハイカルチャー（高尚な文化）を中核にする産業である。文化産業の発展にとってハイカルチャーに助成・投資することは重要である。ハイカルチャーの中心には文学、舞台芸術、クラシック音楽、視覚芸術があるとする。

知的所有の
創出と開発

富と雇用を
生む潜在力

クリエイティブ産業の原則

個人の創造性や
技術と才能に基づく

イギリス政府による
クリエイティブ産業の定義

（クリエイティブ産業マッピングドキュメント 2001 より）

イギリス政府は 1998 年にクリエイティブ産業のマッピングドキュメントを発表し、2001 年には定義を発表した。クリエイティブ産業は潜在的な力をもっているもので、その潜在力には、文化をもとにして富を生む経済効果があり、労働力を生み出す力がある。

イギリスのおもなクリエイティブ産業

（文化・メディア・スポーツ省（DCMS）によるカテゴリー、2015年）

 宣伝・広告業と
マーケティング

 建築

 工芸品

 デザイン業
（プロダクト、
グラフィック、ファッション）

 メディア産業
（映画、テレビ、ビデオ、
ラジオ、写真）

 IT産業
（IT、ソフトウエア、
コンピューターサービス業）

 美術館・博物館、
ギャラリー、図書館

 音楽、アート
（舞台／視覚芸術）

 出版業

イギリスの文化産業への投資と波及効果

かつてイギリスはエリート的な文化産業に政府の資金を投じてきた。文化産業とみなされる分野の活動は、ロンドンに集中しており、中央政府は地方に対しては、ロンドンの文化産業を支援する義務とメリットを説明してきた。

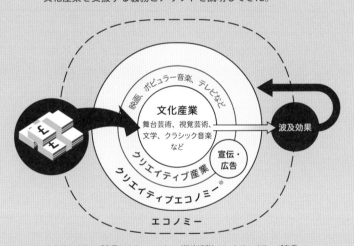

※クリエイティブ産業によるエコノミー（経済活動）に、クリエイティブ産業
以外の産業でクリエイティブな職種によるエコノミーを加えたもの

文化産業に助成・投資するメリット

1 個人の才能によるところが大きい。ひとたび世間に認められた場合、影響が世界規模に広がることがある。ほかの産業分野への波及効果が非常に大きい。

2 この巨大な波及効果は、ロンドン外周部の地域にも利益を与える。

3 ほかの産業の発展から文化産業へのリターン、またロンドン外周部の地域からロンドンへのリターンとそれぞれの効果がある。

舞台芸術を例にとると、ここにお金を投じてよい役者が育てば、その役者が出るほかのメディアも育つ。ベネディクト・カンバーバッチ氏がよい例で、彼はもともと英国立劇場などに立つクラシックな演劇の役者だったが、評価をされ、テレビドラマや映画の『シャーロック』で世界的に有名になった。彼の活躍による、ほかのクリエイティブ産業や観光産業などへの波及効果は計り知れない。

クリエイティブ産業について議論するうえでの課題

クリエイティブ産業は「助成・投資をどう得るか」と「経済的利益についてどう考えるか」が議論のおもな対象になっており、ハイカルチャーのアート分野の人たちは「文化の価値は経済的側面だけではなく、社会的なものと美意識である」、「とくにクリエイティブ産業のなかでもハイカルチャーの組織のニーズは、資金面だけで語れるものではない」と警鐘を鳴らしている。

クリエイティブ産業をカテゴライズすることも、簡単に語ろうとすることも危ないことである。バランスが大切で、つくる側（自己表現、文化的価値、才能）と受け取る側（市場の需要、観客、ビジネスチャンス）、クリエイティブ産業のコマーシャルな部分とアーティスティックな部分との絶妙なバランス、接点がどこにあるかがポイントだ。

PROLOGUE

マグネットの役割を果たす、 文化・クリエイティブ産業

都市に人を惹きつける

ロンドンには 1700 万人、ニューヨークには 1200 万人を超える外国人が毎年訪れている。ロンドンやニューヨークにある都市の魅力のひとつである文化、さらにそれをとりまくクリエイティブ産業界の先端的な活動が、世界中の人々を惹きつけている。

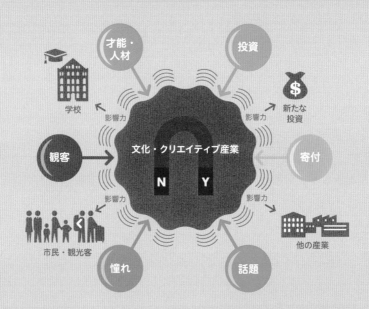

都市において大きな役割を果たす ニューヨークの文化

カレン・ブルックス・ホプキンス
Brooklyn Academy of Music（BAM）前代表

コミュニティをはぐくむうえで、文化は何ができるだろうか？　文化は向学心を高める、従って教育を推進する。文化はコミュニティをはぐくみ、生まれや信仰の異なる人々を仲良くさせ、叫んだりすることなく話し合わせる、素晴らしい方法でもある。偉大な宝物やコレクションは、文化施設のなかに収容されている。ニューヨークの文化施設は世界最大の観光収入を生み出している。この点を踏まえると、世代から世代へともちこたえるものは、文化だ。だからこそ、文明社会として文化に投資することは非常に理に適っているが、われわれは過小評価している。

困難に直面しても、文化は育っていく。なぜなら、自己表現とクリエイティビティが人間としての経験の中心に存在するからだ。都市計画家や文化管理者たちがこれを信じるなら、市が文化を優先するように、このメッセージをより高いレベルで伝える方法を見出さなくてはならない。私は 36 年間 BAM でこれに取り組み、今はより国際的な基盤で行っている。

文化・芸術予算総額と分野構成比（％） (一財) 森記念財団 2018年調査による

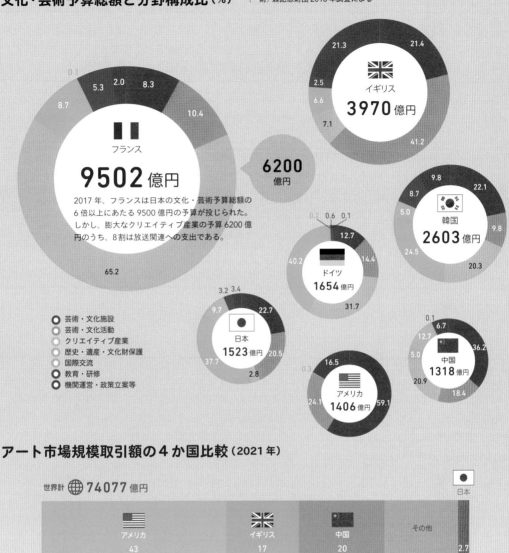

フランス

9502億円

2017年、フランスは日本の文化・芸術予算総額の6倍以上にあたる9500億円の予算が投じられた。しかし、膨大なクリエイティブ産業の予算6200億円のうち、8割は放送関連への支出である。

6200億円

イギリス
3970億円

韓国
2603億円

ドイツ
1654億円

中国
1318億円

日本
1523億円

アメリカ
1406億円

- 芸術・文化施設
- 芸術・文化活動
- クリエイティブ産業
- 歴史・遺産・文化財保護
- 国際交流
- 教育・研修
- 機関運営・政策立案等

アート市場規模取引額の4か国比較（2021年）

世界計 🌐 **74077億円**

アメリカ	イギリス	中国	その他	日本
43	17	20		2.7
31853億円	12593億円	14815億円		1800億円

各国が文化・芸術にかける予算

各国の文化・芸術にかける予算をみると、その国が重んじる文化の性質を知ることができる。もっとも予算が大きいフランスは、日本の文化・芸術予算総額の6倍以上にあたる9500億円の予算が投じられた。しかし、膨大なクリエイティブ産業の予算6200億円のうち、8割は放送関連への支出である（2017年）。また、アート市場が世界一大きいアメリカや、世界第2位をイギリスと争う中国は、日本よりも予算が少ないということがわかる。すなわち、個人や企業などによる資金が文化芸術の分野に大きく流入し、巨大市場を形成し成長していると思われる。

LONDON

歴史ある文化や
クラフトマンシップと
新しい産業との融合

伝統的な文化をベースに成長する

その都市ならではの伝統的な文化が持続し、発展していくためには、必ず新しい文化との融合がある。なぜなら新しい融合が起きることにより、よりクリエイティビティの高い才能を惹きつけることができ、活動が活性化してその魅力が高まることで、産業は拡大していくからだ。ロンドンではとくに、歴史ある文化やルネッサンスの時代にまでさかのぼるクラフトマンシップを源にして、高いクリエイティビティと新しいデザイン業が成長していった。その背景には、大企業型やサラリーマン型とは異なる価値観をもって、先駆者精神と起業家精神を育てるという文化が、ロンドンには根付いているといえる。

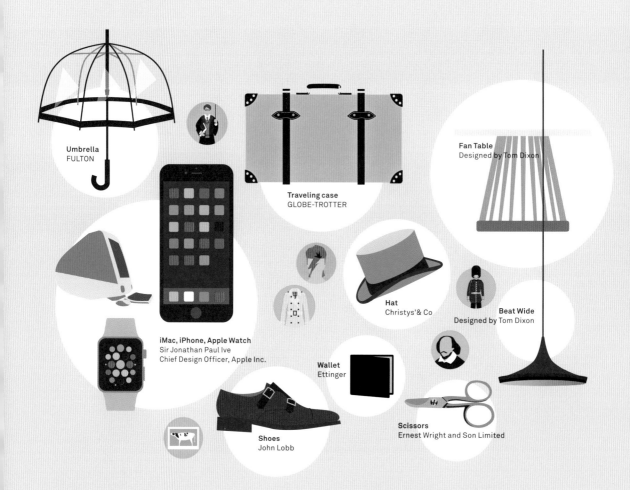

Umbrella
FULTON

Traveling case
GLOBE-TROTTER

Fan Table
Designed by Tom Dixon

Hat
Christys'& Co

Beat Wide
Designed by Tom Dixon

iMac, iPhone, Apple Watch
Sir Jonathan Paul Ive
Chief Design Officer, Apple Inc.

Wallet
Ettinger

Scissors
Ernest Wright and Son Limited

Shoes
John Lobb

ロンドンならではの
歴史ある文化と
クリエイティビティの高さ

ジェズ・フランプトン
インターブランド社
CEO

イギリスのクリエイティビティは歴史によって高い評価を得た。アメリカ合衆国が建国したのは250年ほど前であるが、シェークスピアはそれ以前に、すでにすべての作品を書いている。クリエイティビティの領域は模倣することが困難だ。マーケットがより競争的になるときに、企業がお金をかけるべき所はクリエイティブな領域だ。アップルやビーツの功績は、製品やサービスそのものよりも、その周辺に生じる情緒的な結びつきの構築である。強い情緒的つながりを生み出すものこそが、クリエイティビティだ。

起業家精神を育て、
クリエイティブ・ハブに
なったロンドン

マイルズ・ペニントン
ロイヤル・カレッジ・オブ・アート
IDE 学部長

ロンドンの大学がクリエイティブ・ハブになれたのは、新しく物事を生み出す「先駆者精神」「起業家精神」を育ててきたことが非常に重要だ。日本と違い、デザイナーを何百人も雇えるような工業系の大企業がイギリスには少ない。人々は自分で起業するしかなく、起業家精神が養われた。スタートアップのスピリットを育てるには、政府が助成をするのではなく、いかに下からつくっていくかが重要だ。ロンドンにはたくさんのスタートアップス（新規参入者）がいるし、それらをまとめるインキュベーター（育成者）もいる。

クリエイティビティの
中核にあるのは
デザイン

アナベラ・コードリック
デザイン・カウンシル
戦略調査ディレクター

イギリスは世界第2位のデザイン産業国という強みをもっている（アメリカが第1位）。イギリスには、クリエイティブ産業に対するあらゆる種類の支援があり、映画、テレビ、アートが成長してきた。とくにデザイン部門が中核的なイギリスの強みと見られており、これは私たちデザイン・カウンシルも行った支援の成果だ。デザインがリードするアプローチは、長い時間をかけてできており、イギリスではデザインの教育が非常に強いことも、そのアドバンテージにつながっている。

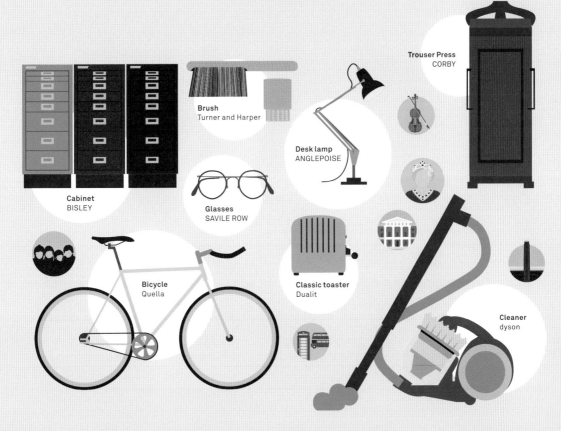

Cabinet
BISLEY

Brush
Turner and Harper

Desk lamp
ANGLEPOISE

Trouser Press
CORBY

Glasses
SAVILE ROW

Bicycle
Quella

Classic toaster
Dualit

Cleaner
dyson

NEW YORK

クリエイティブコミュニティの醸成とエコシステムの形成

フリーランスの働き手が中心

アメリカのクリエイティブ産業界の特徴は、産業を越えたクリエイティブコミュニティの醸成とサステナブルなエコシステムの形成であるといえよう。ニューヨークは元々メディア産業が強かったため、それにかかる広告産業、デザイン産業が大きく育ってきた。文化・クリエイティブ産業従事者のなかでは、圧倒的に個人事業主の数が多い特徴があり、フリーランスとして複数の産業や企業に対し仕事をし、兼業をしている人も増加している。その働き方を背景に、技術者やデザイナーといった仲間を得たり、出資や助成をしてくれる企業やサポーターを得たりすることを目的に、積極的にコミュニティに参加している。加えて、起業を推進する気運が高まるため、社会システムとしてそれを支援する仕組みが成り立っている。

クリエイターを支援する動機は
彼らを取り巻くコミュニティの存在

フリオ・テラ
Kickstarter
統括責任者

Kickstarterはパブリック・ベネフィット・コーポレーション（PBC）で、設立するきっかけとなったのはパトロンという考えだ。われわれの目標は、マネー・プラットフォームとしての成長ではなく、コミュニティの交流を最大にすることだ。創造性や、そのプロセスを支援し、クリエイターに活力を与えるためには、コミュニティが一段と大切になる。これは相互的なプロセスで、後援者とクリエイターが道程を一緒に辿りたいと思うことが大切だ。われわれがニューヨークで起業した大きな理由は、ここが大きな意味で創造性を受け入れる街だからだ。ニューヨークには、Kickstarterでプロジェクトをやった経験のある人々の、巨大なコミュニティがあり、彼らは最善の方法をほかの人々と共有することに意欲的である。さらに、プロジェクトを後援してくれそうなコミュニティへのアクセスもできる。それが強みだ。とくに、ミュージカル・映画・ビデオの分野は非常に強いクリエイティブコミュニティだ。なかでも、ダンスがとくに強い。音楽も巨大な産業のひとつで、ミュージシャンたちは頻繁にKickstarterを利用し、デザインやテクノロジーのプロジェクトに対しても出資がある。あらゆる種類のコミュニティに強みがあり、ニューヨークのネットワークは驚くべきものだ。

ベイエリアやボストン周辺に続く、
大規模なテックコミュニティ

マイク・ホランド
Center For Urban Science and Progress
エグゼクティブ・ディレクター

ニューヨークは、教育や金融に関するテクノロジーが非常に強く、多様なテック産業が強いことが特徴で、米国内で3つめに大きいテックコミュニティがある。各地域のテックコミュニティの性格は、非常に異なる。カリフォルニアのベイエリアは、ローレンス・バークレー国立研究所のような政府が設置した機関があり、科学者や工学技術者からテックが生みだされる。スタンフォードを中心とするシリコンバレーは、シリコンという工学技術的なものが起点となり、さまざまな要素にひろがりをもたせている。また、バイオ技術はボストン近くのケンブリッジとベイエリアが強い。それらの地域のバイオテックをみると、大規模な病院や、研究インフラ設備から生み出された構図がある。それらの地域のコミュニティが、バイオテクノロジーに対し示す経済的な意欲は、ニューヨークより強いものだ。ニューヨークにも、コロンビア大学、ニューヨーク大学、ロックフェラー大学、アルベルト・アインシュタイン医学校など、大きなバイオ医学のコミュニティがある。

LONDON

アーティストを
ステップアップさせる
ロンドンのインフラ

アーティストが自由に活動できる場

アート界のコミュニティのつながりは堅固で、国によることはなく、ワールドワイドな活動が活発に行われている。アーティストがステップアップできるためのインフラ、システムづくりは重要である。そのためには、アーティストに対する態度をオープンにすることが大切である。アーティストらが人に受け入れられないことをやってもそれを「面白い」と思えるかどうかが大切で、革新的な人々が活動する場所を、いかにして都市のなかで提供するかがポイントになる。それはなるべく規制がなく、小さい場所がよい。そういう場所は企業と結びつき、商業的になりがちだが、それをやることが大事だ。さらに、都市にある美術館がラディカルなことをやると、その印象がより強くなるだろう。

キュレーターの目に留まり、美術館などの公的なグループ展へとステップアップする。

友達のギャラリーなどと組み、作品を発表する。

Step 1

大学の卒業制作展

卒業制作展は、大学がキュレーターやギャラリストを呼び、有名コレクターも足を運んでいる。「アーティストの青田買い」の場になっている。

Step 2

小さなギャラリー

NPO、ポップアップ、ノマド、元アーティストのギャラリーなど、大小さまざまある。コレクターとキュレーターに作品をつなぐサポートの役割がある。

美術館の重要な役割

マシュー・スロトヴァー
フリーズ・アートフェア
共同創設者

美術館が現代アートを買うと一般の人も安心して買うことができ、市場全体が変わる。自分が美術館の立場だったら、若いアーティストの作品を買い、パフォーミングアーツの作品を発表する若いアーティストや若いギャラリーをサポートしたい。ロンドンはアーツ・カウンシルと政府のファンドがあり、オルタナティブスペース※にお金を出している。東京にはオルタナティブスペースがないような感じがした。音楽に関してはあるかもしれないと感じた。

※オルタナティブスペースとは美術館でも商業的ギャラリーでもないもうひとつの場所。アートの実験的な場所で、主に補助金や寄付金で運営される

多層なインフラの重要性

ジェームス・セビア
サザビーズ コンテンポラリーアート部門
シニアディレクター

大学やギャラリー、ミュージアムと多層なインフラがあることは、アーティストのキャリアを育て、サポートするために、極めて重要な助けになる。ロンドンには素晴らしいアートの大学が多数あり、アーティストがグループ展や単独の展覧会を開ける力強いネットワークがある。ギャラリーは、アーティストらに作品を発表するプラットフォームを提供し、さらにコレクターとキュレーターに作品を届けるサポートシステムの役割を果たしている。

学校がスタートになる

ジョージナ・アダム
アート・ジャーナリスト

アート作品が生まれるためには、よい学校、よい美術館、よいディーラー、そしてコレクターが必要だ。日本のアートスクールはほかの国に比べてすごく古臭いやり方をしているのではないか。チャールズ・サーチに見出されるきっかけになった、ダミアン・ハーストらの展覧会「フリーズ」は、学生だった彼ら自身がセットアップしたのだ。ノーマン・ローゼンタール（ロイヤル・アカデミー・オブ・アーツ芸術監督）にも、展覧会へ来るよう直訴し、実現した。

これは成功への道だが、とても難しく実現できるものは少ない

アートフェアへ出展するギャラリーに扱われ、より国際的な舞台に露出される。

最終的に美術館へ収蔵される。

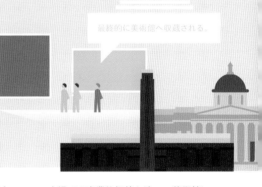

Step 3

Step 4

美術館

市場での商業的価値と違い、美術館に収蔵される作品は、学術的価値あるいは普遍的価値があるとみなされる。

世界的に有力なギャラリー

世界の重要なアートフェアへ優先的に招待される地位を維持しており、ディナーパーティーやレセプションに世界中のゲストを招待している。国内外に強力な顧客をもっている。

個人コレクションの役割

個人コレクションを美術館で一般公開する展覧会は、コレクターがコレクションを続けることを勇気づける。コレクションの中身は、公的なものと比べ流動性や話題性に富んでいる場合が多い。ほかのコレクターの競争心を刺激し、別な視点を学ぶきっかけになる。個人コレクションが美術館に寄贈されると、それがコレクションの価値やコレクターの審美眼に対する評価を高めることもある。

NEW YORK

世界中のアーティストを惹きつけるアーツ産業のエコシステム

つくる、暮らす、働く、すべてが備わる環境

ニューヨークには、アーティストが活動を続けていくために欠かせない、あらゆる環境が揃っている。制作の場所として、廉価なスタジオスペースやアーティスト・レジデンシーがあり、さらに発表や交流の機会を得られる場所として、大小さまざまなギャラリーもある。加えて、質の高いプログラムを有するアートスクールや大学は世界的に見てもレベルが高く、アーティストを養成するだけでなく、目の肥えた観客も数多く生み出している。ニューヨークは物価が高く、住宅難などの問題はいまだあるものの、この素晴らしい環境を求めて世界中からアーティストが集まり、そこで生まれる強いエネルギーが、さらに才能ある人間と資金を引き寄せ、サステナブルなエコシステムを形成している。

アーティストの支援システム

ガブリエル・フローレンス
Pioneer Works 共同創設者

私たちのレジデンスプログラムは非常に競争力をもつようになった。入居者は、オープンコールといわれる申請プロセスにより選ばれる。ビジュアルアーツのレジデンスでは、約800件の応募があり、内部で約100件に絞り込む。その後、キュレーター、博物館のディレクター、アーティストらで構成される審査員が20人に絞り、最終的にその年の10人を選出する。2018年は、音楽、芸術、テクノロジー、ナラティブ（物語性）など、すべてのレジデンスでオープンな申請方法と個別の審査員により選定する最初の年であった。

選ばれた入居者に提供するものはプログラムごとに異なるが、核となるのは「時間と空間」と「私たちのコミュニティに関わる機会」だ。たとえば、画家が3Dプリントの方法を学ぶことや、私たちの技術部門や音楽部門と協力して、彼らのビデオ作品のためのサウンドコンポーネントを作成することなどだ。われわれはまた、彼らの作品の披露を後押しする。自由な作業スペースを一定期間提供し、共同作業をするところまでが責任であるが、時々彼らの作品を展示したり、番組の機会を提供したりする。人々とアイデアを交換する自由を彼らに与え、複数のプロジェクトを試して、われわれやほかの誰かの注意を引く機会を提供するのだ。

スタジオは無料で、さらに少ないながら給付金を入居者に対し提供している。将来は、支援システムをより拡張したいと考えており、すべての世代、国籍、言語、アイデアをもつ世界中のアーティストを呼び寄せ、現代のニューヨークだけでなく、世界そのものを反映させたい。この目標を実現するためには、特定の国の人々がニューヨークに来て、滞在するための資金が不足していることが課題だ。われわれが無料の作業スペースを提供しても、アーティストは、ここまでの旅費やここでの住居・生活費を支払う余裕がない。最近、大規模な展覧会に参加したハイチの多くのアーティストは、費用の問題を解決するのに苦労した。非常によい例は、トルコのSAHA財団と協力し、同国からアーティストを呼んだことだ。われわれが6か月間スタジオを提供し、財団は交通費と住宅費を提供した。つまり最終的な目標は、さまざまな国から来てスタジオに入居するアーティストの半数が、世界中の資金や財団に支えられた状態になることだ。われわれは、このレジデンシーをより包括的で支援的な空間にしたいと考えている。

文化が都市に与える3つの影響

塩野入弥生
Artsy ゼネラル・カウンシル

美術館や文化施設が都市に与える影響は、3つに集約される。ひとつめは、文化都市としてのステータスだ。これは第三者からの評判に尽きる。多岐にわたり文化を支援している都市は、確立したステータスを保つことができる。2つめは経済効果だ。アート界の国際スケジュールのなかで、大富豪らは目まぐるしく大移動をしている。例として、ヴェネツィア・ビエンナーレやフリーズやアートバーゼルのフェアに顔を出し、直島を体験し、香港でオークションに参加する。さらに各地で美術館にも訪れる。一連の移動にともない、彼らが生む経済効果は絶大である。3つめはアーティストとアート界の構築だ。ニューヨークは衣食住にかかる費用が非常に高く、アーティストとしての生業は厳しいが、夢を追って来る若手は絶えない。これは次世代のアート界にとって重要なことだ。たとえばブルックリンのレッドフックは、2012年のハリケーンサンディで被害に遭ったが、アーティスト・レジデンシーPioneer Worksでは、アーティストで創設者のダスティン・イェリンとその仲間とともに、アート、科学、テクノロジーや音楽を通して、コミュニティの復興を図った。その結果、ほかのアーティストスタジオも増え、レッドフックはアートコミュニティとして名を上げ、今や活気ある地域社会となっている。

LONDON

世界水準の大学が即戦力となる意欲的な学生を育成

プロのアーティストやデザイナーによる教育

世界トップレベルの教育陣、プロのデザイナーやアーティストらによる教育、アカデミックと産業界との協働など、イギリスでは非常に高い水準で、実践に近い状況での教育が行われている。もはや自国だけで世界ブランドはつくれないことがわかっており、パリコレで有名なファッションブランドも、ロンドンやアメリカで教育を受けた人が入りつくっている。これら世界水準の大学では、アート、デザイン、ファッションなど、学生の興味がある分野で、強い世界的なネットワークをつくることができ、SNSでは卒業生らによるOB会のようなコミュニティがある。ロンドンで教育を受けることは、高レベルな知識や技術を学べるとともに、強いネットワークを手に入れることができる。

指導

ビジネススキル
や起業方法

参加

学生を惹きつける
ブランド力

ポール・トンプソン
ロイヤル・カレッジ・オブ・アート
学長

クリエイティブ産業と教育の関係は明らかに教育が先だ。よい大学があるから、よい人材が生まれて、産業が育った。産業があったからではない。アート＆デザインのQS大学ランキングではロイヤル・カレッジ・オブ・アート（RCA）がトップだ。アート・クリエイティブ系でトップ10の大学に、イギリスではほかに2校（ロンドン芸術大学、グラスゴー大学）が入っている。世界中の人がここで学びたいと強く思うブランドを確立している。

クリエイティビティを
育てる教育スタイル

マイルズ・ペニントン
ロイヤル・カレッジ・オブ・アート
IDE学部長

ロンドンでの教育は教員と学生が非常にフラットな関係にある。教員は学生がやることを後ろで支えてあげるような存在で「これをやりなさい」という感じではない。日本と違う。ロンドンの大学にはクリエイティブな学科があり、教育のスタイルが非常に重要である。インディペンデントなデザイン性、アーティスト性の思考をもつことを、とくに強調するスタイルを取っている。リサーチペーパーを書くだけの教育ではなく、現場の人間が大学のなかで教える立場にあり、プロのデザイナーが教育に関わっている。

高い水準を
求める教育

ジェズ・フランプトン
インターブランド社
CEO

イギリスでは一般にクリエイティブ産業とされる広告会社、作家、映画会社、劇場がとても上手くやっているが、これには多くの教育的理由があると思う。イギリスは大きな重点を「質」に置いている。「この程度でよい」といった妥協をほとんどしない。中途半端なものはダメですごくよくないといけない。われわれイギリス人の多くはそのように教えられてきた。水準を高めようとするので、建築やデザインの分野でノーマン・フォスターやジョナサン・アイブのような多数のスーパースターを生み出してきた。

現場で働く
優秀な先輩

共同プロジェクト
インターン

クリエイティブ
産業界

世界の
注目

Cooooool

クール
！！！！

羨望

凄い！

Impressive

AWESOME!

NEW YORK

観客側とつくり手側、両者を育てる教育

アートや演劇にふれ合う豊富な機会

アメリカでは文化施設が多いため、アートや演劇に接する機会が多く、その作品も多種多様である。それが魅力となり、新たな才能を惹きつけて作品を生み出す環境が培われ、さらに楽しむ観客もふえ、その両者が育っているといえる。これは家庭や学校などのサポート、文化施設が実施する教育プログラムへの参加などにより、子どもの頃からアート鑑賞や観劇の習慣を身に付けていることの影響が大きい。結果として、大人になってもアートに親しむ人が多い。パフォーマーやアーティストをめざす人は、学位を提供する高等教育機関や専門学校へと進んで、高い技術を学ぶことができる。さらにインターンシップなどを通じ、早い段階から実地経験を積む機会があり、プロへと成長していくことができる。

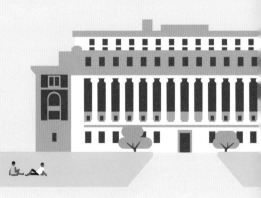

子どもたちへの教育は
芸術文化へ触れさせ、寛容さ、好奇心、
何をしてもいいと教えること

ジュールズ・フィッシャー
FDA
創設者

アメリカでは、学校を訪れる小さな旅回りの一座が、『ハムレット』などの劇を上演していた。今は機会が減っているが、私が子どもの頃はたくさんあった。私自身の貴重な教育体験のひとつは、8歳のときにおとぎ話の『ラプンツェル』の劇を観たことだ。蔦に覆われた煉瓦の壁が、スクリムというガーゼのような背景幕の上に描かれていた。後ろから照明があてられると、スクリムが透け、壁の向こうに囚われている少女の姿があらわれたのだ。今まで私が見たなかでもっとも神秘的な瞬間で、永遠に忘れることができない。今でもこの場面が、私の想像力を掻き立てる。私たちは「演劇とは何なのか」ということを、幼い頃に紹介された。これが演劇産業において、アメリカを強くしている要素のひとつであろう。あらゆるパフォーミングアーツとビジュアルアーツの分野で行うべきである。画家たちがきて、絵を描いて見せるのでも、2、3時間かけて子どもたちに絵を描かせるのでもよい。私は、若いうちから人々に芸術文化への紹介を始めることと、寛容さ、好奇心、何をしてもいいと教えることを日本に奨励する。アーティストにとって、正しい色や間違った色は何ひとつなく、太りすぎの人も痩せすぎの人もいない。「自分自身をどう表現するか」によるからだ。

クラシック音楽の才能を
アート、テレビ、
演劇界でも活かす

ベンジャミン・ソスランド / アダム・マイヤー
ジュリアード音楽院
ヒストリカル・パフォーマンス設立者 / 音楽学部副学部長

ポピュラー音楽とクラシック音楽は、それぞれの商業活動が異なるため、区別がある。まったく異なる経済環境が、2つの音楽領域を分けている。それぞれ異なる種類の教育、目的、上演施設や会場を必要としている。ジュリアード音楽院は、クラシック音楽やジャズといった特定のタイプの音楽に特化している。

　ジュリアード音楽院でのミッションではないため、ポピュラー音楽でのキャリアを見据えて、学生たちに準備させる目的のプログラムはとくにない。しかし実際には、クラシック音楽の世界における才能を、より商業的な世界へ転換する学生たちもいる。ジャズ専攻の学生で、最近卒業したジョン・バティストは、スティーブン・コルベアの番組でバンドリーダーを務めている。演劇に関していえば、もちろん映画における商業的成功を見据えて、学生たちは訓練されている。アート界、テレビ業界、演劇界でも卒業生たちが活躍している。とくにブロードウェイでは、多数のジュリアード生たちが働いており、ニューヨークに身をおく利点のひとつだ。主要キャストというより、オーケストラの団員として、生計を立てている在学生もいれば、代役として頻繁に演奏する学生たちもいる。

LONDON

半民半官や非営利を目的とする団体の活動が活発

社会システムによってつながる

ロンドンには世界的に有名になるほど成長した企業がたくさんあるが、それは「新しくできた小さな企業や、そこから生まれたよいアイデアを、社会のシステムとともにはぐくむ」というスタイルが根付いているからである。その際の政府の役割とは、才能のある個人に直接お金を出すことではなく、才能ある人々が活動できる場所をつくることである。起業家への支援としては、人と人、人と企業といったつながりをつくることが重要で、投資家との出会いの場をつくり、さらには、売れる市場へのアクセスをつくることが大切であるとされている。それらを行う際に活躍するのが、政府から「袖ひとつ離れて支援する」と称される非営利団体である。慈善団体である NESTA は、イギリスのイノヴェーション能力を高めるために幅広く活動している。

政府から「袖ひとつ離れて支援する」団体

ACE Arts Council England	芸術・文化関連組織を助成し、イギリス全土にわたるアートと文化の発展を促進する。親機関は DCMS
BFI British Film Institute	映画の制作、配給、教育、観客数の増加を促進する。親機関は DCMS
デザイン・カウンシル Design Council	デザインの専門家として、中小企業や政府機関にアドバイスを行う。親機関は BIS
CABE Commission for Architecture and the Built Environment	建築環境に係る幅広い分野にアドバイスを行う専門組織。ロンドンオリンピックで建築のデザイン調整をした。2011 年にデザイン・カウンシルと合併
NESTA National Endowment for Science, Technology and Arts	投資や調査、研究を自ら行い、とくに健康や教育、芸術分野でのイノヴェーションをサポートする

クリエイティブ産業をサポートする政府機関

BIS（ビジネス・イノヴェーション・職業技能省） Department for Business Innovation & Skills	ビジネスの規制および支援、輸出の認可、知的財産などを所轄し、スキルやビジネスへの投資を行う
DCMS（文化・メディア・スポーツ省） Department for Culture, Media & Sport	イノヴェーションに投資を行い、文化やアートの伝統を守り、振興する。ロンドンオリンピックでレガシー計画の策定などを行った
UKTI（英国貿易投資総省） UK Trade & Investment	海外企業のイギリス進出と、国内企業の海外進出を貿易の面からサポートしている

政府はあくまでも
サポート役

マイルズ・ペニントン
ロイヤル・カレッジ・オブ・アート
IDE 学部長

政府のサポートがあることはロンドンの魅力だ。製造業が衰退した後に、政府がデザインをサポートし始め、デザイン・カウンシルが大きく貢献した。しかし政府が主導しているわけではない。政府は、元々ロンドンがもっていたクリエイティブ能力の高さに注目して、推進するようになった。ロンドンで自然発生的に生まれ、集積した産業に政府は注目し、助成しているのだ。文化政策において政府は大きな役割を果たしていたが、クリエイティブ産業政策においては、政府はスモールプレーヤーで、自分以外のプレーヤーにインセンティブを与えることが役割とされている。

資金への
アクセスが重要

クリス・ビルトン
ウォーリック大学
文化政策研究センター専攻長

どのように資金を得るかは非常に重要である。クリエイティブ産業はリスクが高いと予測され、銀行が貸し渋りをするため、ベンチャー企業はベンチャーキャピタルや商業的なパートナーシップに頼っている。ロンドンでは、資金にアクセスすることは市場にアクセスすることに直接つながっている。両者は企業にとって重要な課題であり、他都市に比べて容易に手に入れることができる。

30近い半民半官・非営利の
支援団体

アナベラ・コードリック
デザイン・カウンシル
戦略調査ディレクター

イギリスには、クリエイティブ産業の支援団体が官民合わせて30程度あり、関係性や全体像の把握は難しい。アーツ・カウンシルは独自の戦略をもつ強力な組織で、影響力をもっている。NESTA（研究所／非営利団体）は、小さなアイデアを生活へ結びつけるためのサポートを行っている。CABE（建築専門家団体）はロンドンオリンピックにおいて、建築のデザイン調整を行うという重要な役割を果たした。イギリスはクリエイティブ産業政策が確立する前からデザインを重視してきたため、デザイン・カウンシルの前身は1944年に政府の一部として設置され、デザインを用いて中小企業の活性化を行うなどデザイン市場を支援してきた。しかし、今やデザイン市場が成長したため、新しい公共サービスや社会的な難しい挑戦に取り組むという、新しい局面に差し掛かっている。

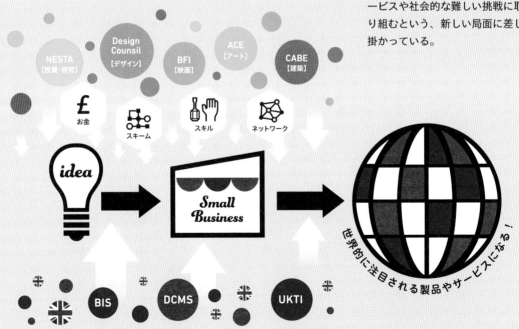

39

商業目的と非営利目的 両者の活動

ブロードウェイ（商業演劇）と両輪を成す、非営利演劇の存在

相互に影響し合い発展

アメリカのパフォーミングアーツは、ニューヨークのブロードウェイに代表される商業演劇と、オレゴンのシェイクスピア・フェスティバルなどに代表される非営利演劇の2つに大きく区分される。さらにオペラやダンス、クラシック音楽など、多種多様なジャンルが存在し、世界中から集まる豊かな才能と観客に支えられ、互いに影響しながら発展してきた。商業演劇とは、ニューヨークのブロードウェイ、およびブロードウェイ作品のツアー、ラスベガスのシアター、各地のディナーシアターなどである。一方、それらを除くパフォーミングアーツのほとんどを含むのが、非営利演劇である。ブロードウェイは完全な商業演劇であり、その上演期間や作品の成功・失敗は、すべて興行収入で判断される。一方、オフ・ブロードウェイには商業と非営利が混在しており、その運営はサブスプリクション制度と寄付で成り立っている。

非営利演劇と商業演劇では作品ごとに上演する理由と目的が異なる

カレン・ブルックス・ホプキンス
前BAM代表（1999年 - 2015年）

BAMにおいて10時間もかかるピーター・ブルック作品のように風変わりな作品を上演する場合、利益を目的とせず、ファンドレイジング（寄付金などの資金集め）で補おうとする。優れた作品を生み出すことがわれわれの使命であり、それは必ずしも商業的な成功ではない。一方で、商業演劇の場合は、利益を得ることがゴールだ。非営利演劇と商業演劇は、作品ごとに上演する理由が違い、だからこそたくさんの施設と劇場がある。そういう意味でニューヨークは文化の中心として突出している。人は皆、異なる作品を観にここへやってくるのだ。また、『ハミルトン』のように、世界中で上演されて収益をあげる偉大な作品がある。作品が商業化され、劇場に利益がもたらされれば、それは素晴らしい収益源となる。『ハミルトン』を輩出したパブリックシアターのような非営利劇場から、ブロードウェイに作品が移ることは、頻繁には起きないため、作品が移るときは大きな影響力をもつ。つまり、よりたくさんの観客と、大きな収益を得ることができるのだ。しかし、『ハミルトン』のような作品は、ごく稀だ。こうした成功は、生みの親である劇場の評判をあげるが、それはわれわれのような非営利演劇が、作品をつくる理由や目的にはならない。

BAMは地元の観客と先進的ジャンルに取り組み、ブロードウェイは世界中の観客に作品を見せる

ジョゼフ・V・メリロ
BAM エグゼクティブ・プロデューサー

非営利劇場と商業劇場の間に競争はない。非営利劇場はいわばブロードウェイのためのR&D（Research and Development）組織のようなものだ。ブロードウェイの観客のうち70％は観光市場から、残りの30％はニューヨーク都市圏三州（NY、ニュージャージー、コネチカット）から来ている可能性がある。もちろん、BAMで上演したピナ・バウシュの作品が観たいといって、はるばる訪れる人々はいるが、BAMが取り組む観客属性に、観光客という項目は存在しない。観光と関連付けたアイデンティティやブランドづくりはしていないのだ。BAMは、長い間先進的なジャンルの作品を催してきたので、まったく異なった観客層をもっている。「ネクスト・ウェーブ・フェスティバル」の観客は非常に若く、大多数はブルックリン在住だ。われわれの観客の半分はブルックリン出身で、残りはほぼマンハッタン出身だ。一方、マンハッタンはある種、古典的文化の砦として捉えられている。つまりパフォーミングアーツのためのリンカーン・センターがあり、第一の大型施設としてのカーネギーホールがあり、それがブロードウェイとのバランスをとっている。ミッドタウンという位置的なものもある。ブロードウェイの観客の大多数は観光客で、これはニューヨークの街にとって非常に重要だ。マンハッタンとBAMの観客の惹きつけ方はまったく異なる。

商業演劇と同様に非営利演劇もまた高い水準を保っている

ジュールズ・フィッシャー
FDA 創設者

アメリカの商業演劇の強みは、高い水準をめざし、保っている点だ。この国は素晴らしいことに、それに加えて非営利演劇が成長している。最高のレベルをめざす商業演劇と同様の水準が、非営利演劇にもあてはまる。演劇界を志望する人は、たとえばオレゴンの非営利演劇、シェイクスピア・フェスティバルのように地方で研鑽をつむことができ、生涯とどまることもできる。仕事を手にして、家族をつくり、自分の地元を離れることなく仕事を続けられる。ひとつの理想的な道だ。非営利演劇とブロードウェイ、それぞれの価値が、お互いに釣り合っている。また、オリジナル作品（一から制作された作品）は、非営利演劇から生まれることが多い。劇作家が劇を制作し、まずオフ・ブロードウェイや地方劇場へ行き、最終的にブロードウェイへ行く。そこで有名になれば、今度は世界中に配給される。アメリカの商業演劇の中心は、つねにニューヨークにある。さらに各都市に上演施設があって、ブロードウェイ作品の巡業ツアーを観劇できる。商業演劇が、シカゴで試験上演することはあってもシカゴでのヒットをめざし、新しい作品を制作する者はいない。ニューヨークが商業演劇の中心地であり、発生する機器なのだ。テネシー・ウィリアムズやユージーン・オニール、アーサー・ミラーの作品もニューヨークで生み出され、ほかの土地へといった。晩年には違う作品もあるが、ほとんどの作品はそうだ。

	非営利演劇	商業演劇
ニューヨークの代表的な施設	ブルックリン・アカデミー・オブ・ミュージック（BAM、ブルックリン）、パブリックシアター（マンハッタン）	ブロードウェイの41劇場（マンハッタン）
劇場のオーナーシップ	公演を主催する団体のほとんどは、会場である劇場を所有するか、あるいは長期貸借し、管理している	通常、劇場主はプロデューサーとは別にいる
公演期間	通常、各シーズンごとに新しい作品を制作・上演するため、大抵の場合は、事前に決められた期間内の、"closed run"である	通常一作品を制作するために、一度限りでパートナーシップやカンパニーが編成される。作品はしばしば、期間を決めずに、"open-ended run"で上演される。チケット売り上げが落ち込まない限り、公演は続く
興行収入	全体の予算のうち、興行収入が占める割合は、40〜60％程度。残りは、寄付などで賄われる	興行収入（box office）の結果が、公演の継続を左右する。収入が低い場合、作品は打ち切りとなる
課税	寄付者：製作費を上回る収益は、「余剰」と呼ばれ、劇場が保持する。作品・団体に対する寄付は、団体が非営利の認定を受けている場合、税控除の対象となる	投資家：投資家が一作品において利益を手にした場合、その利益分は課税対象となる。一方損失が生じた際は、ほとんどの場合において、所得から控除される

波及効果が大きく期待される クリエイティブ産業に国が投資

LONDON

国を越えたコラボレーション

日本からみるとあまり印象がないが、ロンドンは映画産業を重要視している。映画の中心地はハリウッドであるため、アメリカに勝つ方法は残された分野での制作しかない。しかし戦うのではなくコラボレーションしたほうが、結果として世界中の観客を相手にでき、産業界を活性化することにつながると考えている。ハリウッド映画の準主役をイギリス人俳優が務め、SFX/VFXをロンドンの制作会社が手がけていることからも、その協力体制がうかがえる。また政府は、これまでは個人に助成金を与えていたが、商業セクターらが直接映画に投資をするほうが、クリエイティブ産業をよりよくすると考え、投資に対する租税優遇などの政策を実施している。さらに映画を公開する上映権やライセンスを、若手のクリエイターらが得やすいよう改善することが、大事とされている。

租税の優遇措置の 効果は高い

クリス・ビルトン
ウォーリック大学
文化政策研究センター専攻長

政府はクリエイティブ産業に投資をすれば租税優遇を受けられるという政策を用いており、利益を直接クリエイティブ産業に使えるようにしている。企業だけでなく個人投資家も、チャリティではなく現実的なお金をつくる観点で投資をしている。税金控除の対象になるし、税率によっては不動産よりも、映画や音楽祭、YouTubeなどにお金を投じる方がメリットがあり、どちらにとっても戦略としてよい。

横断的な クリエイティブ産業

アナベラ・コードリック
デザイン・カウンシル
戦略調査ディレクター

クリエイティブ産業は横断的である。英国貿易投資総省の「クリエイティブ産業国際戦略」では、セクターを越えてコミュニケーションをとることの重要性を訴えている。デザイン・カウンシルでは、コンピューターゲームへの投資を議論してきた。見落とされがちだが、ゲーム製作はデザインであり、ウェブやソフトウェアと同様デザインの一分野を成している。大部分はイースト・ロンドンにある。

映画産業に 貢献するイギリス

ジェズ・フランプトン
インターブランド社
CEO

大ヒット映画はアメリカでつくられているが、イギリスは文学の評価が高い。イギリスでは、クリエイティブ産業である広告会社、作家、映画製作会社、劇場などがとても上手くやっている。多くのイギリス映画が歴史的に高い評価を受けているし、映画産業は今や再び素晴らしい品質を確保している。イギリスの多文化社会とわれわれの姿勢に関係がある。

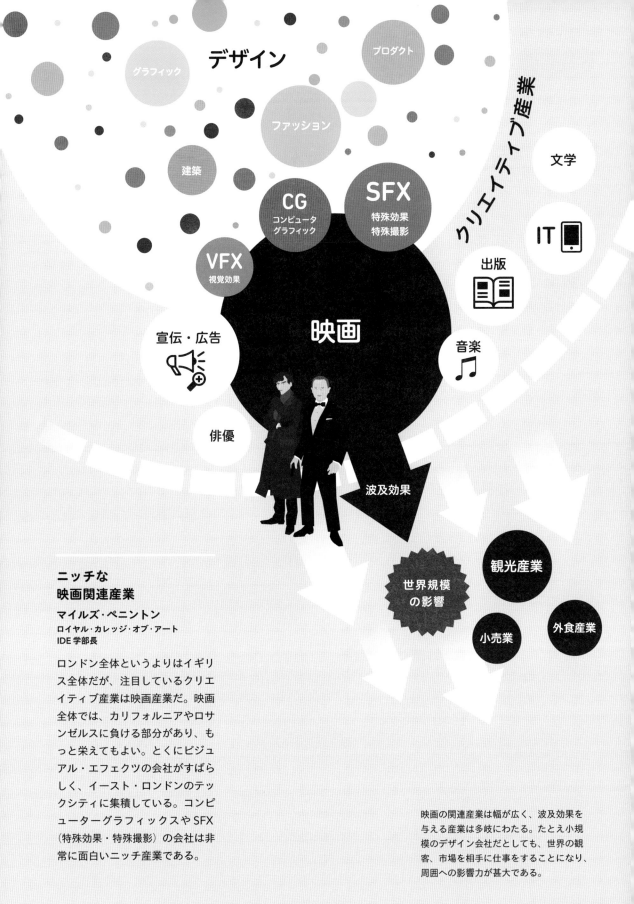

デザイン

グラフィック

プロダクト

ファッション

建築

クリエイティブ産業

文学

CG
コンピュータ
グラフィック

SFX
特殊効果
特殊撮影

VFX
視覚効果

IT

出版

映画

宣伝・広告

音楽

俳優

波及効果

世界規模
の影響

観光産業

小売業

外食産業

ニッチな 映画関連産業

マイルズ・ペニントン
ロイヤル・カレッジ・オブ・アート
IDE 学部長

ロンドン全体というよりはイギリス全体だが、注目しているクリエイティブ産業は映画産業だ。映画全体では、カリフォルニアやロサンゼルスに負ける部分があり、もっと栄えてもよい。とくにビジュアル・エフェクツの会社がすばらしく、イースト・ロンドンのテックシティに集積している。コンピューターグラフィックスや SFX（特殊効果・特殊撮影）の会社は非常に面白いニッチ産業である。

映画の関連産業は幅が広く、波及効果を与える産業は多岐にわたる。たとえ小規模のデザイン会社だとしても、世界の観客、市場を相手に仕事をすることになり、周囲への影響力が甚大である。

NEW YORK

個人や企業による寄付文化と投資の文化があるアメリカ

お金を出し、作品に"参加"する

非営利劇場であるBAMの運営予算の60%は、民間の寄付金で賄われている。人々が寄付をして芸術に貢献をしているのだが、その動機はパッションだという。アメリカ政府の財政援助はほとんどなく、ニューヨーク市行政や、民間の寄付者、財団、企業、公演のチケットを買う人々に支えられている。また、商業演劇であるブロードウェイは、作品への投資やスポンサーシップにより成り立っており、チケットやグッズの売上が興行収入となる。投資家とスポンサーはよく混同されるが、本来まったく違う立場の人々である。投資家は、リスクを担いながら作品制作に出資し、作品がヒットすれば莫大な利益を得るのだ。これは会社単位で投資を行う場合や、裕福な個人が出資を行う場合がある。また、他国の演劇関係の企業が、自国での上演権利、またはそのオプションを取得するかたちで投資をすることもあるという。

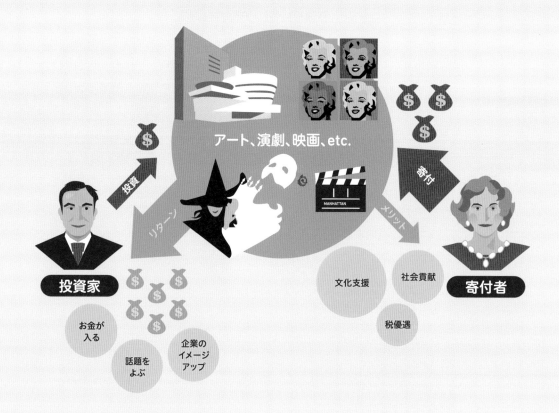

アート、演劇、映画、etc.

投資家 — 投資 — リターン — お金が入る — 話題をよぶ — 企業のイメージアップ

寄付者 — 寄付 — メリット — 文化支援 — 社会貢献 — 税優遇

寄付をする動機や理由は
千差万別である

カレン・ブルックス・ホプキンス
前 BAM 代表（1999 年 - 2015 年）

　BAM が資金集めをする 3000 万ドルのうち、約 200 万ドルがニューヨーク市からで、残りは、財団、企業、個人富裕層、メンバーシップ制度の個人会員、ガラパーティ、特別イベントなどさまざまな民間からの資金による。ファンドレイザーの目標は、毎年どうファンドレイジングをするか、地図を描くことだ。理事会は、自ら寄付を行い、さらなる資金援助を募る助けにもなる。ファンドレイジングのスタッフは、プロジェクトを正しい方向へ導いている。誰がどこへ出資や寄付をしているか、その人やその一族が何に関心があるのかを調べ、寄付を依頼する。また、国際プログラムや、「ネクスト・ウェーブ・フェスティバル」「BAM オペラ」など、個別プログラムの作品制作と上演のために、資金を集める。戦略づくりや寄付のための資金集めもある。これは、トップダウン式とボトムアップ式、一連の勧誘活動だ。20 回依頼して 5 回返事がもらえれば幸運な方で、非常に厳しい。一方で、積極的に市民と関わる必要があることがよい点だ。アメリカの文化施設が成果をあげるうえで、ファンドレイジングが一役買っている。成功する多くの人々は、コミュニティに還元するのが務めだと思っている。ある者は病院を、大学を、芸術や文化を支援する。アメリカでは、寄付者は税控除も受けられ、芸術文化に貢献するよい理由と同時に、経済的理由がある。ある者は商業的な動機をもち、ある者は、慈善的なのだ。

税制優遇が充実しているのは映画産業
演劇産業は近年に導入

吉井久美子
Gorgeous Entertainment
社長

　内国歳入法 Section 181 の改正案で、映画産業が税制優遇の対象となる前は、作品の成功やロングランが確定する前に、興行収入を予測して税を納めていたので無理があった。需要によってチケット価格が変わる変動料金制が、映画産業やブロードウェイでは採用されており、チケット収入の予測が難しいことが問題だった。映画や演劇作品の利益は先が読めず、見積もりしにくいのだ。一方、ロンドンの演劇界、ウエストエンドでは、出資額が 100% 戻ってくるまで課税されない。アメリカにおいては、ロビー活動をする余裕があった映画産業を中心に、Tax break（税制優遇措置）制度が充実している。演劇産業界においては、これまで広く知られていなかった実情が考慮され、ブロードウェイリーグ内に委員会が設立され、上院議員などを対象にロビー活動が行われた。これにより優遇措置が促され、比較的最近になって適用された。

映像・演劇にかかる優遇措置

"Made in NY" ディスカウントカード	NY 市で映像作品を制作する者はインセンティブとして "Made in NY" というディスカウントカードをもらえる。カード提示により参画する関連業者からディスカウントなどさまざまな優遇を受けられる
NY 州 映像産業税額控除制度	NY 市内で撮影される作品が対象。映画・TV 制作者は、規定項目に該当する費用の 30% 税額控除となり、納税額がマイナスとなる場合はその額を補助金として受け取る。この税額控除の予算枠は 4.2 億ドル / 年である（2013 - 2019 年）
事業用家賃税（CRT）免除	1995 年から、演劇関連の制作にかかる施設を借りる場合、はじめの 52 週間支払った分の賃料は、CRT の課税対象から除外される。マンハッタン 96th St. 以南の地域が対象。2005 年に対象となる演劇項目にダンスが加えられた
演劇公演にかかる 消費税の免除	演劇公演にかかる資材の購入およびサービスに対する消費税が免除される。舞台設備、小道具、設置作業や作品の企画・制作なども含まれる。NY 州において、週 5 回以上 2 週間連続で公開され、チケットが有料、公演場所は 100 席以上、などが適用条件である

文化芸術を
生み出す人々

──いかにしてアートのエコシステムを形成するのか

第2章では、文化における芸術分野にフォーカスをあてる。日本の文化芸術にはどういった特徴があり、世界からどのように評価されているのか。都市のなかで文化を強く育てていくためには、才能あるアーティスト、創造者はもちろんのこと、彼らを取り巻く社会的なシステム「アートのエコシステム」の形成が必要である。世界にその芸術性を高く評価されているアーティストは、日本の現状をどのように見ているのか。

杉本博司
名和晃平
金森穣

撮影：村上宗一郎

Hiroshi Sugimoto
杉本博司

文化を武器に自国の魅力を伝える力を

I
ロサンゼルス、ニューヨーク、東京の記憶

撮影：村上宗一郎

杉本博司　Hiroshi Sugimoto
1948年東京生まれ。活動分野は写真、建築、造園、彫刻、執筆、古美術蒐集、舞台芸術、書、作陶、料理と多岐にわたり、世界のアートシーンにおいて地位を確立。時間の性質、人間の知覚、意識の起源といったテーマを探求している。代表作に『海景』、『劇場』、『建築』シリーズなど。2008年に建築設計事務所「新素材研究所」を設立、2017年には「小田原文化財団 江之浦測候所」をオープン。主な著書に『苔のむすまで』（新潮社、2005年）、『現な像』（新潮社、2008年）、『アートの起源』（新潮社、2012年）ほか。2010年秋の紫綬褒章受章。2013年フランス芸術文化勲章オフィシエ受勲。2017年文化功労者。

——1970年代にニューヨークに渡ったということですが、なぜニューヨークだったのですか。

　人生というのはまったく無計画に進むものでね。とくに若い頃は、将来どういうふうになるかっていうのは見当もつかなかった。ただ単に1970年に大学を卒業して、その頃学生運動、スチューデントムーブメントがあって、僕もマルクス主義とかマルクス経済学とかをやっていた。左翼的な思考をもっていたので、そのままサラリーマンになるのは嫌だなと。かといって実家の家業を継ぐのも、「こいつちょっと危ないんじゃないか」と思われていた気がします。

　「あなたは自分の好きなことをしなさい」といわれたときに、じゃあ写真がうまかったので写真家になるのかなと思いつつ、カリフォルニアのアートセンター・スクールというところを紹介されて、ポートフォリオを出したら、すんなりと2年飛び級で行けるというので、短期留学をしようかなとそのときは思っていたんです。行ってみたらそのまま居続けてしまったということです。

　都市という視点で振り返ると、1970年に行ったロサンゼルス。ロサンゼルスのダウンタウンはすごく土地が低くて、サンセット・ブルーバードを車で走ると、ダウンタウンが一望に見

1　ワン・ワールドトレードセンター、デヴィッド・チャイルズ設計、2014年竣工。新ワールドトレードセンターの中心的建物

渡せる。この頃に、バンク・オブ・アメリカ・プラザ・ビルという最初の超高層が建ちます（1974年）。あとは全部、20年代に開発されたモダニズム初期の建築で、せいぜい9階建てとかそのくらいでした。そこに突然棒のようなものが建って、あっと思った記憶があります。それからたけのこが生えるようにみるみるうちに、何でもない平地から超高層ビルができていくのを目の当たりにしてきた。今や完全に超高層が並ぶ典型的な都市ですよね。

その前に、1969年にもニューヨークに行っているのですが、そのときに、ワールドトレードセンターの基礎部分が終わって低層階が見えてきた頃で、これがミノル・ヤマサキのつくっているワールドトレードセンターだなと。それから4年後、1974年にニューヨークに引っ越したときにはもう完成していた（1966年着工、1972年と1973年に完成）。だから、僕のニューヨーク生活はワールドトレードセンターとともに始まった。そしてその後、2001年の事件（アメリカ同時多発テロ）につながっていった。それは文章にも書きましたが、崩れていくのを目の当たりにした。ワールドトレードセンターが崩れ去ったあと、新しいのができた。[1] でも今のよりもミノル・ヤマサキのほうが圧倒的に美しいです。だから、ニューヨークのピークというのはあそこ（1974年頃）で来て、あとは衰退に向かっているのかなと。

ニューヨークは、ル・コルビュジエの考えた超高層建築の都市が実現できたんですね。エンパイアステートビルの着工が1929年、もうすぐ100年を迎えるわけです。20年代の後半にアメリカ全土がバブルになって、クライスラービルなどの建設が進んで、29年の大恐慌で一旦終わった。この5年くらいの間に、超高層のマ

ンハッタンの都市の骨格がほとんどできていたということです。

子ども時代の東京の景観

もっと子どもの頃を振り返ると、東京の都市の景観について非常に強い印象がある。僕が生まれたのは台東区の御徒町というところで、戦争で一回焼け野原になっています。台東一丁目というところで、焼け残った数ブロックがあって、そのうちのひとつだった。家は木造二階建てで、物干しが二階の上にあって、そこにいつも上って子どもながらに物思いにふけっていた。ずーっと瓦の屋根が連なっていて、ひとつだけ見えるのが松坂屋だった。上野松坂屋まで歩いて15分くらいのところです。それが戦前に建てられた鉄筋コンクリート造りで、鉄筋コンクリート造りはその当時松坂屋だけでしたね。浅草の方とか上野の山とかも見えた。松坂屋でアドバルーンというのが上がっていて、催し物の案内なんかが書いてある。そういう風景をよく覚えています。

それから東京はどんどん変わっていきます。昭和通りから一筋入ったところが実家だった。昭和通りというのは、大きな川が流れているようで、広すぎて子どもにとっては渡るのに必死の思いでした。真ん中に緑地帯があって、都電が走っていた。車もそんなに来ないし、緑地帯で遊んでいました。後からわかったが、これは関東大震災の後に、帝都復興ということが叫ばれ、そのトップに後藤新平という人が就いて、震災後の都市計画について東京の未来はどうあるべきかを真剣に考えた結果、昭和通を整備したのです。焼け跡を全部立ち退いて、あれだけの幅広い道路をつくったのが今の東京の景観

のはじまりだったと思うのです。自分の幼少期の思い出と昭和通りは非常に重なる。あれがあったからこそ首都高速道路ができるようになった。ロサンゼルス、ニューヨーク、東京の都市についてはざっとこういう印象です。

ニューヨーク アート市場の これまでとこれから

——1970年代のニューヨークにおけるアートを取り巻く状況はどうでしたか。

　ミニマリズムとかコンセプチュアリズムの時代ですよね。ニューヨーク・スクール[2]というのが終わって、アンディ・ウォーホルとかジャスパー・ジョーンズとか、ああいうポップアートの人たちが出てきて騒がれるようになってきた。そういうわけで、今日はこのスタジオにアンデ

2　1940年代後半から50年代にかけて、ニューヨークを拠点に活動した美術家たちの総称。主に抽象表現主義の画家たちを指すことが多い。特定の「流派（スクール）」を形成するものというよりは、19世紀以来パリが美術の中心とみなされてきたように、戦後アメリカ美術の興隆をある特定の都市の名によって表徴しようとする意味合いをもつ
出典：沢山遼「artscape」Artwordsをもとに作成

ィ・ウォーホルの掛け軸を掛けています。スープ缶を描いて、アンディのサインと。日付が1974年の11月5日だから、ちょうど僕がニューヨークに行った年です。大丸だったかな、東京と神戸のデパートで展覧会があって彼が来日した際に、おそらく俵屋に泊まったときの宿帳のサインです。宿帳の本が売りに出ていたので、僕が買って、切って表具にしたものです。彼はポップな感じでもてはやされていたけれど、別にアンディ・ウォーホルの作品が今みたいに何十億とする時代ではなかった。アーティストは誰もが、大金持ちになろうなんてことは夢にも思っていなかったし、自分の作品がその値段で売れるなんて思ってもいなかったですね。その頃はお金持ちがアンディ・ウォーホルにポートレートを描いてもらっていました。ポラロイドで写真を撮って絵を描く、あれがその当時2000ドルとか3000ドル、当時で40、50万円

でしたね。

　その後、アートがコモディティになっていった。アートが商品化して投機対象になるなんて誰も思っていなかった。それはアートにとってよいことだったわけですが、今はお金持ちになりたいからアーティストになろうという人もいるかもしれない。でも、その当時のアーティストは、一生食うや食わずでいるのだという覚悟をしなくちゃいけなかった。

――ニューヨークのアート市場は世界でいちばん大きく、ギャラリー数も世界一多いです。その地位は今後も続いていくと思われますか。

　それはまったくわからないですね。バブルが弾けたときも、リーマンショックのときも、一時ガクッと落ちたからです。アートは、資本主義のなかで流通するひとつの商品で、遅ればせながら投機対象として価値が出てきたということですね。日本がバブルだった頃から、ある程度のバブルがニューヨークでは続いていると考えられる。1990年代だったか、シティバンクが担保にアートを受け入れることになり、ニューヨークではアートを担保にしてお金が借りられるようになったんですよ。借りたお金でまたアートを買うと、そのアートがもっと高くなって利回りがいいという、まるでヴェニスの商人のような話でね。ひとつの商品として、コモディティとして利用価値があるとアートがシステムに取り入れられてしまったことによって、本当にアートを面白いと思っている以外の人が参入して、マーケットができてきた。もちろんアートを支えようと、本当に好きで買っている人もいますが、5年10年したら3倍にも4倍にも値段が跳ね上がるとなると、趣味と実益を兼ね

撮影：村上宗一郎

ることになる。これは面白いとなって、どんどん買うようになって市場ができてくる。だからアートの美的な価値というか、本来もっている価値とは違う価値をもって動いていくようになるので、それはアートそのものとは関係がないともいえるわけです。アートが高くなろうがなるまいが、マーケットが大きいか小さいかということと、アートが文化の質としてリプレゼントしている価値、すなわち社会的な価値とが、連動しているわけじゃない。むしろ堕落していくかもしれないわけです。アートの価値は、ただ高いからよいというのではなく、逆にマーケットにのらないアートというのが無視されていったり、評価が低く見られたりということもあるかもしれないです。

——お金でははかれないニューヨークの文化的価値、文化度の高さとは何でしょうか。

今のアメリカの文化が世界を牽引するような価値をもっているかどうかは、歴史的に後から評価されると思います。確かに、戦後のヨーロッパに対するニューヨークのアートの動向というのは、あるひとつ面白いものができていました。とくに、マルセル・デュシャンがパリからニューヨークに移ってきて、ダダ[3]的なものをニューヨークに移植したことにより、ひとつ違う花が咲いたということですね。イタリアのアルテ・ポーヴェラ[4]という新しい運動もありました。日本も、もの派[5]とか関西の具体ムーブメント[6]とかネオ・ダダ[7]とかがあり、日本は日本で独自の文化、アートを発展させていますよね。具体派のようにまた再評価もあるが、日本の場合は当時マーケットと連動しなかったおかげで、今頃になって高くなっているという不思議な現象が

3 ヨーロッパとアメリカの複数の都市で展開された、反美学的姿勢、既成の価値観の否定などを特色とする20世紀前半の芸術運動
出典：沢山遼「artscape」Artwords をもとに作成

4 1960年代後半〜70年代前半にかけて確立・展開したイタリアの芸術運動。「貧しい芸術」を意味し、鉛、新聞紙、木材、石、ロープなどの素材を頻繁に用いた
出典：沢山遼「artscape」Artwords をもとに作成

5 1960年代末〜70年代初頭にかけて展開され、70年の「人間と物質」展以降大きな注目を集めた日本の美術運動。「具体」と並ぶ戦後の日本美術史の重要な動向を指す。木や石などの自然素材、紙や鉄材などの素材をほぼ未加工のまま提示することで、主体と客体の分け隔てから自由に「もの」との関係を探ろうと試みた作家らによる一連の活動を指す
出典：成相肇「artscape」Artwords をもとに作成

6 戦前から関西における前衛のパイオニアとして活躍していた吉原治良（よしはらじろう）をリーダーにしたグループ「具体美術協会」による表現活動を指す。「精神が自由であることを具体的に提示」するという理念のもと、描画方法を間接化した絵画、パフォーマンスなど、とくに初期のラディカルな活動が知られる
出典：成相肇「artscape」Artwords をもとに作成

7 ネオ・ダダイズム・オルガナイザーズ。吉村益信をリーダー的存在として、1960年東京で結成された前衛芸術グループ
出典：成相肇「artscape」Artwords をもとに作成

8 ロサンゼルス現代美術館は、本展覧会のために世界の象徴的なランドマークや建築物の撮影を杉本氏に依頼した。1998年に東京から巡回展を開始し、その後メキシコシティ、ケルン、シカゴを訪れ、2000年にロサンゼルスで開催された
At the End of the Century: One Hundred Years of Architecture, Museum of Contemporary Art, Tokyo/ Colegio de San Ildefonso, Mexico City / Ludwig Museum and Josef-Haubrich Kunsthalle, Cologne / Geffen Contemporary at MOCA, Los Angeles / Museum of Contemporary Art, Chicag

あります。

——文化的価値が、日本の場合は守られていたということでしょうか。

　守られていたというか、マーケットの価値につながっていく、日本人が日本人の作品を買ってアーティストを支えるという伝統がまだなかった。僕の場合も、アメリカで市場価値が出てきて、それなら買おうかという人が出てきた。1977年に日本で最初の個展を南画廊でやったときには、東野芳明さんが買ってくれて、金子國義さんが買ってくれて、あとお坊さんがひとつという感じです（笑）。その3点だけですよ。当時12万円くらいだったかな。

空間に対する感性

——写真からスタートされ、近年は演劇や建築分野でもご活動されています。新素材研究所のギャラリートークでは「21世紀型のアートは、建築とアートが一体化していく」と発言されていますが、昔から建築に興味をおもちだったのですか。ご自身がつくる側に回られた理由、きっかけを教えてください。

　子どもの頃から空間に対する感じ方、感性というのは大きかったです。戦後すぐの木造二階建ての家で、自分の部屋は和室の6畳土間付きみたいな部屋でしたが、そこをイングリッシュ・チューダー風にしたいなと考えた。そこで、窓枠を外して、家の出入りの大工さんと一緒に家具をつくったり、内装を変えたりしていた。それが高校生くらいのときです。大工さんが可愛がってくれて、道具の扱いとか、ノミの研ぎ方

を教えてくれた。ノコギリも目立てといって、目立て屋さんが来てやってくれました。ものづくりの基本と空間の構成については、自分なりにこういうのがいい、ああいうのがいいという感覚をもっていて、それが今にも受け継がれている感じですね。

——写真の次の段階として、建築に向かったということではないのですね。

　ロサンゼルスのMOCAで、「建築の20世紀展：終わりから始まりへ[8]」が開催されたときに、コミッションで20世紀の建築をまとめる写真を撮らないかといわれて、それは面白そうだなと思って引き受けたのです。それで世界中のモダニズムの有名建築を全部回る旅をして、ル・コルビュジエ、ミース・ファン・デル・ローエとはこんなものなのかと思った。建築家になる人、堀口捨己とか吉田五十八も、みんな若い頃にヨーロッパを回っていますよね。堀口捨己はパルテノン宮殿を見て、これは負けたと思って、和風建築にいこうと思ったとか書いていますよね。僕も同じような体験をして、そのときに、コルビュジエにしてもミースにしても、ミニマルを追求して装飾を否定するという意味では、堀口捨己が指摘した桂離宮とか、日本の近世の美意識に非常に通ずるものがあるなと、そのときから感じていたんですよね。前川國男なんかは、逆にそういうものがモダニズムの前提になっているんだという強みもあったと思う。日本の感性は先取りしていると、そういう風に考えることもできるわけです。

　ヨーロッパは装飾の地獄に陥ってしまい、装飾そのものがアートであるとなった。ギリシャやローマがそう。人間が人間のためだけに自由

意思をもって、いかに解放されるかで、装飾というのは見た目をよくするためのひとつの虚構ですからね。そういうものなしに、住むための機械であると言い切れる、そこまで思い切るのには、ヨーロッパでは相当な時間がかかっているんですよね。

日本の場合は、装飾がいかに控えめにあり、それが美しいという発想は、茶室の美学、数寄屋の美学に通じています。室町時代の書院造りみたいなものから、数寄屋に転換できるのは、千利休の美意識が非常に大きい。だから、僕は利休っていうのはコルビュジエ以上に慧眼で、シンプリシティというものを考えついた人だと考えます。コルビュジエより、300年以上先取りしているんじゃないでしょうか。

II
ローマの廃墟から
近代都市の未来を考える

ヨーロッパの話でいくと、今日お見せするこの本はピラネージの『アンティカ・ロマーニ』というものです。ジョバンニ・バッティスタ・ピラネージというのは18世紀に活躍した建築家だが、実作は1作しかやっていない。18世紀にローマ教皇庁の許可を得て、ローマの発掘調査をしていた報告書がこの本です。これは版画でつくっているが、全冊組は日本にはおそらくここにしかありません。

古いイタリア語で、発掘したところが色々書かれています。古代ローマの地図です。これは

9　18世紀半ばに古代ギリシャ・ローマ芸術・文化の復興を謳ってローマで発生、直ちにヨーロッパ全土ならびに新大陸アメリカにまで広がり、19世紀初頭まで続いた芸術・文化運動の一大潮流のこと
出典：小野寛子「artscape」Artwordsをもとに作成

10　1707年、宝永大噴火。その49日前に宝永東海・南海地震が発生している

Pantheon, Rome, 2015
© Hiroshi Sugimoto

最初の目録みたいなもの。これはパンテオンです。パンテオンは今でもほとんど同じ状態で残っています。僕は6年くらい前にここを二晩貸し切って、「満月の晩に、中央の穴からさしてくる月光で内部を撮る」というのを実現しました（杉本博司《パンテオン、ローマ》2015）。

　発掘調査の結果、想像上の景観を自分で再現しているんですよね。実物以上に、自分で盛り上げちゃっている（笑）。当時考古学というのは学問としてはまだ成立していないので、発掘調査と自分の想像を組み合わせた想像復元図というのでしょうかね。学問的に正確ではないが、ピラネージはこういう仕事をしていた。非常に詳細な、この石組みの様子とか、信頼できますね。現状調査図とか、詳しく書いてあるんです。建築に興味をもったおかげで、こんなものを集めるまでにいたってしまったという話です。

——どういう経緯でこの本をお知りになられたのでしょうか。

　ピラネージには昔から興味がありましたね。ある日、クリスティーズのニューヨークのオークションに日本の古美術を見に行った際、2012年6月15日に出品される予定のものが目に入り、「ピラネージのあれじゃないか！」と思い、買うことにしました。これは近代建築にも影響を与えた非常に重要な資料です。発掘調査が行われたことによって、古代ローマはこんな感じだったとわかり、当時の建築家たちがエキサイトしていきます。ここから古典を復興しようとした、新古典主義というのが生まれます。ルネサンスの延長線上にあるんですね。近代建築のふたつほど手前の新古典主義では、近代的な素材で、ローマ的なものをつくろうとしたの

が18〜19世紀の流れでした。新古典主義がなかったら、その他装飾を剥ぎ取っていくというコルビュジエ的な発想は生まれなかったでしょう。その前に、表現主義的な時代があり、それからモダニズムに次第に移っていく。こういう資料が残されていなかったら、近代建築には移らなかったということです。この本はローマの都市計画なわけなのです。

　ローマの廃墟を調査しているこの図版を見ながら、近代都市はどうなるのかということに考えをめぐらすと、近代文明が行き詰まったときに、こういう状態に一回なるということも考えられると思うんですよね。関東大震災（1923年）からもう100年近く経っていますが、調べると大体、60年に1回くらいの周期で関東大震災級の地震が起きている。富士山が大噴火したのは18世紀頃、山のかたちが変わるほどの噴火で、小田原あたりは灰で埋まってしまい、小田原の藩そのものが廃藩になって幕府直轄地になった。復興しないと農民は皆離散して住めなくなると。

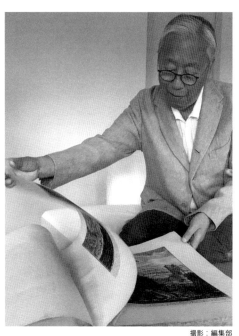

撮影：編集部

ところが、今回に限ってずっときていないわけ[11]です。エネルギーが溜まりに溜まって、次の地震は関東大震災を上回る衝撃がくると僕は思うんです。今の超高層の耐震基準というのが、それに耐えられるのか。東日本大震災のときもそうですが、想像されたダメージを上回るような津波が来たりしますから、人間の浅知恵では追いつかないような状況になる可能性もあります。

ニューヨークでもエンパイアステートビルが1929年に着工して（1931年竣工）、もうすぐ100年になります。日本の鉄筋コンクリート構造物の耐用年数は60年程度ですよね。たとえば東京国立博物館（1872年開館）ももう150年近くになる。本館の建物はまもなく100年（1937年竣工）です。関東大震災の後につくられたので耐震構造です。コンクリートを相当厚くしてつくっているので、あれはもつと思うんですが、エンパイアステートビルにしても建て替え時期は来る

11 関東大震災（1923年）以前は、元禄関東地震（1703年）、さらに明応関東地震（1495年）、永仁関東地震（1293年）と約200年の周期で発生しているといわれている

Giovanni Battista Piranesi
Le Antichita Romane

と思う。そうすると、1920年代にでき上がってきたひとつの都市というのが再編されていかなければならない。それが人為的になされていくのか、震災的な不慮の事態によって行われていくのかというのはあると思います。第二次世界大戦までは空襲とか空爆とかで物理的に、戦争することで壊れていくこともありました。

　21世紀に入って、サイバー攻撃というものがもっと強くなるんじゃないかと思います。今、こうやって社会は電脳空間というか電波で成り立っていて、情報が全部一括されている。これを一瞬にしてぶち壊すような、そういう兵器は原爆並みの威力をもっていて、社会機能が一瞬にして吹き飛んでしまう。中国とアメリカが本気で戦争をやるんだというなら、そういう戦争になると思うんです。人は死なないけど生活ができなくなる、産業が全部止まってしまう。そうしたら、それこそ自分の庭に畑をつくって自

撮影：編集部

分で食べるものを育てなくちゃいけないような、そういう時代に戻ってしまうかもしれない。僕は、それはそれでいいと思うんです。

——自分の庭で作物を育てて、自給自足をするというのは、すごく日本的ですよね。

　楽しいんですよね。江之浦測候所のある「甘橘山」でそういうかたちになりつつあります。都市計画もそうですが、文明の行く末はもっと大きな枠で考えないと、このまま拡大再生産を行っていく資本主義では、いずれ行き詰まるのではないでしょうか。

豊かな日本を取り戻す

——文明の拡大は、資本主義をアメリカが牽引してきたことが大きいのかと思います。人々が「もう消費する時代じゃない」と気づいたときに、日本の強みはどこにあると感じますか。

　ローマやギリシャやエジプトが一度滅びたように、文明というのは常に盛衰を繰り返していくものだと思います。ある意味では、どういうふうに滅びるかということについて興味がありますね。滅びるのか、次の段階に移転していくのか。そのときに後藤新平みたいな復興計画を、今からやっておいたほうがいいと思うんです。そのときは必ず来るのですから。

　今回のコロナ禍ではネガティブな面が多いですが、ポジティブな面では都会に住まなくても仕事はできるのだということがアップロードされてきた。僕もニューヨークにしょっちゅう行かなくてもいいのだと。これもうZoomでいい

のではと。人があんまり飛び回らなければ飛行機も飛ばないし、環境汚染もされないし、よいことの方が多いような気もする。都会に人口が集中せず地方分散型でどこにいても仕事が成り立つ。どうしても会わなくてはならないというのはじつは少ないと思うんです。そうすると家やオフィスが余り、ひとりあたり2倍、3倍と空間が与えられて、もっとゆったりと仕事ができる。個人宅もどんどんリサイクルして、住む人が死んでいくわけですから。大震災のあとには、超高層は崩れないにしても、ガラスも割れ、エレベーターやらなにやら機能が停止して、復旧するのが不能なほど壊れると思います。最上階や上層部に住んでいる人は住めなくなる。

　これからの家は平屋がいいのではと僕は思いますね。隣の家が空き家になったら、優遇措置で半額で買えるとかね。後ろは庭か菜園かにして、近代以前にあった豊かな日本の暮らしを取り戻す方向に進むと。僕はネガティブでなくポジティブに考えています。

──〔森記念財団の委員会で〕造園学者の進士五十八先生が同じことをおっしゃっていました。「空き家は畑にしろ」ということです。

　そう。畑にして子どもが土まみれになって遊んで虫を捕ったり、果物を育てたり、日本人の感性はそういうことでずっと何千年も前からきている。戦後のコンクリート造りの環境で土がなくなってから、日本人の基本的な感性がダメになってきていると強く思います。縄文時代から培ってきた、日本人が自然と共生しながら生きていくという強い感性です。それが失われていくと日本ではない。日本が近代化の流れのなかで、中国やほかの国より先に、なぜ東洋で大

国になれたかというのは、細かい技術、手先が器用だということですよね。封建制度のなかでも、近代化に対して急に転換できたわけです。ソニーのトランジスタラジオなどほかの人種にはできない仕事で、今でもトヨタの車がいいというのは、そういうことですよね。

ほかの国では連れてきた動物は家畜化するし、自然を壊して農業を集団化して文明化していきますよね。ところが日本の場合は森を伐ったら祟られるとか、神が自然に住んでいるという意識が強かった。だから、日本の縄文時代が1万年続いてきた文明というわけじゃない。稲作は、弥生時代に大陸からすでに入ってきているのに、意図的にああやったら俺たちまずいよねという感性があったはずです。というのは、日本の国土は山がちで平地は少ない。森を伐って畑をつくるというのはヨーロッパ圏の文明で、日本の場合には森を伐ったら森の神様に祟られるという意識がある。実際、森からは栗や木の実がとれるし、伐採はとんでもないという意識が強くて、そのかわり自然界に住んでいる神様を崇めて、豊穣をお願いする。

そのために森の表情というか、草木の様子とコミュニケートする技術、そういうことによって詩的な感性が磨かれた。風の名前や色の名前が、英語圏、ヨーロッパ圏より圧倒的に多いですよね。文字が入ってきたときの万葉集も自然の情緒に満ちています。ようやく奈良時代になって、大規模農園がつくられるようになった。瞬く間に中国的な文明を受け入れて、日本人はいいとこ取りだけをしてやってきたわけです。ヨーロッパの文明が入ってきたときでも、日本的な感性を維持しながら、いいとこ取りをして明治を迎えた。近代化の都市化というのは、日本人からある意味日本的な感性を奪うというネガティブな面も非常にあると思います。次の震災のあとには、また平屋文明に戻していこうというのが僕の基本的な考えです。

日本的なDNA、美学、美意識は自然に祈ること

──先ほど利休のお話をされましたが、杉本さんの作品は、直接日本的なものを写し取っていなくても、日本の美しさや美意識を感じると海外から評価されています。それについてご自身はどうお感じですか。また日本のどういった部分にその強みを感じ、興味をもたれて作品に反映されていらっしゃるのでしょうか。

現代美術というかたちですから、特別に日本というのを表に出しているわけではないです。日本人が日本的で、イタリア人がイタリア的であって、フランス人がフランス的であるというのは理も当然のことであってね。とりわけ、《Seascapes》(海景)が日本的であるといわれますが、それはやっぱり日本人的なDNAが入っているからでしょう。それが日本人以外の人の感性に訴えかけるというのは、非常に嬉しいことです。日本文化を紹介しますといってお茶やお花を、とかそういう感じではないわけです。意図的にそうしているのではないです。現代アーティストとして評される、村上隆だって草間彌生だって、日本的かといえば日本的かもしれない。そういう一面もあるわけです。

──杉本さんの場合は、茶道がお好きだというところにも感じますが、日本的なものを、目に見えるものだけではなく精神的に大切に

されているという印象があります。

　日本的というのには独特の空間感というのがあるんですよね。あるひとつの空間に神が降臨するかどうかが重要なことで、伊勢神宮にしても春日大社にしても、聖域を設けてそこに神を呼び込む、そのことによってわれわれの生活、文明が保証されるという大きな枠組みのなかでの、自然と人間という関わり方があるんですよね。意識しなくてもお正月になんとなく神社に行って手を合わせるとか、朝日を拝んでしまうとか、思わず手を合わせてしまうという日本人の感性は、縄文時代からずっとつながっていると思います。そういうものが体に染みついて、僕のなかで一回フィルターを通って、現代美術というかたちでプレゼンテーションできているのかなと。建築に対しても、書の書き方についてもそうです。すべてのものに通奏低音として流れているものだと思います。

12　かわらおん（1932-2014年）。日本の美術家。コンセプチュアル・アートの第一人者として知られる。1965年頃からニューヨークを拠点に制作活動を行った。代表的な作品に《Today》シリーズなど

撮影：村上宗一郎

――日本人は日本文化を知っているから、杉本さんの作品を観たときに、日本的なものがその背景に込められていると感じ取れるのかと思いますが、海外の方もそれを理解しているというのは、どういった例から感じますか。

　外国人のほうが、感性がいいですよ。日本人のほうが気付いていないことが多い気がします。自国にいて、自分の成り立ちというのは、客観的には考える時間、知る機会がないわけですから。僕みたいに20代の若い頃に外に出ると、日本人がいかに日本のことを知らないか、知らなくてもいいように生きてきたかということを強く考えるわけです。一回自分を客観化できるような状態にならないと、自分のことがよくわからないということだと思います。江戸文化の研究者では、第一人者はロバート・キャンベル氏です。日本人よりよく知っている。ロバート・キャンベル氏の弟子に日本人がいっぱいいるわけだから、僕もロバート・キャンベル化しているんです、多少は。

　岡倉天心もそうだと思います。茶の本を英語で書いていますから。外国人に一般化して、「日本とは何か」を伝えることは非常に難しいことなんです。何かということを説明するには、一度自分のなかで咀嚼しないといけない。鈴木大拙の禅の本もそうですね。僕がカリフォルニアに行って、英語がちょっと読めるようになってから鈴木大拙の禅の本を読んで、そうなのだとわかった。日本語の禅の本なんて読んでも全然わからない。わざわざわかりにくくしている。論理的にちゃんと説明できないと、海外では通用しませんからね。ですから、そういうかたちで、禅というのは僕のなかには鈴木大拙に負うところが多いんです。

――作品に日本的なものを込められているというのは、杉本さんのなかでは現代アートだからこそ戦略的にされたのでしょうか。

　込めようと思って込めているのではなく、つくりたいものをつくっていたら日本的だなと自分でも思えるし、ほかの人もそういうふうにいう。いやいや違うのだよとはいわない。河原温[12]の場合には、「俺は関係ない」と強がりでいっているが、絶対にそんなことはないと思うんですよね。河原温は、戦略的に意図的に、日本人性を否定して、自分は地球人だとかいっている。それはそれで結構だが、まあまあそんなに意固地にならないでと思います（笑）。

――日本の美術界では骨董、日本画、現代アートのように分野が分かれていて、世界の人も日本文化と現代アートの違いをどう理解すればいいのか、わかりにくいのではという印象があります。

　僕は骨董もやっていますし、逆に骨董から滋養を得てインスピレーションを受けていることが多いです。天平時代に聖武天皇が書いた書は、非常に立派な字です。正倉院で見ているだけで本当に震えがくるような感動があります。そういうものをずっと見ていると、だんだん自分の体に染みついた感性に変わっていく。日本画家でも骨董のコレクターはたくさんいて、骨董からインスピレーションを受けながら、自分の絵を描いていたんですよね。今の日本画壇というのはこれからどうなっていくのかな。昔は床の間がある家が多かったから、掛け軸が必要だった。今はマンションとかプレハブの家では、そういう床の間が少なくなった。日本画壇という

のは需要があまりないですよね。日本画でも、ある意味で今生きている人が描いているわけだから、現代美術のカテゴリーでいいと思います。そういう人も出てきているし、日本画的な絵が評価されるのは非常にいいと思います。

III
日本は世界に自国の魅力を
伝えきれていない

——近年日本芸術院が変わろうとしていて、現代アートや映画などを自分たちのジャンルに取り入れたほうがいいんじゃないかと、やっと議論されるようになってきたとうかがっています。

日本芸術院というのは何なんですか（笑）。芸術院会員ってありますよね。あれは何の機能を果てしていて、ミッションを果たそうとしているのか。芸術院の会員は互選で選ばれるわけです。日本画壇からは、日展の人は枠がひとりあるとかそういうかたちで、絵がうまい下手関係なく、固定制度みたいに、ひとり欠員が出ると、業界団体から推されてお前がやってこいということなんですよね。日本の官僚制度というのは変なんですよ。大正、昭和初期みたいな制度が生き残っていて、形骸化して利権になっている。芸術院の会員になると、年金がもらえるんですよね。どこの業界団体の人数が多いとか少ないとか、そういう争いを起こしている。制度そのものを見直すか、廃止でもいいと思うんですけ

ど。日本文化を継承しようという組織だったら、才能のある人が世に出られるように、まったくつくり直す必要があると思います。

　人間国宝という制度もあり、これにはよいところと悪いところがあります。人間国宝は民芸寄りで、眠っていて今までに誰からも評価されていなかった沖縄の紅型をつくった手仕事の作家とか、自分が先生と呼ばれるなんて思ってもいなかったようなおばあさんが「あなたは人間国宝だ」なんて突然世に出されて、今まで安くつくっていたものが、何十万だ、何百万円だとなってしまう。それでおばあさんの人が変わってしまうこともある。フランスはすごくスマートに、自国の文化を国の宝として世界に喧伝する術がうまい。日本は素晴らしい宝があるのに、世界にうまく出せないでいるのは残念だと思います。

——うまく出せない原因、理由は何でしょうか。また、改善するためにはどのようなことができるのでしょうか。

　全員とはいわないが日本の官僚の感性があまり芳しくないからですよ（笑）。たとえば、フランス大使が日本に着任すると毎回、国を代表してご挨拶をするわけです。彼らの日本の文化に対する造詣というのは大変素晴らしい。そして日本に対する愛と同時に、フランス文化を海外に喧伝している。フランスは農業国でGDP7位ですが、世界に一流国として堂々と振る舞えるのは、文化の力ですよね。日本だって文化を武器にして、わが国も世界に冠たる文明国であると、堂々と胸を張って外交しなくちゃならないのに、全然使っていない。外交官が、使えるだけの感性と知識がないわけなんですよ。ワシン

トンの大使にも時々いい人がいて、挨拶しますけど日本のことを知らないんですよね。改善するには東大を全面改革するしかないでしょう（笑）。

　ベルリンにノイエ・ナショナルギャラリーという国立の現代美術館がある。ミース・ファン・デル・ローエが設計した建築物で、素晴らしい美術館です。そこで杉本博司の個展をやるとなった（2007）。ドイツの国立美術館で日本人が個展をやるのだから、ぜひ日本大使館でレセプションをしていただきたいというお願いをしに、日本大使館に行った。そうしたら文化参事官が出てきて、「この日は自衛隊の自衛官の表敬訪問があるからダメだ」と簡単に断られた。前在日フランス大使で親しかったモンフェランさんが、ベルリンでフランス大使になっていたので、「こんなばかなことがあるのか」と僕がいったら「うちでやります」と。フランス大使館で杉本博司展のディナーが行われることになったんです。だから、放っておくと僕はフランス人になっていきますよ（笑）。

——フランスの方からしたら、このお話はウェルカムですよね。

　ベルリンにいる大使の方たち、文化関係の方たちが皆来ましたよ。そこで外交だってできるわけです。ソウルのサムスンの美術館で展覧会をしたときも、レセプションをやりましたが、日本大使だけ来なかった（笑）。

——不勉強ということでしょうか。

　まったく価値を置いていないからです。「なんだ。アートの展覧会か」「日本人がやっているの。

ああ、そう」くらいですよ。日韓関係がこんなに悪いのに。各国の韓国大使がそこで気さくに話し合っているのだから、もったいないと思います。パリのカルティエ財団で杉本博司展があったとき、その頃はまだ外交という意識があまりなかったので、日本大使館に通知していなかったんです。するとオープニングに文化参事官の日本人が来て「こういうことをやるんだったらちゃんと報告してくれないと困ります」という。不機嫌な上から目線で、ぱっと名刺を渡してぱっと帰ってしまった。なんということかと思いました。

——まさに、本書の大きなテーマが文化力です。今のお話は、文化がマグネットとして強い力をもっているということと、また文化力とはいったい何なのだろうということを伝える内容になりますね。

　フランスがいちばんスマートにうまくやっている。ピカソもフランス人になったし、ブランクーシもルーマニア人からフランス人と思わせるようにやっている。ピカソ本人は、スペイン人かカタルーニャ人かと思っているかもしれませんが、一般的にはフランスで成功したと思われています。2019年はオペラ座の350周年記念[13]でした。フランス人はなぜ杉本博司に作品の制作を委託するのかということですよね。2018年にはヴェルサイユ宮殿で個展を開催しました[14]。

——日本は、文化に対する興味とか認識が、官僚の方たちに限らず、足りていないのでしょうか。

13　パリ・オペラ座は、350周年を迎えた2019年の9月に「杉本博司/ウィリアム・フォーサイス」のダブル・ビル公演で開幕した。アイルランドの神秘主義者の詩人・劇作家ウィリアム・バトラー・イェイツが、能楽に影響を受けて執筆した戯曲を原作に、杉本氏が演出した『鷹の井戸（At the Hawk's Well）』がオペラ座・ガルニエ宮で世界初演され、大きな反響を呼んだ
　　出典：「パリ・オペラ座バレエ　杉本博司『鷹の井戸』について」Ballet Constellation をもとに作成

14　「Sugimoto Versailles, Surface de Révolution」、ヴェルサイユ宮殿にて開催（2018年10月16日 - 2019年2月17日）。2018年は、東京が生まれた明治元年より150周年であり、日仏外交関係樹立160年でもあることを受け、「ジャポニズム2018：響きあう魂」において、パリ内外の100近くの会場で展覧会、舞台公演などを開催し、文化芸術が約8か月間にわたって紹介された。ヴェルサイユ宮殿美術館館長カトリーヌ・ペガール氏は「『ジャポニズム2018』が開催される今年、ここヴェルサイユにて、杉本は日本とフランスの文化的関連性を明示する」とした
　　出典：「Japonismes 2018」、「美術手帖」ホームページをもとに作成

15　石岡瑛子（1938-2012年）、アートディレクター、デザイナー。多岐にわたる分野で新しい時代を切り拓きつつ世界を舞台に活躍した。東京都現代美術館にて「石岡瑛子　血が、汗が、涙がデザインできるか」（2020年11月14日 - 2021年2月14日）が開催された
　　出典：東京都現代美術館ホームページをもとに作成

文化に力があるということを、とくに官僚の方たちにはもっと認識して欲しいですね。世界中で外交官として活躍するのだから、自分の言葉で自国の文化を褒める技術、能力をつけてもらわないといけない。自国を経済ではかるのではなくて、文化ではかるということが大切でしょう。自然との共生というのは非常に大きなテーマだし、地球温暖化の問題もあるし、どうやって地球を壊さないで生きていけるかということが、これから大きなテーマになっていきます。「日本の場合は縄文時代からこうでしたよ」ということを、海外に対して説得できるように、日本の文化について造詣を深めてもらいたいなと強く願います。

――自信をもって海外の人たちにアピールしていく必要があるということですね。

　もうちょっと長生きできたら、松下政経塾みたいな官僚用の塾をやりたい（笑）。

――ぜひ杉本さんにお願いしたいです。ニューヨークのブロードウェイを調査した際に、自分が子どものときに受けた影響がものすごく大きいと皆さんいわれました。トニー賞を獲ったジュールズ・フィッシャー氏は、子どものときに本物の演劇を見て感じた衝撃がいまだに自分の胸をときめかせていると。そこが日本には足りないのかなと思います。

　そうですね。都会で育って、自然がないところでは外でも遊べないし、塾通いで、都会のなかでは幼少期の感動体験ができないようになっている。僕が子どもの頃はまだ原っぱや空き地もいっぱいあったし、塾もなかったし、近所の友だちと缶蹴りして暗くなるまで遊んでいました。そういうのが感性の基礎をつくっているんです。

――ぜひ、感性を育てる授業を杉本さんにしていただきたいですね。

ジャンルを縦断的に越えるのが現代アート

――杉本さんがニューヨークに行かれたときも、日本ではアートより広告業のほうが発展するのが早かった、とおっしゃっていたのを拝見しました。いまだにコマーシャルな文化が日本は強いのでしょうか。

　1960年代、70年代は堤清二さんが引っ張っていました。コマーシャルな文化が素晴らしい時代でしたね。現代アーティストやデザイナーは下に見られていました。先日、石岡瑛子展[15]を観てきましたが素晴らしい仕事ですよね。彼女の仕事はデザイナーの枠を超えて、完全に現代アートだと思います。パフォーミングアーツの衣装にしても、現代アートといっても差し支えないくらい高い意識のレベルにあります。たとえば海外で高い値段が付いている現代美術の作品と比較しても、石岡瑛子のほうが人間的にも感性的にも断然上ですよ。値段が高いからよいアートだということではまったくない。

――コマーシャルなアートについては、欧米の方たちから、映像をつくる技術や能力が日本人は高いという評価があります。それは純粋なアートというよりも、どちらかといえばもう少しメディア寄りのクリエイティブな世

界になるのかと感じます。そちらに才能がた
くさん流れているのではないかという意見も
ありますが、日本は今でもコマーシャルアー
トが強いと思われますか。

　今はそうでもないんじゃないでしょうか。コ
マーシャルアートが時代の文明を象徴するよう
な感じではないと思います。たとえば、日本の
アニメもすごい。でもそれはそれでよいと思い
ます。現代アートというカテゴリーもあまり必
要ではないかもしれない。工芸でもいいわけで
す。素晴らしいものをつくればいい。

──これまでのヒアリングで欧米の方と日本
の方に話をうかがったときに感じた大きな違
いが、日本のアーティストはジャンルを越え
ることに抵抗がないということです。杉本さ
んは写真からキャリアをスタートされ、写真
以外の作品も世に出されていますよね。日本
では自分のフィールドを決めつけずに、ジャ
ンルを越えて活躍をされる方が多い印象です
が、杉本さんも周りのアーティストを見て、
どう感じていらっしゃいますか。

　専門職といっても……。ガブリエル・オロス
コ[16]と先日対談したのですが、彼も石の彫刻だっ
たり、日本のスクロール[17]だったりをつくってい
ますし、ジャンルを縦断的にやっていくのが現
代アートじゃないかと思いますけどね。ウォー
ホルなんかも色々やっています。演劇なんかも。
「現代美術作家」という日本語では、ジャンルの
中身をあらわせる時代じゃないと思います。仕
方がないから、現代アートという言葉を使って
いることもありますけどね。

16　1962年メキシコ生まれ。写真から彫刻、イ
　　ンスタレーション、絵画まで表現形態は多岐
　　にわたる。2009年にMoMA、2015年に東
　　京都現代美術館で日本初の個展「ガブリエル・
　　オロスコ展──内なる複数のサイクル」を開
　　催
　　出典：「美術手帖」ホームページ「アーティスト：ガブリ
　　エル・オロスコ」をもとに作成
17　日本の古布を使って制作した掛け軸《オビ・
　　スクロール》
18　写真の現像は主にニューヨークで行われる

撮影：村上宗一郎

杉本アートがある建築

――ジャンルを越えて建築作品をつくるのは、特徴というより今の現代美術の流れに近いということでしょうか。

　現代アートというカテゴリーが存続するのかどうかわかりませんけども、僕は建築に費やす時間の方が大きくなっています。写真はニューヨークに行けなくなったので今はあまりできなくなって、[18]その代わりに建築に向かっています。建築といってもユニークな空間をつくりたくて、建築とアートの中間領域をめざしています。

――杉本さんの建築作品は、直島の護王神社や京都市京セラ美術館のガラスの茶室「聞鳥庵」など色々拝見しています。一般的な建築作品と比較して、やっぱりアート作品そのものだという印象があります。

　個人宅の場合は、杉本アートが入ることを企図して建築空間をつくるということがよくあります。施主の方がそういうふうに最初から思っているケースも多いんです。自分の作品が完璧に見える空間をつくるんです。
　初の建築についての本が出版されました。新素材研究所の建築事務所としての作品集です（杉本博司、榊田倫之『Old Is New: 新素材研究所の仕事』平凡社、2021年）。英語版と日本語版の国際同時出版で、英語版はラーズ・ミュラー社から発行されています。表紙は、黒漆喰の壁を撮った写真を使っています。裏を見ると鏝跡。印刷ムラみたいになっている。これは左官屋に指示してつくったものです。

――江之浦測候所にも能舞台をつくられていますよね。能にご興味をもたれたのはどういうきっかけだったのでしょうか。

　ピーター・ズントーが設計したオーストリアのブレゲンツ美術館で個展（「杉本博司 時の建築」2001年）を開いたときに、最上階に能舞台をつくりました。皇居の松を作品化した仕掛けを思いつきまして、これはいいなと。松があるのだったら能舞台をということでつくりました。能舞台をつくったら、せっかくだから能をやってくれといわれて、チームを海外で編成して始まりました。後付けというか、作品ありきです。ここから建築が始まった。やろうと思ったのではなく、頼まれたからやっていたら、こうなってしまったという感じです。

――今後も杉本さんの作品を楽しみにしています。本日はありがとうございました。

2021年2月25日、杉本博司氏事務所にて
インタビュアー：（一財）森記念財団　山中珠美

report

感覚を呼び戻す

江之浦測候所
「クリスチャン・マークレー
《Found in Odawara》」
リポート

小田原文化財団 江之浦測候所
所在地：神奈川県小田原市江之浦 362 番地 1
構想：杉本博司
基本設計・デザイン監修：新素材研究所
施工：鹿島建設

クリスチャン・マークレー
現代美術家、ミュージシャン。1979 年にレコード
とターンテーブルを用いたパフォーマンスを開始。
以降、音に関する事物を素材に、音楽、映像、造形
の分野をまたぎ、聴覚と視覚のイメージを交錯させ
るような作品を発表。2021 年に日本初の大規模個
展「クリスチャン・マークレー トランスレーティン
グ〔翻訳する〕」（東京都現代美術館、2021 年 11 月
20 日 - 2022 年 2 月 23 日）が開催された

神奈川県小田原市に建つ江之浦測候所は、山と
海に囲われた自然の地形を活かし、杉本博司が長
年あたためてきた建築イメージが広大な敷地のな
かに体現されている。

小田原駅から 2 つめの JR 根府川駅からバスで山
道をゆられ、小高い山の上に建つ同所を訪れると、
視界が気持ちよくひらけた先に穏やかな海、相模
湾をのぞむ絶好のロケーションに迎えいれられる。

この江之浦測候所を舞台に、2021 年 11 月 27
日、28 日の 2 日間にわたり「クリスチャン・マー
クレー《Found in Odawara》」と題したパフォー
マンス・イベントが開催された。自然のなかに建
つ江之浦測候所の魅力をより感じることができた
パフォーマンス・イベントのようすを、27 日に参
加した体験からお伝えする。（敬称略、写真は 27 日、
28 日より）

自然を体感する

江之浦測候所は、杉本の作品《Seascapes》（海
景）を展示するギャラリー棟、石舞台、光学硝子
舞台、茶室、庭園などからなる広大なランドスケ
ープだ。

江之浦測候所、
100 メートルギャラリー
Photo：© Odawara Art Foundation

「洞窟壁画の存在で明らかにされたように、アートは時代ごとの人間の意識の最先端を提示し続けてきた。今、時代は成長の臨界点に至り、アートはその表現すべき対象を見失ってしまった。私達に出来る事、それはもう一度人類意識の発生現場に立ち戻って、意識のよってたつ由来を反芻してみる事ではないだろうか」（江之浦測候所ガイドブックより抜粋、杉本博司コメント）。

小田原の穏やかな自然景観を目の前に、心身がゆっくりと解きほぐされる。この場所に身を置き、自然のうつろいを感じとるのが何よりの体験なのだ。少年時代の杉本が車窓から見つめていた記憶の原点であるという海、その水平線を、人類の無限の記憶とともに見つめているような気がしてくる。

施設名「測候所」の由来は、夏至と冬至、春分と秋分の季節の節目に、太陽光の差し込みの変化を目撃できる場所がつくられていることにある。これが同所の起点となる「夏至光遥拝100メートルギャラリー」だ。片側全面がガラス張りの長大空間は、相模湾に向かってせり出すように建てられ、夏至の朝には海から立ち昇った太陽光が一直線にギャラリー内部を駆け抜けるように設計されている。一方、「冬至光遥拝隧道」が夏至光遥拝100メートルギャラリーの下を通り、冬至の朝には、太陽光がこちらのトンネルを一直線に抜ける仕組みだ。

今回のパフォーマンスは、このギャラリー棟に始まり、杉本が日本各地から蒐集した歴史的由来をもつ石や建物の一部から組み立てられた施設や空間をめぐって、相模湾や箱根外輪山の自然と触れ合えるように展開されていった。

Found in Odawara

小田原文化財団は、伝統芸能の継承と現代美術の振興発展に努めるという設立コンセプトを掲げ、現代アートプロジェクトを興している。

本パフォーマンスでは、マークレーによる《Manga Scroll》（2010年）（英訳された日本のマンガのオノマトペを切り抜いて横に長くつなげたコラージュによる絵巻状のグラフィックスコア）と、《No!》（2020年）（コミックの断片からつくられたグラフィックスコア）の2作品が素材として用いられた。

マークレーは、自身の作品を奏でる演奏者とパフォーマーに日本から5人のアーティストを呼んだ。《Manga Scroll》発表時にパフォーマーとして日本からただひとり指名されたミュージシャンの巻上公一、旧知の音楽仲間である大友良英、さらに自然、身体と音を通じた独自の表現を探求する鈴木昭男、山崎阿弥、山川冬樹である。

パフォーマンスは以下の3部構成で行われた。
1. 「Manga Scroll」　山崎阿弥
2. 「Found Objects」　クリスチャン・マークレー、大友良英、鈴木昭男、山川冬樹
3. 「No!」　巻上公一

声のアーティスト、山崎阿弥は夏至光遥拝100メートルギャラリーの長く延びた空間で、白い紙（後から知るがこれがマークレーのグラフィックスコアであった）と対峙しながら発声。ノドを震わせる小さな声、空間を駆けめぐる叫び、胸を拳で強く叩きながら絞り出される声。途切れなく繰り出される変幻自在の声の連なりを聴いていると、人類が体験してきた苦痛や痛みが表出されているかのようで、腹の底に迫ってくるような息苦しさを感じてしまう。聴衆が身じろぎもせずに耳を傾けるなか、スコアの最終地点でふと声がやみ、ギャラリーは満場の拍手に包まれた。

続いて参加者はギャラリー棟を出て閉ざされた門の前に誘導される。この門はかつて鎌倉・明月院の正門として室町時代に建てられ、関東大震災、戦時下をくぐり抜けて焼け残ったという逸話をもつ。長らく根津美術館の正門として建っていたのを同館から寄贈され江之浦測候所で建て直した。

やがて砂利を踏む足音が向こうからやってきて

グラフィックスコア《Manga Scroll》

《Manga Scroll》を演じる山崎阿弥

門の前で立ち止まる。重々しく開かれた扉の前にはキャップを被った痩せた男性。彼こそがクリスチャン・マークレーであり、木の枝を引きずり無表情のまま目でこちらに来いと促すマークレーに従って一同は石舞台へと移動。

　石舞台の上には鈴木昭男、大友良英、山川冬樹が、逆さになった自転車、傘、ホース、金属片といったガラクタを手に、異種の素材と素材のぶつかり合いをその場で発見するかのように種々の音をたてている。中央には巨大な地球儀。ふいにマークレーが地球儀を両腕に抱え、宙に放り投げると弾みをつけて石舞台から転がり落ち、地球儀は真っ二つに割れてしまった。「これは想定内？それとも想定外？」そんな疑問を残しつつ、なお無表情のままのマークレーに続き、一同は次に光学硝

子舞台にたどり着く。

　冬の夕暮れ前のひととき、硝子舞台越しに広がる海と、夕景に向かっていく空のあわいが柔らかく溶け合い、絶景だ。この硝子舞台の上でも彼らは酒瓶やガラス玉などを手にさまざまな音をたてる。さきほどの石舞台とは違った音が聴ける。ガラス瓶を口にあてて鳴らす「ボー」という音が、海の遠くに小さく見える船の汽笛のように聞こえて何やら不思議な気持になる。

　そして硝子舞台を後に、冬至光遥拝隧道の真っ暗なトンネルを抜け、山の奥に入っていく。

　本パフォーマンスでは声を出さないようにという指示が予め参加者にだされており、急峻な山道を修行僧のようにひたすら黙々と歩いて行く。自分の荒い息、踏みしめる枯れ葉、空を飛び交う鳥

門の前に集う参加者

石舞台の上で廃材を使って繰り広げられる音遊び

光学硝子舞台のパフォーミング

冬至光遥拝隧道

の鳴き声。山川が歩きながら両手でホースを振り回すひゅんひゅんと風を切る音。山の向こうから行列の先を行く誰かの遠吠えが聞こえてくると、彼も空に向かって叫び返す。

　竹林や茶室、蜜柑畑などを周遊し、心地よい疲れに満たされて100メートルギャラリーへと戻ってきた。

　ラストの巻上公一は100メートルギャラリーにスピーカーを入れて、マークレーのグラフィックスコア《No!》を絶唱。縦に延びた空間の響きが面白く、反響して背後から声が飛んでくる。あらゆる「No!」のシチュエーションを感情豊かに繰り出し、会場は笑いに包まれる場面も。ギャラリーのガラス越しに日没がそろそろ始まろうとする時間、

この日のパフォーマンスがこうして終了した。

　振り返ると、あの日の体験が濃い印象として浮かび上がってくる。何が起きるのかとじっと見守っているうちに、聴覚、視覚が気持ちよく揺さぶられ、大気にとけこんでいた音や光、空気のやわらかさ、周囲に満ちていた動植物の気配、時間のうつろいに気づき、それがまぎれもない感覚として立ち上がってくる。江之浦測候所は、それを感じるのに最高の場所であった。

編集部：寺崎友香梨

参考資料
「Casa BRUTUS 杉本博司が案内する おさらい日本の名建築」マガジンハウス、2020 年
美術展ナビ「自然音と物音の静寂なコラージュを"聴く"──クリスチャン・マークレー《Found in Odawara》」

蜜柑畑を周遊する

《No!》を演じる巻上公一

photo: © Odawara Art Foundation　photo by Timothee Lambrecq, Changsu

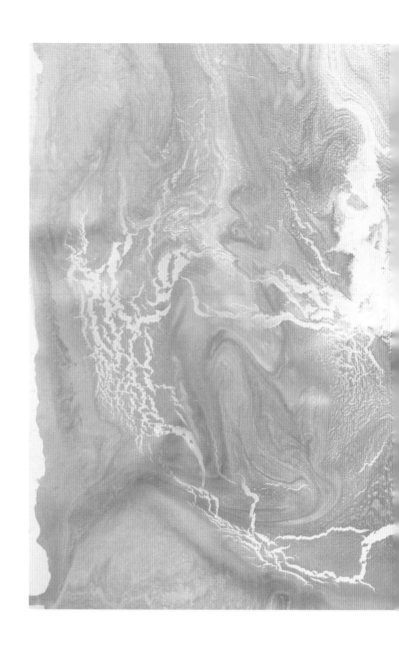

　2章　文化芸術を生み出す人々

Kohei Nawa
名和晃平

都市に芸術を定着させる

I
日本の伝統文化と
現代アートの融合

—— ルーヴル美術館の「ジャポニスム展」で展示された作品《Throne》は、日本のお祭りの山車の要素を取り入れ、表面の金箔は金沢から取り寄せ、箔仕上げは京都の職人が手がけてパリ現地で組み上げられたそうですね。

　ルーヴルは金箔の研究所をもっているのでその専門家とオープニングで会いましたが、日本の箔仕上げはヨーロッパのやり方と根本的に違うと驚かれていました。金箔は元々エジプトが起源で、ヨーロッパ、シルクロードを辿ってア

Throne　2018年
「ジャポニスム 2018：響きあう魂」（2018年7月13日 - 2019年2月18日）の展示風景。ルーヴル美術館のピラミッドに"浮遊する空位の玉座"を表現した
mixed media 1040.0 × 480.0 × 330.0 cm
© Pyramide du Louvre, arch. I. M. Pei, musée du Louvre
photo: Nobutada Omote | Sandwich
Remerciements：Musée du Louvre
Installation view, "Japonismes 2018: les âmes en resonance," Musée du Louvre, Paris, France, 2018

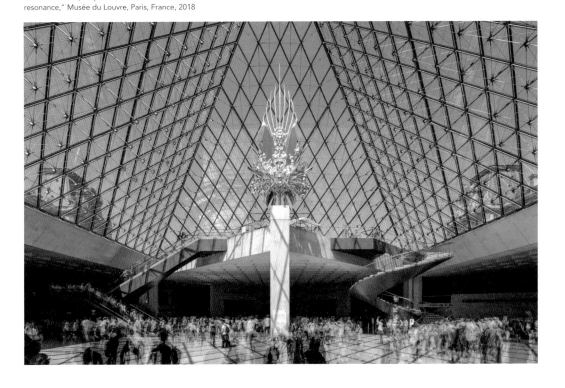

ジアに伝わるうちに、技術は各地で変容してそれぞれの特色が生まれ、日本の技術も独自に進化して、オリジナリティがあります。接着剤の役割をする漆や樹脂をバインダーというんですけど、日本ではそれが極端に薄いんです。ほかの国では採用されないような膜厚は繊細な表情が出せますが、表面は弱いので、それを直す技術も日本は発達しています。

――2019年に二条城で開催された展覧会「時を超える：美の基準」は、ICOM（国際博物館会議）と二条城の主催でしたが、下鴨神社でもチームラボの展覧会「糺の森の光の祭」が開催されたり、日本の伝統的な場所で現代アート展をやるという流れが京都に生まれています。なぜそういう流れが京都に起きているのでしょうか。また、日本の伝統文化を現代アーティストが作品に取り込むことについて、名和さんはそれをどう見てきましたか。

京都では神社仏閣などが観光産業と結びついている印象があります。観光客が増え、東京や海外からアートラバーやコレクターの方々の来訪も増え、アートフェアやスタジオビジットも増えている。以前、椿昇さんがオーガナイズするアジア・ソサエティの共同アトリエツアーでは、市内の複数か所を周って、最後にSandwich（p.78参照）に来られたこともありました。
京都には美大が多く、若い作家が多くて勢いがあるので、それにあわせてアートフェアや展示の企画も多様化してきた印象です。お寺は以前はもう少し固かったんですけど、観光客が増えてから建仁寺、清水寺、二条城などでイベントや展覧会が度々開催されるようになりました。ここ20年から25年くらい。企画する人が増え

たこともあるんじゃないでしょうか。
日本文化を表現する方法はアーティストによってそれぞれアプローチが違うと思います。Sandwichから車で10、20分のところに仏師や金箔、漆の工房があって、そこを回って見せてもらっていると、さまざまな創作イメージが湧きます。何百年と続いている技術を身近に感じます。若林佛具製作所という、伝統工芸職人とともに仏壇仏具を製作する会社があって、彩色、漆、鋳造、彫金、金箔、蒔絵など、50社くらいの工房がそこに紐付いているのですが、現在では毎年2、3社が廃業に追い込まれているそうです。何百年も続いてきた工房がなくなっていくのは残念です。この仏壇を製作する技術を応用して、現代美術と工芸が融合するような、木彫・漆・箔仕上げの鳳凰の彫刻をつくることになりました。

歴史的な文脈をふまえる

2020年春、奈良蔦屋書店のオープンにあわせて、伝統工芸職人とのコラボレーションで彫刻作品《Trans-Sacred Deer (g/p_cloud)》をつくり、それが今回のGYRE GALLERY[2]での個展「Oracle[3]」につながっていきました。大学院生だった頃からよく使っている素材は、高分子材料などの石油系化学樹脂が多かったのですが、それと比べて、京都の伝統的な漆や金箔の手法はよく考えられていて、すべての造形的な要素はリニューアルができるようになっています。つまり、仏像や神社仏閣は数百年から千年以上と半永久的に保っていくため、経年劣化した場合にリセットができるようなつくり方を前提としている。サステナブルな考え方としても優れています。近代の産業革命以降の石油ベースの造

形素材はそこまでカバーできていないと思いま
す。京都の伝統工芸に詰まった知恵の凄みを感
じました。

——伝統技術に出会ってインスピレーション
を得たということでしょうか。

　そうですね。二条城で南條史生さんと企画展
示をしたことも今回のジャイルの個展に影響し
ています。二条城での展示は"時を超える"こ
とがテーマだったので、本展では『方丈記』が書
かれた頃の彫刻をモチーフにしました。金箔は
歴史的には階級社会やさまざまな権力構造のな
かで培われた技術であり、今の資本主義社会の
なかで、その手法を表現の選択肢のひとつとし
て考えると、そのコンテクストや質感はほかに
はないユニークなものです。

1　現代美術作家。京都芸術大学美術工芸学科・
　　大学院教授。1989年の全米を巡回する美術
　　展に《Fresh gasoline》を出品。日本のコン
　　テンポラリーアートに影響を与える。2018
　　年より「ARTISTS' FAIR KYOTO」のディレ
　　クターを務める
2　東京・表参道にあるGYRE GALLER（ジャイ
　　ル・ギャラリー）を指す。本ギャラリーはア
　　ートを主軸に、ファッション、写真、建築、
　　メディアといったさまざまなジャンルを取り
　　扱っている
3　個展「Oracle」。2020年10月23日 - 2021
　　年1月31日開催
4　現代美術作家。MtK Contemporary Artディ
　　レクター。京都芸術大学大学院教授
5　画家、現代美術作家。京都芸術大学大学院准
　　教授。2021年、鬼頭健吾、大庭大介、名和
　　晃平「太陽TAIYO」展を開催

Sandwich
名和氏が拠点とする京都市伏見区にあるスタジオ。宇
治川沿いのサンドイッチ工場跡をリノベーションし、
創作のためのプラットフォームとして機能している

撮影：編集部

II
都市・街・芸術祭

——ホテル、商業施設、ファッションブランドなどとコラボレーションされていますが、ほかの産業とのコラボレーションはアートにとってどういう意味があると感じていますか。

　カフェやホテルでのアートの展開は、産業とのコラボという目的ではなく、大学教育の一環として、若手の作家を広く一般に紹介する場を増やすことを目的にしています。スターバックスコーヒー京都 BAL 店やホテルアンテルーム京都 / 那覇などのプロジェクトでは、計 300 名近くの若手アーティストの作品を紹介しています。今度も銀座蔦屋書店で京都の若手を紹介する企画展「Up_01」（2021 年 1 月 14 日 - 1 月 21 日開催）を行うのですが、僕と鬼頭健吾[4]さんと大庭大介[5]さんのゼミの大学院生とその卒業生たちを紹介します。ホテルアンテルーム京都は、最初はエントランスのロビーに何か作品を提案して欲しいという依頼でしたが、たったひとつだけ自分の作品を置くのではなく、ホテル全体を京都の地元のアーティストに開放して欲しいと提案し、そこから現在のような全部屋にアートがある、アートホテルのプロジェクトに発展しました。

——スターバックスコーヒー京都 BAL 店での活動は、若手作家の作品が多数展示され、オルタナティブスペースのような場所にギャラリーの要素が入っていますね。非営利な活動が入っており、チャレンジされている印象です。これが全国に展開されたらものすごいことですね。

　スターバックスは全国に増殖していますが、若手アーティストの作品をあれだけ展示しているスターバックスは、世界でもあの店舗のみです。作品の販売窓口は Sandwich で行い、購入希望の連絡があったらアーティストにつなぐ仕組みです。スターバックスは今や全国でいちばん「壁」をもっている会社です。東京や海外でも今後実現できたらいいですね。若手の作家を紹介するという目的からも、ディレクションは重要なので、現代美術としての発信を意識したディレクションができる人がいるとよいと思います。

——《Manifold》や《Throne》をつくられたときには、インタビューでアニメ映画『AKIRA』の話をされていました。絵なのか、都市に対するイメージなのか、どのようなところから刺激を受けていますか。

　中学生の頃から大友克洋さんから影響や刺激を受けていました。ご本人に会うようになっていろんな話も聞きましたが、『AKIRA』の世界観は本当にすごい。あれを超える作品はないんじゃないですか。線画の技術も高いし、時空間の表現の仕方がそれまでの漫画にない描かれ方で、影だけで光源と空間の距離を表現している。中学のときに何度も模写したんですけど、なかなか難しい。あれをものすごい速さで描いているのに驚きます。

——技術的な部分にも影響を受けられているんですね。

　技術は分析すれば理解できますが、作品性や作品を残す意志には凄みがあるんです。それは精神の問題です。各分野で優れた作品をつくっている人は、それを残すために、自分のインスピレーションを人に伝えるという強い意志をもっていて、その凄みにつきる。歴史的にリスペクトできる作品はすべてそうだと思う。そこに共感して、自分もそういうものを残したいという燃え続ける火みたいなものをもらって、それが消えていかないのがアーティストなんじゃないですかね。それがないと作品にならないし、技術だけでつくれるものじゃないと思います。

——それを消さずにいられる原動力は何だと思いますか。

　消えたら終わるなと思うので、絶対に消したくないし、同じ志をもつ人が今を生きている、過去にもいたということ、それが続けてやっていける理由です。世界にはものすごい人がいる、尊敬や憧れもある、自分もその人たちと一緒にやっているんだという気持ちでしょうか。

アートを通した芸術祭での交流

——2017年、2019年と石巻でリボーン・アートフェスティバルに参加されています。地方都市の芸術祭にどういう効果を感じていますか。観光客の増加というのはありますが、アートは都市のマグネットになり得るでしょうか。

名和晃平　Kohei Nawa
彫刻家。Sandwich Inc. 代表。京都芸術大学教授。1975年生まれ。京都を拠点に活動。2003年京都市立芸術大学大学院美術研究科博士課程彫刻専攻修了。2009年「Sandwich」を創設。セル（細胞・粒）という概念を機軸として、彫刻の定義を柔軟に解釈し、鑑賞者に素材の物性がひらかれてくるような知覚体験を生み出してきた。近年の活動に、《Throne》（ルーヴル美術館 ピラミッド内、2018）、《TORNSCAPE》（スカイザバスハウス、2021）、《生成する表皮》（十和田市現代美術館、2022）、《Aether》（Pace Gallery New York、2022）など。

6　「名和晃平―シンセシス」東京都現代美術館にて2011年6月11日-8月28日開催
7　香港西九龍文化区に2021年11月に開館したアジア最大級の美術館。世界的建築家ユニットのヘルツォーク＆ド・ムーロンが設計し、6.5万平米の延床面積がある建物には、1.7万平米におよぶ33の展示室がある。館長スハーニャ・ラフェル。1950年代以降の美術をはじめ、建築、デザイン、映画、大衆文化にいたる5000点以上の作品が収蔵される

僕たちは村おこしや人寄せのために何かをつくるよりも、自分たちがその場所に対して表現者として何ができるのかを考えて作品をつくっています。アーティストにとってはその場所に作品をつくる、という生々しい経験が残るので、少なからずその後の自分の創作活動に影響があります。ちょうど2011年の東日本大震災の3か月後に東京都現代美術館で個展「シンセシス[6]」がありました。東北の被災の状況とか福島の原発の事故のことなど、いろんなことを考えながらこの個展を迎えました。今振り返ると、「シンセシス」以降の作品シリーズに、その影響が出ていると思います。震災直後に衝動的につくった《Throne》は瓦礫が積み上がったような造形から生まれました。《Force》や《Direction》の制作過程でも、社会とエネルギーの関係、宇宙と生命との関係などを考えていました。

2017年のリボーンアート・フェスティバルには、実行委員長の小林武史さんや和多利さんたちと話し、長期的な視点で地方との関係を築き、芸術祭を企画されていることに共感し、参加しようと思いました。2016年に「六本木アートナイト」のメインプログラム・アーティストを担当することが決まっていたので、リボーンアート・フェスティバルに連動させた展示プランを考えました。

地方都市の芸術祭に参加する際はその場所に訪れ、雰囲気を肌で感じとり、ときには地元の人と交流することで、見聞きするだけではないリアリティのあるイメージが得られます。《White Deer (Oshika)》という作品は、復興のためのアイコンを求められてつくったわけではなく、そのとき、その場の偶然が重なって生まれたのです。

III
日本の現代美術シーンを
都市に織り込む

——世界的にみると日本のアート市場はとても小さいことについて、現場に接している名和さんはその原因をどうお考えですか。

まずはミュージアムがコレクションをしっかりすることで、アーティストやギャラリーが育ち、教育がより充実すると思います。今、日本の戦後の文化芸術の歴史を俯瞰してみたり、学べる場所はないですよね。海外からアートが好きな人が来た際に、日本のアートの現状を知ろうとしても、そのときそのときの展覧会は観られても、どうやってこのアーティストが生まれ育ったのかが見えにくいのです。ミュージアムやギャラリーのようなインフラの機能が表層的です。教育とも連動して抜本的に改善する必要があると思います。

このあいだM＋[7]の館長がSandwichに来てくれたんですが、日本の美術館はミュージアムではなく、ヨーロッパでいうクンストハレ（芸術ホール）と呼ばれるものが多いと話していました。ミュージアムは展示の何倍ものサイズのスペースでアーカイブやコレクションをする機能があり、それを編集して展覧会として見せていきます。それが都市に芸術を定着させ、歴史化するシステムなんです。日本では江戸・明治の美術や骨董、戦後の現代美術の重要な作品の多くは海外へと流出しています。

——日本には、身近にある美しいものや面白いものをアートとして意識する国民性があると感じます。美術館で観るアートと、身近でアートと感じるものの違いを、名和さんはどう感じていらっしゃいますか。

　歌手もアーティストといわれていますし、教育の問題ではないでしょうか。アートとはこういうものだというのが曖昧な日本独自の文化なので、それはそれで面白いと思います。一方でアートに関する議論が足りないのかなと思います。

アーカイブ機能の強化を

——一般社会に向けて、現代アートを理解するよい方法や試みについて感じることはありますか。欧米では、美術館が無料だったり、幼いうちから絵を習ったり、美術館で作品について皆で議論したりもしますが、そういう

White Deer (Oshika)　2017年
mixed media　632.5 × 448.5 × 438.0 cm
© Reborn-Art Festival 2017
photo : Kieko Watanabe (Pontic Design Office)

場所や仕組みが日本には足りていません。一般の人がもっと気軽に楽しめる方法があってもよいと思います。

　やはり子どもの頃からアートに触れていて欲しいですね。知識というより、まず見て感じてっていうのが、子どもの頃からあるとだいぶ違う。息子が2人いますが、休日は美術館にしょっちゅう一緒に観にいきます。彼らがわかっていなくても直感で見ているのを観察すると面白いです。アートが身近にあることが大事なんじゃないですかね。

　芸術教育でいちばん大事なのは、本物を見ることです。今の美術の教科書では足りないでしょう。本物を見られる場所が各都市にあることがいちばんの教育になるし、アーティストを育てることにもつながる。だからこそいちばん大事なのは、やはり美術館がアーカイブする機能を強化することです。さらに、それを国が支援し、文化的な戦略として、その機能をしっかり都市に入れることで変わっていくと思います。

——日本の場合は国立美術館や博物館、公立美術館の方が強い印象で、よい展覧会も多く企画されています。所蔵作品も多く、キュレーションしてテーマ型の展覧会で見せていけます。一方、私立の美術館はどうしても予算が限られる現状があります。

　たとえば森美術館がリーダーシップをとって、東京の企業やコレクターたちを束ね、トラスティメンバーをつくってMoMAのように共同支援で支えながら、美術館を東京や日本のアートシーンにとってかけがえのないものにしていくとよいですね。個別にコレクションをするとい

う発想だけでなく、その地方、その都市に根付かせたコレクションをしていくという発想で、世界に自慢できる場所を皆で力を合わせて増やしたらよいと思います。

　美術館の展示も2、3か月の展示で忘れ去られてしまうのではなく、インスタレーションもパフォーマンスも、大小にかかわらず優れたものは、次の世代へと残して伝える仕組みをつくることが大事。それらを時代のサイクルのなかで、エディットし、評価・検証していく。そうすると、より多くの作品が都市にとどまることができます。

IV
アジア地域のなかの
日本として

——近年は舞台美術も手がけられています。舞台芸術に関わられるようになったきっかけは。

　ベルギーのダンサー・振付家のダミアン・ジャレさんが2013年の「あいちトリエンナーレ」の《Form》という作品を観に来てくれて、メールをもらいました。最初何をやったらいいのかわからなくて、あまり返事できていなかったんですが、2014年に坂本龍一さんディレクションの「札幌国際芸術祭」でダミアンが『BABEL (words)』というパフォーマンスを上演しに来ていて、それを観に行きました。実際彼に会い、色々と話したらお互いに可能性を感じたので、

やってみようと始まった感じです。

――音楽家の原摩利彦[8]さんと一緒につくられていますね。舞台美術以外の作品展示においても音と空間を意識されているのでしょうか。

　音と光を繊細に使ったパフォーマンス作品『VESSEL』の舞台空間で彼の表現のポテンシャルを感じました。その後、ギャラリーや商業施設のサウンドスケープも原さんにお願いするようになりました。

――「Oracle」展にも作品の展示や空間の使われ方にストーリー性を感じました。意識的につくられているのでしょうか。

　事前にジャイルの空間を何度も見に行けたので、個展の構成を何通りも考えました。作品の出合う順番、組み合わせをじっくり考え、何度も構成し直しました。
　美術館の個展は「シンセシス」もそうでしたが、来場者が都市空間から、表現の世界のケーブ（洞窟体験）に深くダイブしていくようなイメージをもっています。それが物質性だったり、造形だったり、何らかの言語だったり、そういうところに感覚をフォーカスしていく順路を大事に考えています。料理に似ていますね、順番が大事。
　「Oracle」展のサウンドスケープも原さんにお願いしました。レーザーを使った作品があり、小さいレーザーのモジュールがミラーを制御するので、パタパタと微かにミラーの音がするんです。その周波数を包むようなサウンドスケープで、会場内で音が気にならないようにしました。機械のノイズをポジティブに使うという発

8　作曲家。ピアニスト。ソロアルバムに『PASSION』（2020年）など

VESSEL　2016年
ROHM Theatre Kyoto, Kyoto, Japan
© Damien Jalet | Kohei Nawa
photo: Yoshikazu Inoue

撮影：編集部

想です。

——今後の展望をおきかせください。

　美術館での個展はあまりできていないので、まとまった大きめの個展を海外でもやっていけたらと思います。とくに規模の大きなインスタレーションは、展覧会のためにつくって一定期間見せたら片付けてしまうので、それらを残す場所をつくりたいです。それは美術館でなくてもいいし、パビリオンのように箱が分散していてもよいです。どのような設定で作品たちをこの世に存在させられるか、ということを考えたいです。

　日本という文化圏だけで考えると心配事が多いのですが、アジア地域全体で考えると現代美術シーンの盛況ぶりには希望がもてます。欧米中心から比重がアジアにも移るタイミングなので、アジア諸国の文化的リーダーはもっと連携を深めて、一緒にやっていくべきだと思います。結果それが、日本にもよい影響を与えるはずです。日本のアートシーンはこのままだと大変厳しいと感じます。政府の文化的な施策も、よりグローバルな視点で長期的な戦略性をもつべきです。短期的には民間や個人で変えていくしかないでしょう。現状を見守るだけでいたら結局何も変わらないのですから。

——個展、舞台作品、そして街なかで、名和さんの作品に出会うのをこれからも楽しみにしています。本日はありがとうございました。

2020年12月16日、SANDWICHスタジオにて
インタビュアー：（一財）森記念財団　山中珠美

GYRE GALLERY「Oracle」展示風景

Noism0 + Noism1 『Fratres III』 2021 年
撮影：篠山紀信

Jo Kanamori

金森穣

文化を育てる求心力

1　2004年4月りゅーとぴあで設立。芸術監督
　　は、りゅーとぴあ舞踊部門芸術監督（〜2022
　　年8月）でもある金森が務める（2022年9月
　　〜 芸術総監督）。国内・世界各地からオーディ
　　ションで選ばれた舞踊家が新潟に移住し、
　　年間を通して活動している
2　新潟市民芸術文化会館。愛称「りゅーとぴ
　　あ」。1998年開設。施設は新潟市が所有し、
　　公益財団法人新潟市芸術文化振興財団が指定
　　管理者として運営管理を行っている
3　「劇場専属の芸術団体」を指す。欧米をはじ
　　め諸外国では、地域の劇場の専属芸術団体と
　　してダンスカンパニーもしくはバレエ団、劇
　　団、オーケストラなどが存在し、そのほとん
　　どの団体は政府や自治体の予算で芸術活動を
　　維持継続している
4　一般社団法人日本音響家協会が全国の劇場、
　　コンサートホール、多目的ホールを対象に、
　　使いやすい、居心地のよい、創造意欲が湧く、
　　よい仕事ができるなどの項目基準により選出
　　している

新潟市民芸術文化会館（りゅーとぴあ）外観

Noism04 『SHIKAKU』 2004年6月
撮影：篠山紀信

Ⅰ
公共劇場専属舞踊団の
立ち上げ

——まずは日本初の公共劇場専属舞踊団であ
る Noism Company Niigata[1] について、舞踊
団と新潟市がどのようにして結びついたのか
を教えてください。

　最初にここ新潟市、りゅーとぴあ[2]に来たのは、
私が2002年にヨーロッパから帰国した際、東
京で知り合った演出家の方に「りゅーとぴあで
舞台を上演するからそれに出演してくれないか」
というお話を受けたときです。その頃ちょうど
日本で「芸術監督ブーム」のようなものが起きて
いて、全国の劇場で芸術監督制度を取り入れる
という動きがありました。

　そのりゅーとぴあから「芸術監督になっても
らえないか」というお話をいただいたのは、帰
国してから2年が経っていた頃です。しかし、
日本には劇場に専属するレジデンシャル・カン
パニー[3]が存在せず、劇場で働く方も維持管理の
ための行政公務員がほとんどという現状を見て
いて、「芸術監督」という肩書きを得ながら東京
で生活をして、東京での上演作品を新潟にもっ
ていったり、新潟でこんなことをやったらどう
ですか、とアドバイスだけする立場には価値を
見出せませんでした。

　そこで、毎年一定の予算を確保して舞踊家を
雇用し、専属のカンパニーを立ち上げることが
できれば、芸術監督を引き受けますと申し出ま

した。確かに、あれは無謀な提案でした。正直、当時の日本の状況には希望を見出せず、ヨーロッパに戻ろうと考えていたところでしたが、ダメ元で提案してみたら、通ってしまったんです。当時の事業課長が、日本は海外の文化からもっと学ぶべきことがあるとイギリスにリサーチに行かれるような方で、その方が大いに賛同して新潟市長にも掛け合ってくださったんです。市長は懐疑的で、「君は自分の首をかけてでもやるのか」と課長に問うたそうです。そこで課長が「はい」と。その方がいなかったら、実現していなかったでしょうね。

新潟市の文化的土壌

——りゅーとぴあは、優良ホール100選[4]にも選ばれるコンサートホール、劇場、さらに能楽堂まで備えた全国的にみてもたぐいまれな施設です。このような文化施設ができた新潟市の文化的土壌は感じますか。

りゅーとぴあができた背景には、地方独自の視点があるというよりは、東京で上演されているものを新潟に呼んで観られるようにしたいというのが大きかったのではないかと個人的には推測します。私にオファーがあったときも「新潟に住んで」ではなく、「東京から来て」というのが大前提でしたから。しかし、これほど素晴らしい施設があるのに、東京からの作品を上演するだけではもったいないと思いました。

幸いにも、Noismを立ち上げて1作目『SHIKAKU』の上演が話題になり、りゅーとぴあにもたくさんの方が観に来てくれました。その多くが普段から地元で芸術にアンテナを張っているような方々で、Noismに共鳴し、すぐ

にサポーターとして応援する会をつくってくださいました。この18年間、紆余曲折ありましたが、彼らの後押しもすごく大きかったです。いくら東京や海外で評価されても、何かの賞を受賞しても、やはり現地、ローカルでの評価がないと、劇場専属の集団として活動を続けるのは難しかったと思います。

私が芸術監督に就任した当時の新潟市長、篠田昭さんも、一政治家としてNoismを応援してくれていました。新潟は元来、踊りが盛んな土地で、江戸時代には四日四晩踊り明かす祭りの文化があったそうです。全国大会で1、2位を取るレベルの高校のダンス部もあって、彼らもNoismの公演を観にきてくれたり、指導する先生からも「普段からNoismを観ているおかげだ」と評価をいただいたりして、設立から3、4年かけて認知度も高まってきました。

その一方で、市民の方々や、これまでに一度も劇場に足を運んだことがないという方たちへのアプローチは、まだまだと実感しています。

——日本ではエンタテインメントが主流で、舞台芸術が広まっているとはまだ言い難い状況にあると思います。市民の方の関心を惹きつけるために工夫された点などは。

それが意外とないんですよね。それでいいとはもちろん思っていませんが、最初の作品で自分の芸術をストレートにぶつけてみたところ、「これはすごい！」という反応と評価を得たことも大きいです。意図的な作意がみえたら、逆にサポーターの方々に怒られてしまうかもしれません。とくにハイエンドやカッティングエッジなものが好きな方たちには、のちに私が「劇的舞踊」としてつくった『カルメン』や、東京バレ

エ団に振り付けた『かぐや姫』に対する否定的な意見も聞かれました。しかし『カルメン』や『かぐや姫』は、市民に広く届けるという目的よりも、アーティストとして自分の興味がそちらに向かったからこそ創作した作品です。

ヨーロッパの振付家が魅せられた東洋の身体性

――『かぐや姫』[5]（第1幕）は本当にすばらしかったです。物語性、ダンサーの動きと表現、音楽と映像。日本のオリジナリティが花開いた作品だと感じました。つくり手として「日本らしさ」をどのように意識していますか。

　とくに意識してこなかったのですが、日本で活動し始めてから年々その思いは強まり、ここ数年でとくに強くなっているのを感じます。元々われわれがやっている舞踊のスタイルは、西洋から入ってきたものですよね。小さい頃はそのことに無自覚で、親から習ったり先生から教わったことを練習するのに精一杯でした。ヨーロッパに渡ってからは、振り返るひまもないほどに最前線で踊り、作品をつくってきたので、客観的に自分の立ち位置を考える余裕がありませんでした。Noismを開始し、ここ新潟に根を下ろして日々活動するなかで、どんどん「自分とは誰か」とか「この国における舞踊とは何か」を考え出し、日本における舞踊の歴史や、劇場文化の歴史などを勉強し、クリエイションのなかでもごく必然的に日本とは何か、といったことに意識が向くようになっていきました。

――金森さんはモーリス・ベジャール[6]、イリ・キリアン[7]といった世界的な振付家に師事され

5　振付金森穣、東京バレエ団上演。初演2021年11月。本作は第1幕に続き、年を越えて第2幕、第3幕と創作を続け全幕の物語バレエとして完成させていく
6　フランス生まれの振付家。1927-2007年。ベジャール・バレエ・ローザンヌを主宰。『火の鳥』『春の祭典』『ボレロ』など現代バレエを代表する新しい作品を生みだし、現代舞踊にはかり知れない功績を残した。日本文化に着想を得た『ザ・カブキ』『M』など
7　チェコ出身の振付家。1947年生まれ。ネザーランド・ダンス・シアターの芸術監督として50作以上の作品を創作。代表作に『小さな死』『優しいうそ』『扉は必ず…』など。2010年同シアターから退団

Noism1 + Noism2　劇的舞踊『カルメン』
2014年
撮影：篠山紀信

ています。彼らからの影響はもちろん、日本の文化、舞踊からの影響はいかがですか。

能に始まる日本の伝統的な身体芸能には強烈に惹かれるものがあります。身体と向き合えば向き合うほど、ヨーロッパにいた頃、自分が無意識にしていた踊り方、その身体性は日本の伝統芸能とつながりがあるのだと気付かされます。

私が師事したベジャールもキリアンも、元々クラシックバレエの出身で、バレエから新しい表現に向かった人たちです。少なからず私がヨーロッパで所属していたカンパニーでは、クラシックの伝統をいかに現代につなげるか、そのためにクラシックもモダンも民族舞踊も融合させたような、新しい舞踊を模索してきたその歴史的な成熟がありました。しかし残念ながら日本では、バレエの人はバレエだけ、現代舞踊の人は現代舞踊だけで、大先生たちが数十年前に切り拓いた道の上を今も歩いている気がします。

ヨーロッパの振付家たちが私のことを面白いと感じた理由の源流が、今になってみえてきた部分があります。それは私の身体の重心の低さや、速度、静寂性など、東洋の伝統的な身体性につながるものであり、それが好まれていたのではないかと。それを今、自覚的に掘り起こそうとしています。

今でも覚えているのが、キリアンのところでオーディションに合格したとき、名前も番号も呼ばれずに「This Japanese Boy」といわれたんです（笑）。別にそれは差別ではなく、キリアンにとって私は、初めての日本人男性ダンサーだったんです。それまで彼の周囲にいた人たちとは違った何かをもっているということが「This Japanese Boy」という言葉にあらわれていたんだと思います。

――鑑賞する側も、それを言葉にならないレベルで感じとっているんだと思います。ダンサーが見慣れた動きとは、違う空間と時間を移動していくような。

トレーニングを通して自分の身体にとことん向き合っていくと、歴史的な身体性、そして身体を駆動する精神的な部分にふれていきます。そのプロセスを踏んでいるかいないかの違いは大きくて、作品のことだけ、コンセプトのことだけを考えていると、どうしても頭でつくった作品になる……語弊があるかもしれませんが、西洋的な発想になるというか。

自分に向き合わずに、目や耳から入ってきた情報だけで、新しいアイデアで作品をつくることはできます。でも、日本人としての己の身体と日々向き合い続けていれば、呼吸の仕方、間の取り方、静寂のつかみ方など、西洋人とは違う感覚が、おのずと出てくるのです。それは理屈じゃないんですね。

どこにも属さない 新しい身体表現

――18年前に Noism を立ち上げたときと比べて、現在のダンサーの踊りの変化や、ダンスの特徴といえるものは感じますか。

東京で行われているダンスを今はほとんど観ていないので、総じていえることはないのですが、自分のことに関連していえば、この18年の活動でどんどん古典回帰しています。いわゆる基礎と呼ばれている、人類が歴史的に築き上げてきた方法論、身体の可能性といったものに、あらためて気付かされています。

——古典回帰というのはクラシックバレエに
おいてでしょうか。

　クラシックバレエもそうですし、能のような
日本の伝統芸能、さらに修験道などの過酷な修
行がおよぼす意識変容にも惹かれます。
　いずれにしても身体鍛錬の大切さですね。現
代の舞踊界では作品づくりに重きが置かれてい
て、日々本気で鍛錬を実践している舞踊家はそ
んなにいないんじゃないかなという気がします。
Noismを辞めて、独自のクリエイティブな活動
をしている人はたくさんいるけれど、彼らのベ
ースにはうちで学んだ基礎、鍛錬の重要性がち
ゃんと土台にあると思います。
　東京バレエ団の舞踊家たちは、クラシックバ
レエのトレーニングを幼い頃からずっと続けて
います。だから反復練習が必要であるとか、身
体を物質化するとかいった、私が要求するもの
を理解しやすいと思う。もし私が18年前に東京
バレエ団で振り付けをしていたら、今のように
彼らのバレエ的身体を生かした振り付けはでき
なかったと思います。当時はまだバレエの技法
の重要性を今ほど認識できていなかったので、
ただ自分が動く感じに、彼らを無理矢理もって
いこうとしていたかもしれません。
　今は数百年続いてきた伝統的なトレーニング
方法の価値、それを日々実践している彼ら自身
も気付いていない価値に、私自身が気付き始め
ているから、彼らの伝統的な動きを身につけた
身体を生かせている気がします。『かぐや姫』も
そうですが、今こそ西洋発祥のバレエの技法を、
ここ日本でアップデートして、その価値を彼ら
と共有したいという意識があります。
　新しい表現を模索する若い人たちのなかには、
基礎トレーニングを否定して、感覚や感性だけ

金森穣　Jo Kanamori
演出振付家、舞踊家。Noism Company Niigata
芸術総監督。17歳で単身渡欧、モーリス・ベジャ
ールなどに師事。ルードラ在学中から創作を始め、
NDT2在籍中に20歳で演出振付家デビュー。10
年間欧州の舞踊団で舞踊家、演出振付家として活
躍したのち帰国。2004年4月、りゅーとぴあ新
潟市民芸術文化会館舞踊部門芸術監督に就任し、
日本初の劇場専属舞踊団Noismを立ち上げる。サ
イトウ・キネン・フェスティバル松本での小澤征
爾指揮によるオペラの演出振付を行うなど、幅広
く活動している。平成19年度芸術選奨文部科学
大臣賞、平成20年度新潟日報文化賞、第60回毎
日芸術賞ほか受賞歴多数。2021年紫綬褒章受章。

8　舞踏。日本の舞踊家・土方巽（1928-1986
　年）を中心に形成された前衛舞踊の様式で暗
　黒舞踏とも呼ばれる。著名な舞踏家に大野一
　雄（1906-2010年）。その前衛的な芸術思想
　は当時の文化人にも影響を与え、現代にいた
　るまで繰り返し再評価や再解釈が行われてい
　る

で表現している人が多くいます。もちろん素晴らしい才能の人もいるけれど、面白い作品をつくり、評価されることに気を取られてしまうと、そのためには時間をかけて身体を鍛えなければならないことに気付けない。

　作品の芸術性に必要な感性と、身体の質を上げていくことは、別のベクトルではなくて密接に関係しているんです。本来、舞踊芸術とは、その両方を保持していなければならないのですが、なかなかその両方を磨く環境が整っていません。時間も場所もないから、どうしても「つくること」に精一杯になってしまうんです。

――Noismがめざす身体表現とは。

　日本には能や歌舞伎などの伝統的な身体表現と、外来のバレエのような身体表現、60年代に生まれた日本独自の身体表現、この3つが相容れないまま存在しているという問題意識が私にはあります。Noismを立ち上げたときから、この3つの分類のどこにも属さない「ノイズム」として、この3つから貪欲に吸収し、これからの表現、これからの身体芸術につなげていきたいと思って活動してきました。

　日本にこだわるのではなく、東西の文化を合わせ、もっとフレキシブルに世界の要素を取り込み、われわれの芸術的オリジナリティや身体表現のあり方、その精神性、そういったものを同時に模索していきたいのです。まぁ、欲張りな理念ですけれど。

II
劇場の未来

――りゅーとぴあのように、劇場がダンサーたちの生活を保障できることは、どのように重要でしょうか。また、それらを取り巻く環境についても教えてください。

　毎日、朝から晩まで活動する場があり、作品をつくるだけじゃなく、身体の質を磨く時間がある。それは安定した生活保障があるからこそ成り立ちます。毎朝通勤ラッシュにもまれながら稽古場に来て、散々、稽古で体力を使ったあと、生活のためのバイトに行くとか、終わったら掛けもっている別の稽古に行かなければならない環境では、集中して自分の身体と向き合い続けるのは難しいです。

　新潟では皆が劇場のすぐ近くに住んでいるので、徒歩や自転車で通えますし、街は静かなので劇場での活動に集中でき、劇場から外に出ても時間がゆっくり流れているので、もう一度自分の時間を取り戻してリフレッシュできます。そういう静かなる時間が確保されていることはとても大切です。

　時間と場所があり、エネルギーをそこに集中できる環境があるかどうかは、舞踊芸術においてとても重要なのです。それが芸術としての質を決めるわけですから。ヨーロッパには恵まれたカンパニーがいくつもありますが、それ以前に、社会制度としてアーティストを支援する枠組みがあります。場所を無償で提供してくれた

り、色々な面で日本より社会的な環境が整って
います。そこと勝負しようと思ったら……。日
本からも天才的な才能をもって世界で活躍して
いる芸術家はもちろんいますが、それは一部の
人に限られます。一部の天才に依存していたら、
一国の文化として世界と勝負はできません。

——日本らしい劇場のあり方を考える参考と
して、目標とする海外の劇場はありますか。

　一口に海外といっても、国ごと、自治体ごと、
劇場ごとに事情が異なります。それにヨーロッ
パも私がいた頃とだいぶ変わっているので、挙
げるのは難しいですね。たとえばオランダでは
財政が厳しくて小さなカンパニーは支援を打ち
切られたり、ドイツでもカンパニーがクローズ
したりといった例が少なくないようです。そう
いう意味で、そこまで憧れるべき文化環境はな
くなってきているのかもしれませんが、やはり
歴史的な蓄積があるので、若いアーティストは
活動しやすいと思います。
　日本でも地方ごとに事情が違うし、舞踊の需
要も異なり、東京との物理的な距離の違いもあ
るので、一緒にするのは難しいと思います。大
切なのはそれぞれの条件下で、アーティストが
自分たちにとって必要なものは何か、ここで何
が得られるのか、得るためにはどういった闘い
をすればいいのか、自分たちなりに動くことで
す。もっと突っ込んでいうと、そのときの劇場
がどういうことを求めていて、そのときの政治
家や自治体が何を望み、それに対して自分がど
う応えられるかで、可能性は変わるのです。だ
から「こうすればいい」という正解はありません。
　18年経った今、それを身に染みて感じていま
す。劇場支配人は大体2、3年おきに代わるの

で、その方によっても価値観が異なります。だから、その支配人とどういう交渉をすべきか、今はガマンすべきか、今だったら行けるか、なんて（笑）。そういう人と人との生の向き合いが大切です。

　私がヨーロッパにいた頃、メジャーカンパニーで第一線のものをつくって世界に発信していれば、そこまで市民還元など求められずに成立していましたが、それは20世紀的なマスターが力をもっていた頃の話です。今、世界的に知名度の高い、圧倒的な力をもった振付家はいません。舞踊も当時より多様化していて、振付家もあふれています。どの分野でも、「その人がいるからすべて許される」みたいなことはもうないと思います。そういう世の中の移り変わり、若い人たちの意識の変化、うごめく変化のなかで、舞踊芸術家としてどう生きていくのかが問われています。

　同世代の振付家や次世代の舞踊家、ときには別の自治体などからも、私に話を聞きに来られる方がいますが、金森穣が18年を経て感じたこと、実践してきたことは、言葉では伝えられるけれど、極論は「あなた自身が見出すしかない」としかいえないですね。正解はないんです。

　舞台芸術は消えてなくなるものなので、次の世代に何を残せるか、残していくものをどう築いていくか。それは水のなかに構造を通すみたいなもので、あるときは強固なものが必要かもしれないけれど、時代に対応するために、フレキシブルな柔軟性をもっていることが肝要だと思います。何を変えるのか、何を変えたくないのか、何を大切に思っているのか……自問自答し続けるほかありません。

劇場のビジョンを

――りゅーとぴあを計画するときに、劇場が多くの人に利用してもらえるよう、ストーリーまで含めて構想されたと聞きます。実際にそのコンセプトは感じられますか。たとえば劇場のエントランス前に芝生を置き、人間が生の感覚を取り戻し、非日常空間へ入るアプローチとしたというエピソードもありますが。

　アーティストのある理念やビジョンをもとにつくった建物であっても、それを運営し、利用するのは自治体や市民の人たちですよね。最初に抱いていた理念がそのまま理想通りに進んでいるのか、逆に私が聞きたいくらいです。芝生の上を裸足で歩けることを理想としていたのに、芝生に人が入るとボロボロになって維持管理が大変になるから、結果「立入禁止」にしてしまうとか。東京にいながら「こうすればどうですか」と提案して、何かを始められたとしても、そこに住み、風土や自治体の変化、行政の歩み方などを肌身で感じながらでないと、改善したり新たに構築したりすることはできないと思います。文化を育てるのには時間がかかります。アイデアを発信するだけなら簡単かもしれませんが、実際にそこで生活してみない限り、気付けないもの、残していけないものがあります。

――施設ができたその後も重要ですね。

　劇場をより発展的に、地域に根ざした文化拠点とするならば、行政の枠組み、文化政策のあり方まで含めて考えていかないと。ただ事業の維持管理だけに追われている状態では、なかなか変わらないと思いますね。

——りゅーとぴあ以外に、日本の劇場でよい風向きを感じるところはありますか。

　舞踊の分野でいうと、愛知県芸術劇場に勅使川原三郎[9]さんが、彩の国さいたま芸術劇場では近藤良平[10]さんが芸術監督に就任されたりといった、ここ数年新しい動きがあります。勅使川原さんや近藤さんが、自治体における劇場のあり方、劇場内部の問題にどうアーティストとして向き合っていくのか、私も興味があります。

　全国的にもアーツカウンシルができたり、提言をするシステムは劇場に入ったりしているようですが、1980年代に日本にたくさん劇場ができた時代から、目に見えて変わっているようにはまだ思えないですね。根本から変えるつもりがあるようには見えないです。

　自治体は、その地域周辺に住んでいる人たちがその劇場を利用するという前提で豪華な施設を建て、「市民の方々の拠点です」みたいない方をしますが、果たして、市民の方が使うのに、それほど専門的な設備は必要なのだろうかという疑問が起こります。

　それだけのものをつくるのなら、いっそ世界に勝負できるようなアーティストを呼んで、その土地に住んでもらい、その場所で活動してもらう方が劇場も活性化するでしょうし、市民の方が使ううえでも、そこに専門家がいるだけで劇場の気配が違ってくる。そして劇場で活動する専門家たちから知恵を得られれば、市民活動の質も上がるのではないでしょうか。

　もちろん、私たちも「Noismが優先的にスタジオを使っているから、私たち市民が使えない」という批判を受けたりします。でも、そうして優先利用したことで得られた身体知を還元できるようになれば、それは市民活動を妨害してい

9　ダンサー、振付家。コンテンポラリー・ダンスカンパニー「KARAS」を主宰。パリ・オペラ座バレエ団やネザーランド・ダンス・シアターに振付作品を提供。2022年、イタリアのヴェネツィア・ビエンナーレ、ダンス部門にて金獅子功労賞を受賞
10　ダンサー・振付家。コンテンポラリー・ダンスカンパニー「コンドルズ」を主宰。NHK教育テレビ「からだであそぼ」をはじめ、ミュージカル、映画、CM、コンサートなど、ダンスのジャンルを問わない幅広い振り付け活動を行っている

ることにはならないと思う。

　毎年多額の税金を投じて運営されているのですから、文化の拠点たる劇場をどう活用したいのか、世界、日本、自治体において、どういう施設にすべきかというビジョンを、設置者である行政や政治家は明確にするべきだと思います。

———————————————

III
レジデンシャル制度に
もとづいた活動

———————————————

——りゅーとぴあでは「レジデンシャル制度」というのを設けて活動されています。劇団に所属する方をこの制度で雇用する、ということでしょうか。

　まずお伝えしたいのが、われわれは年俸契約で、その報酬が12分割されて給料のように月々支払われているので、雇用されている立場ではありません。一人ひとりはフリーランスです。今では認識も変わりましたが、設立当初は舞踊部門の一事業の出演者という認識で、稽古場を優先的に使うことが許可されたのは設立3年目からです。Noismという特殊な事業に対し、財団と市の役割も明文化されてきませんでした。

　2年前に市長が代わり、活動継続について話し合いました。今一度レジデンシャル制度、そして劇場専属集団に何を期待するのかを明文化し、市と財団の役割分担を明確にしたうえで制度化しようと、有識者を交えての議論が始まりました。その議論を経て誕生したのが新潟市の新レジデンシャル制度（p.98図1参照）です。

　2022年の9月からその制度に則った活動が始まり、私がその初代芸術監督に就任します。私の任期は5年になります。これまで私の契約は1年ごとで、3年ごとに更新されてきたNoismの活動期間も、あくまでも口約束で続いていたものですが、今回それが初めて1期5年と明文化されました。

　18年を経て、私もこれ以上ひとりで責任をもつことに限界を感じていましたし、検証会議で、芸術監督である私に権限が集中しすぎているという指摘もありました。そこで、国際的に活動する部門と、地域に根ざした活動を行う2部門制とし、それぞれの部門に芸術監督を設けました。世界に向けて発信する作品を創作し、海外とコンタクトを取って作品を売り込んだり、招聘するゲストを決めたりする国際活動部門、その芸術監督は、現在Noismの副芸術監督である井関佐和子が務めます。

　一方で、市民が今どんなことを求め、行政の文化政策課でどんな事業をやっていて、そこにNoismがどう関われるのか、行政と密に話し合いながら方針を立てる地域活動部門の芸術監督は、Noism1のリハーサル監督である山田勇気が務めます。Noismには「Noism0」「Noism1」「Noism2」の3つのカンパニーがあり、「0」「1」は国際的に、「2」は地域に向けて活動しています。こうすることで3カンパニーのより充実した活動をめざします。

　この構想は日本初です。欧州でもこのスタイルでやっているカンパニーはないと思います。先ほど問われた「日本的な」という意味で、この構想は日本の地方自治体で行うのであれば、もっとも適したやり方ではないか、こうしないと日本の劇場文化として継続はできないのではな

いかと思い、私が立案しました。

　私は両部門を客観的に見て、気付いたことをアドバイスしたり、最終的な責任を取る立場になります。そして新制度がうまく機能しているか、課題は何かに目を配りたいと思います。5年後に私が辞めたとしてもNoismが続いていけるように体制の強化を図っていくことが、私の何よりの仕事ですね。もちろん舞踊家として踊り、振付家として作品は創作していきますよ。

——アートの世界で「レジデンシャル制度」というと、おもに海外からアーティストを招聘して、現地で作品づくりをする、というシステムがメインですが、それとは違うんですね。

　違いますね。Noismを設立した当時はそのイメージに近いものだったかもしれません。実際に設立当初、制作は私の個人マネージャーひとりしかいませんでしたし、そもそもりゅーとぴあが、アーティストがレジデンスすることを前提につくられた施設ではなく、劇場のスタッフも管理運営のための職員で、業務のかたわらNoismの活動を助けるといったかたちで、なかなか必要な協力を得られませんでした。

　そこを何年もかけて契約スタッフを増やし、劇場の理解を得てNoism担当職員も設けてもらい、ようやく劇場専属舞踊団として独自の活動を国内外に発信できるようになりました。それでも舞台スタッフは今も外注していますし、劇場職員だけですべて運営できているわけではありません。

世界から招かれる Noism に

——世界の観客に向けて作品を発表するとき

図1　レジデンシャル制度相関図

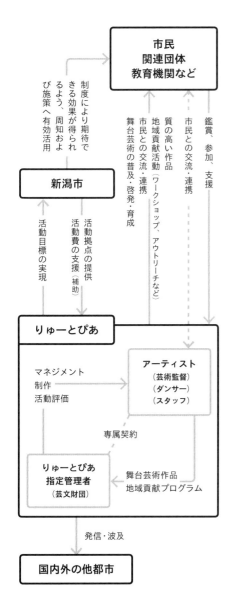

出典：新潟市「りゅーとぴあのレジデンシャル制度について」
（2021年10月29日）をもとに作成

に、新潟に観に来てもらうのと、世界各都市を回って上演するという２パターンがあると思います。そのビジョンをどうおもちですか。

本来であれば相互作用できることだと思います。過去に新潟でも国際舞踊フェスティバルを開催しましたが、初めての経験で運営は大変でした。制作も劇場スタッフには頼めませんし、Noismスタッフだけでも無理で、東京の制作者の助けが必要でした。行政の理解と予算の関係などにも限界があり、他県から人を呼べるものにはなりませんでした。

Noism設立当初から私がこだわっていることですが、海外で公演するときは、費用が向こうもちでなければ行きません。われわれがレジデンシャル・カンパニーとして、劇場の事業費で活動しているとしても、それを切り崩して海外ツアーに行ったとしたら、それは世界が欲しいものに応えていることになりません。これまでも海外から招かれ11か国を回ってきましたが、いずれも現地の劇場やフェスティバルが「ぜひNoismの作品をここで上演したい」と費用を負担して呼んでくれているものです。それはこれからも同じ考えです。そうしないと、新潟でこれだけの環境を得て活動していることを、この地にお返しすることにならないと思うので。

通常の公演、とくに新作の初演時には他県からお客さまが来てくださっています。その数はどんどん増えている実感があります。よく聞くのは、他県でNoismを初めて観て、一度本拠地である新潟で観てみたいという声です。それほど私たちの舞台には時間をかけて創作した質、独特の集団性があるんだと思います。だからその公演を、日々活動するホームで観たいと思うのでしょうね。それはとても嬉しいことです。

現在も海外の劇場やフェスティバルからNoismを招聘したいという打診はあるので、コロナが落ち着き、新しいレジデンシャル制度が本格的に動き出す際には、もっと世界に発信していきたい。世界から「新潟の舞踊団がすごい」と認められるようになったときに、また再び新潟でフェスティバルが実現できるかな、という野望は抱いています。

地域とともに

――学校や地域との関わりとして、市民の方向けのワークショップは具体的にどのような活動をされていますか。

公演やツアーがないときの週末は、市民向けのオープンクラスを開催しています。「Noismバレエ」や「Noismメソッド」「作品レパートリー」、そして誰もが参加できる「からだワークショップ」など、初級中級、難易度を分けたクラスを提供しています。

そして学校との関わりとしては、小学校への出前公演をしています。研修生カンパニーのNoism2が学校を訪問し、体育館などでパフォーマンスを観てもらったり、ワークショップを行うことで、舞踊や劇場に関心をもってもらえるように努めています。

また夏と冬の年２回、ワークショップ週間というのを設けて、通常のオープンクラスとは別に、たとえば視覚障がい者の方々や、ダンス部など、対象者に合わせた内容のワークショップを行っています。視覚障がい者の方たちと行ったワークショップは好評で、これを継続、発展させることで、視覚に障がいをもつ方々に新たな舞踊体験を見出してもらえるのではないかと、

次回に向けた打ち合せも行っています。これまでに実施してきたどのワークショップも、参加された皆さんが喜んでくださっているので、今後それをどのように継続するか、内容を濃くするかなど議論しています。

　いずれにしてもいちばんの課題は、より多くの方に劇場に足を運んもらうにはどうしたらいいのかということです。これは一舞踊団の話を越えた、その自治体における劇場文化政策です。ですから行政と劇場、そして専属集団の3者が協力して、市民生活における身体文化のあり方を考えていかなければならないと思います。

　市の担当者も、数多くある市の文化事業のなかで、どのようなかたちであればNoismの活動が活かせるのか、想像するのは難しいわけです。ですからこちらからも「こんなこともできますよ」とざっくばらんに意見を交換し合うことで、Noismとしても活動の場は増えるし、新潟市と

Noism × 鼓童 『鬼』 2022年
佐渡を拠点に活動する太鼓芸能集団「鼓童」との共演作品
撮影：村井勇

してもレジデンシャル制度を活用する機会が増えて、ウィンウィンの関係が築けるはずです。

劇場とレジデンシャル

——アメリカでは市民から寄付を募り、それを施設の運営に使うことで、市民は「自分たちの劇場」という意識を強くもっています。Noism は新潟市の補助金による運営ですが、それ以外に、市民や民間企業などの支援者を増やすこと、支援というかたちで関わりをもつことについてはどう考えますか。

Noism も年間を通して支援会員を募っています。すでに支援してくださっている企業や、個人の方も数多くいらっしゃいます。それは今後もさらに広げていきたいと思います。

設立当初はNoism単独で支援を集めることもできませんでした。それはNoismが劇場の一事業であるという認識があったからです。でも今ではNoism単独で支援を集めることもできますし、それは劇場全体としても必要だよねという動きに変わってきています。

今までりゅーとぴあ内では、演劇部門、音楽部門、舞踊部門がバラバラで、何か新しいことをやろうとしても、ほかの部門とのバランスを問われてしまう問題がありました。舞踊部門だけで新しいことをやろうとしても、それは劇場全体の方針ではないということで実現できないことも少なくありませんでした。しかし、新しくなるレジデンシャル制度を活かし成熟させることで、劇場全体がどのような方向に進むのか、やがて見えてくると思います。

私が現時点でいいたいのは、劇場とは誰もが利用する箱ではなくて、専門家集団を有する創造の場であるということです。もちろん、日本各地の施設がすべてそうである必要はない。ただこの国の劇場文化の新しいあり方として、専属集団を抱える劇場が、どれほど地域社会に価値あるものとなり得るのかを、これから発信していければと思います。

これからは新レジデンシャル制度に基づいてNoismが劇場の顔となるわけですから、われわれの活動が劇場の支援にもつながるようになることが目標ですね。

東京における課題

——東京でNoismのような劇場と集団をつくることは、なぜできないのでしょうか。めざすところはロングランで、そこに行けばいつでも観られるという状況を、東京のなかにつくっていく必要がありますよね。公演作品をどんどん入れ替えていく今の仕組みをどう感じますか。東京だから仕方ないのでしょうか。

理由はいくつもあると思います。東京にはものすごい数の集団がありますが、劇場数は限られている。貸し館利用が多いので、ひとつの集団に長期使用させると波風が立つ。劇場は結局、公平に利用されるための施設になっています。それに劇場側も、それだけ利用率があるわけですから、自分たちで集団を抱えて独自の活動を始めなくても、管理運営だけで成立する。東京を変えようと思ったら、国が動かないと変わらないと思います。

それにひとつの集団が率先して動いたところで、多分同業者間で波風が立つだけです。みんな問題を共有しているんだけれど、誰もそこまで決断して動ける権限もエネルギーもない。ま

して現状に満足している役所の人間を動かすことは容易じゃありませんから。

　個人的に問題だと思うのは、東京の団体や公演が、地方に売り込むことで公演回数や予算を確保しようとすることです。もちろんその団体にしたら当たり前のことです。でもそれに国が補助金を与えているのが問題だと思う。結局国は地方に東京のものを見せてあげるという、上から目線の地方分権をやっているにすぎません。

　東京のものを地方が買い取っている限り、東京一極集中は止まらないし、地方の疲弊は止まらない。この国の劇場文化は成熟していかないでしょうね。地方の劇場文化、独自の舞台芸術を東京が買うような、それを国が支援するような文化政策を国が実践すれば、東京の集団も地方に移住するかもしれない。そうなれば地方も活性化して、東京の将来も変わってくるかもしれませんね。

IV
舞踊芸術を次世代につなぐ

――なかなか欧米のような支援のシステムは構築できないかもしれませんが、日本でどのような支援があれば、よい結果に結びつけられると思いますか。

　支援といっている段階で無理かなと思ってしまいますね。当事者になれるかどうか、問題はそこだと思いますから。あるアーティストにターゲットを定めるのなら、「支援してます」とい

11　室町時代の猿楽師。室町時代初期において父の観阿弥とともに猿楽を大成。世阿弥の作品とされる『高砂』『井筒』『実盛』などの作品は現在も能舞台で上演されている。芸術論『風姿花伝』など数多くの書を残した

うかたちではなく、その人がやることに対して共犯にならなきゃいけない。行政官も政治家も、この国の文化的成熟のために選定したアーティストと、歩みをともにしなければならない。その覚悟が必要ですね。

われわれがやっている実演芸術は本当に時間がかかるし、すぐに答えが出るものじゃない。さらに、新しい表現を創造しようと思ったら、失敗もするし批判も生じます。よいときも悪いときも、アーティストやその集団の才能だけではなく、その人たちがやっている活動そのものの価値を、ともに社会に浸透させていくことが必要です。そういう覚悟をもった人がいない限り、変わらないと思いますね。

——お金でははかれない活動だけど、新しいものを生むものや教育に役立つものを大事にしていかないと、本物の文化は育たない。それについてはどう感じていますか。

30代の頃は、方々でそのことに対して文句をいっていましたが、40代になると、日本はそういう国なんだと、諦めに近い感情も抱くようになりました。しかしながら、地方自治体には今も新しい劇場ができ、その改修に多額の税金を投じている。それを続ける意義も問わずに、なんとなく続いています。すべて商業ベース、民間ベースでやると振り切っているのとはわけが違います。商業主義的な、東京で有名な公演を、地方自治体が数百万、数千万円で買って、地元の劇場で上演し、その公演が終わったら、劇場に足を運んだ人以外、何も残らない……そんなことを変わらずに続けています。

それを変えられると思って、私は新潟に移住してNoismを続けてきて、結果、新しいレジデ

ンシャル制度に辿り着きました。ほかのホールや劇場、自治体の文化政策に対して、ここから他県でも汎用性のある劇場文化に成長できるのか、それが問われる段階まできた。その成否はわかりませんが、人生をかける意義はあると思っています。

文化を育てるということに対する成果は、すぐに可視化できるものじゃないけれど、時間とお金をかけるに値すると信じて活動してきた。それなりの成果は出ているという自負もあります。たとえば、われわれが蓄積してきた身体知を応用することで、視覚障がい者の方々が涙を流して喜んでくださるようなワークショップができる。それは18年この地で活動してきたからこそできることです。

世阿弥[11]が残したものは今の時代にも身体文化、身体知として多くの影響を与えています。それはお金に換算できることじゃない。そういうものを後世に残すためにわれわれはやっているし、先人から受け継いだものを後世に残すためにやっている。その価値は未来の人が判断してくれることであって、今、即物的に判断されるのは困りますね。

ダンス教育への夢

——欧米では、ダンスなどのパフォーミングアーツは、学校の教育と結びついています。日本ではなかなかそうならないことについて、どう思われますか。

それはけっこう深刻な問題で、私は安易に教育制度に組み込むことに問題意識をもっています。たとえば学習指導要領が変わり、ダンスが小学校で義務化されましたが、案の定、ラジオ

体操がちょっとノリのいいダンスに変わったくらいの効果しかありません。ダンスが嫌いな子、踊るのが恥ずかしい子たちに無理強いして、イヤな印象を与えているだけじゃないでしょうか。

　舞踊はどうしても実技の部分が体育的に評価されがちです。大学のダンス部も、基本的に自分たちで踊って、自分たちで作品をつくって発表するのがメインで、授業で何かの公演を観て、そこで得た感動を批評したり、それを他者と議論したりといった、鑑賞する、感性を磨く教育がほとんどなされていません。

　大学によっては、ダンス科をつくれば学生が増えるので実施しているという印象すら受けるものがある。私自身、過去にある大学からオファーをいただきましたが、まったく理念的なことは話されずに、あなたは著名だから学生が集まればそれでいい、といわれた実体験があるんです。そういう意識でダンス科をつくっているとすれば、本当に学生たちのためになっているのでしょうか。

　学校という小さなコミュニティでダンスを始めて、もし周囲に上手と評価されても、それで職業として食べていける人は、ほんの一握りです。大学でダンスを学んだ学生が社会に出ても、プロの生活が保障されていないこの国で、どうやって食べていけるのか。結果的には就職する機会も失ってしまう。これは本当に日本のためになっているのかと疑問です。

　今は情報があふれているので、色々映像を見て学ぶこともできます。でもそれは二次元の情報であって、知識にすぎません。知識を知恵に変えるためには、実際にその体験を身体に落とし込まなければならないんです。

　ですから私には、いつか実現したいと思うことがあります。それは多様なジャンルの舞踊は

12　2021年上演。山田うんをゲスト振付家に迎えたNoism1、金森穣振付によるNoism0のダブルビル公演

Noism0 『Near Far Here』「境界」 2021年
撮影：篠山紀信

オンラインでインタビューに応える金森氏

もちろん、音楽や美術や服飾や演劇、舞台芸術にまつわるあらゆることを、実践的に学べる専門学校をつくることです。知識をしっかりと身体に落とし込むまで、鍛錬できる学校や施設、教育機関がない限り、この国の文化として世界と勝負するのは難しいでしょうね。

私自身、ベジャールのところで2年間学びましたが、無償だったんです。世界中の一流の先生たちから学べて、世界中からオーディションで選ばれた多国籍の人たちと一緒に学べた経験は大きかった。その原体験は、私が人生を全うする晩年に、何らかのかたちで若い人たちに提供したいと思っています。それは行政を絡めた新しい専門学校がいいのか、あるいは民間から支援を募った私塾にするのがいいのかなど、思いをめぐらせています。

表現者として

——ダンスやバレエが好きで頑張っている少年少女が日本にもたくさんいます。次世代のダンサーに向けてメッセージをお願いします。

今は情報過多の時代で、若い人たちは刺激に反応するのがすごく早い。でも代わりにひとつのことに向き合う時間が非常に短くなっています。われわれの世代は限られた情報のなかで、外圧に対して「なにクソ！」と奮起してきました。しかし今の時代は、外圧はハラスメントと呼ばれることもあります。だから自分で自分を奮起させる、自分のなかからそれを湧き起こさせなければなりません。身体は一定の期間、圧をかけ続けないと変わらないものなので、自分の内圧を上げるしかない。

あとは元来、身体芸能の本質は「見て学べ」で

す。しかしここでいう「見て」とは、二次元デジタルではなく、実際に会って、同じ空間を共有して「見る」ことです。素晴らしい作品に出会ったり、素晴らしい舞踊家を目の当たりにしたときに、それを「見て盗む」ことが大事です。何より目の前の出来事から影響を受けることが大事です。影響を受けることを怖がったり、人の真似をすることを恥じたりしてはいけません。他者を通して新しい自分に気付くことが肝要です。

——昨年上演された『境界』[12]は、コロナ禍でのオンライン対面という状況をモチーフにされていたと思いますが、胸が熱くなりました。愛を感じました。

愛もエネルギーだと思うんです。人を愛することによって人は変われる。愛されることによってもそうです。愛とは、人と人が互いに影響し合うことの本質を顕著にあらわしているエネルギーです。そして誰もがもっているエネルギーです。そして大事なのは、愛は薬にもなれば毒にもなる。ですから、その力をどの方向に用いるのかが大事です。

愛の対象は自分自身であったり、共演する他者であったり、あるいは音楽であったり作品であったりする。いずれにしても身体表現者として、これほど身体を変容させることができる力を、どのように磨き、自らの表現に活かしていけるかが課題です。私は振付家として、それをどう舞踊家たちから引き出せるのかを、つねに考えています。

——Noismとりゅーとぴあの今後の活動を楽しみにしています。

2022年1月25日、オンラインにて
インタビュアー：（一財）森記念財団 山中珠美
編集部 寺崎友香梨

つづいて、芸術分野の現代的な興隆に尽力するエコシステムのプレーヤーのインタビュー・テキストを紹介する。注目したのは、都市との関わりが強く、コミュニティをはぐくみ、若手を育てる機能をもつ芸術祭やギャラリーのあり方だ。地域、自治体が興す芸術祭の意義、作品をグローバル展開するギャラリーの役割、また、それらを国が支援できることとは何か。

相馬千秋
白石正美
林保太

I
コモンズ（共有知／共有地）を
体現する試み

インディペンデントとして
やれること

　私はこれまで、演劇や舞台芸術を軸としながらも、美術や社会関与型アートなど、領域横断的な部分を開拓するアートプロデュースを行ってきた。「シアターコモンズ[1]」を始めたのには、私が2014年にNPO法人芸術公社を立ち上げる前に、「フェスティバル／トーキョー[2]（以下、F/T）」をディレクションしていた経験がある。このフェスティバルは、東京都をはじめとする行政が主導・主催していたが、私はその事務局であるNPOの職員としてディレククターを務めていた。オリンピック誘致と関連し、東京都の文化政策がよくも悪くも非常に活気付いていた時代に生まれた演劇祭だった。行政がつくった枠組みのなかで、民間NPOの力も活用するという協働モデルのもと、2009年から2013年まで6回にわたりディレクションをした。ただ、

1　シアターコモンズは、演劇の「共有知」を活用し、社会の「共有地」を生み出すプロジェクト。日常生活や都市空間のなかで「演劇をつかう」、すなわち演劇的な発想を活用することで、「来たるべき劇場／演劇」のかたちを提示することをめざしている
2　豊島区の会場を中心に東京都内で開催されていた国際舞台演劇祭。1988年に始まった「東京国際演劇祭’88池袋」を起点とし、1995年に「東京国際舞台芸術フェスティバル」、2002年に「東京国際芸術祭」と名称変更を経て、2009年から2020年まで開催
3　フランス政府が管理・運営するフランス文化センター。アンスティチュ・フランセの日本支部

テンポラリーな場から
創出される劇場
——パフォーミングアーツとアーティストのこれから
相馬千秋

その枠組みに限界を感じ、インディペンデント
でどういうことができるのかを自分なりに試し
たいと思い、「芸術公社」を設立した。しかし
「インディペンデントであること」イコール、民
間という意味ではない。インディペンデントで
あることは、誰に頼まれるわけでもなく自分の
意志を核として、民間からの資金、行政からの
資金などを複合的に取り入れ、ステイクホルダ
ーらと事業をつくっていくというあり方である。
シアターコモンズはその意味でまさにインディ
ペンデントなプロジェクトであり、自分でプロ
グラムの責任者だけでなく実行委員長も務める
ことで、運営・経営に関する責任を自分で取れ
るという体制にしている。ただ自分ひとりの力
だけではできないので、賛同してくれる仲間を
集め、運営している。

　シアターコモンズでは、東京都港区だけでは
なく、東京ドイツ文化センター、アンスティチ
ュ・フランセ日本[3]、台湾文化センター、オラン
ダ王国大使館など、港区に拠点をもつ諸外国の
文化機関にも実行委員会に入ってもらうことに
より、日本の行政の論理を中和し、世界的な文
化の常識・スタンダードをベースに文化事業を
展開したい狙いがある。それぞれの機関には、
こういうことをやりたいから、実行委員会に入
っていただけないかと自分でお願いした。彼ら
としても、それぞれの国のアーティストを日本

で紹介できるよい機会だと捉えてもらっており、
シアターコモンズを2017年から6年間、継続
して毎年開催している。港区も共催しており、
区の文化施設を無償で使わせてもらうなど、継
続的にサポートを受けている。オリンピックの
文化プログラムという流れのなかで、起爆剤と
いうほど派手ではないが、港区のプログラムの
顔として認知もされている。

「都市のコモンズ／共有地」 の必要性

　シアターコモンズの開催場所は、「コモンズ」
すなわち「共有地」である。これを実際の都市の
なかに落とし込むと、逆説的ないい方になるが、
「特定の目的やルールがない場所」ということか
もしれない。現代の都市はルールだらけで、タ
バコ1本吸えない。F/Tをやっていた2009年
当時の池袋は、駅前に西口広場があり、そこで
は外国人や若者やホームレスも交じり合い、渾
然一体という感じで、東京で数少ない「とくに
目的なく人々が居られる場所」だった。今の東
京の都市空間は、無目的でただ居られる場所は
なく、どんな余白も広告価値に換算されていく。
無目的とか無ルール、そういうことが可能な場
所こそが、クリエイティビティや居場所につな
がると思う。誰かがそこに特定の目的性を見出

Chiaki Soma

相馬千秋　Chiaki Soma
NPO 法人芸術公社代表理事。アートプロデューサー。演劇、現代美術、社会関与型アート、VR/ARテクノロジーを用いたメディアアートなど、領域横断的な同時代芸術のキュレーション、プロデュースを専門とする。代表的なものにフェスティバル／トーキョー初代プログラム・ディレクター（2009-2013）、あいちトリエンナーレ 2019 および国際芸術祭あいち 2022 パフォーミングアーツ部門キュレーター、シアターコモンズ実行委員長兼ディレクター（2017-現在）、豊岡演劇祭2021 総合プロデューサーなど。2015 年フランス芸術文化勲章シュヴァリエ受章、2021 年芸術選奨（芸術振興部門・新人賞）受賞。

4　愛知県で 2010 年から 3 年ごとに開催されている国際芸術祭。現在は、主催は国際芸術祭「あいち」組織委員会

してしまっては「コモンズ」ではなくなってしまう。

　限りなく空き地に近いような場所——たとえば屋上。普段は別の用途で使われ、それこそ目的性があるかもしれないが、フレーミングを変えれば、そこが空き地になるような場所は、いくらでもある。恒常的にこういう場所を設置しようとすると、必ずルールができる。所有者や管理者は誰かという法規的な話になってしまう。だがテンポラリーなもの、仮設的なものであれば、その都度書き換えられていく可能性がある。シアターコモンズでやろうとしているのも、固定化しないテンポラリーな場としてのコモンズである。

　ちなみに私はずっと劇場が欲しいと願い続けてきたが、実際には一度も劇場をもったことがない。劇場をもった瞬間に、そこをひたすら維持・管理する側になってしまうからだ。劇場とは何かを問い、劇場というものの社会的価値をアップデートし続けるためには、逆説的だが劇場をもたないという選択も重要かもしれない。

　現在、「国際芸術祭あいち 2022」やドイツで開催される「世界演劇祭 2023」でもキュレーションをしているが、この場所を絶対に使ってくださいといわれると、そこを埋めるための演目、という発想になってしまう。今や演劇は、参加者自身が移動しながら体験するツアー型、電話などを使った対話型、VR/AR を活用したパフォーマンスなど、さまざまなメディアと結びつき、拡張している。そうしたなかで、劇場という空間を前提にすると、そこのルールやそこでできることに縛られてしまう。劇場をもたないでいることによって、劇場／演劇とは何かを、つねに新鮮にアップデートする契機にしたいと考えている。

II
芸術祭の可能性

芸術祭における
イノヴェーションとは

　今日では「芸術祭」が日本の国策に位置付けられている。国際文化交流の祭典を推進する法律（祭典法）が2018年に制定され、芸術祭によって日本から世界に発信していこうとなった。その10年ほど前には、自治体から申請すればその予算の半分を国が出す、という補助金スキームが生まれた。都道府県や市町村といった自治体が主体になって文化事業を主催し、半分の財源を自分たちで集め、残りの半分は国が補填するというスキームだったため、この10年ほどで日本全国に多くの芸術祭が生まれた。

　だが、国際的に評価され、継続し、さまざまなイノヴェーションを起こしている芸術祭が今どれだけあるかというと、結局、北川フラムさんが手がけた「越後妻有 大地の芸術祭」（新潟県）など、優れたプロデューサーの努力と力量によるものが大きい。平田オリザさんがディレクターを務める「豊岡演劇祭」は、同氏が芸術監督を務めていた城崎国際アートセンターの蓄積のうえに成り立っている。行政の欲望だけでは、演劇祭は強い打ち出しはできない。芸術祭というプロジェクトのスキームが、劇場や美術館をつくるより安くて早いから皆飛びつくが、中長期的に見たとき、本当にこれらの芸術祭が地域の文化振興に持続的に貢献しているかというと疑

問もある。とはいえ、何もなかった地域に文化的なイニシアチブが生まれ、少ないとしても財源ができ、小さなプロジェクトでも雇用が生まれ、守られているとしたら、まずは評価されるべきことだ。

　私もキュレーターとして携わった「あいちトリエンナーレ[4]」は、元々地元では盛り上がっている印象があった。アンケートを取ってみると、来場者は圧倒的に愛知県内からの方が多いそうだ。県主催であり、県内の小中学生にチラシを配布するなど県全体へのプロモーションも手厚いため、県民は「とにかく今回も観に行ってみよう」という意識がある程度浸透しているという。愛知県はトリエンナーレに3年間で10億円以上の予算をかけており、大村秀章現愛知県知事がぶれずに貫いている。今まで関わった芸術祭のなかでは、いちばん地元の人が来ていると実感する。一方豊岡演劇祭は、人口減に苦しむ兵庫県豊岡市が主体だが、観光に演劇を活用するものから、演劇祭におけるモビリティの実験など、さまざまな社会実験が同時に仕掛けられている。また豊岡市は兵庫県立芸術文化観光専門職大学を誘致し、芸術と観光の両方を学ぶ人材育成にも取り組んでいる。こうした複合的かつ集中的な取り組みは、5年、10年の単位で見たら、確実に成果が出るだろうと思う。

自治体の特性とのマッチング

　豊岡のように、芸術祭が地域課題を乗り越えていく社会実験の一部として機能することは歓迎されるべきだが、一方では皆安易にアートに期待しすぎだろうとも思う。アートがすべてを解決するのだったら、とっくに社会課題は解決しているはずだ。教育や福祉といった受益者が

5　あいちトリエンナーレ2019（2019年8月1日 - 10月14日）における企画展「表現の不自由展・その後」での展示物に対して、抗議や脅迫が相次ぎ、大きな騒動となり展示は中止へと追い込まれた。その後、名古屋市の負担金未払い問題などへも発展した

多く、それゆえ使う税金も多い分野と比較すると、文化芸術が作用できる範囲は限られている。だが、目に見えるかたちではなくても、新しいパラダイムを提示したり、未来を予見したり、過去を想起するといったことは、芸術文化が得意なところであり、必ずしも芸術祭というかたちをとらずとも、ほかのさまざまな方法で可能だろう。とてもよい本屋兼カフェが1軒あるとか、図書館がその機能を担う、そういうことでもいいのかもしれない。それぞれの地域において、あるべき、あり得る姿がある。それは自治体が限られた財源、リソースのなかで見つけていけばいい。自治体の切実なニーズと、アートの提案がうまくマッチしているところはよいが、そこがチグハグだとどこかで行き詰まってしまう。

　さらに芸術祭についていえば、誰が主催しているかは大きい。「あいちトリエンナーレ2019」

サエボーグ　『House of L』
動物が暮らすリビングルームをセットしたパフォーマンス
あいちトリエンナーレ 2019
© Aichi Triennale 2019
photo: Shun Sato

小泉明郎　『縛られたプロメテウス』
VR技術を使った演劇作品。観客は自分とは異なる他者の感覚や感情を追体験する
あいちトリエンナーレ 2019
© Aichi Triennale 2019
photo: Shun Sato

であれだけのことがあっても続いているのは、芸術文化事業の意義やトリエンナーレの歴史的・社会的意義というのを、知事がぶれずに理解されているからだ。それを体現する県職員の方々も大変な思いはしたが、その苦労や取り組みは正当に評価されている。これは主催者である県が、開催危機を不祥事だと捉えるのではなく、むしろ県の掲げるビジョンの体現のために職員が行った仕事を正当に評価しているということだ。これだけぶれずにできるのはすごいことで、トップの価値観や判断に依存するところは大きい。

アートと観光は、相性がよい

　地域振興目的で行われている芸術祭は、当然ながら観光とも結びつく。アートと観光は相性がよく、観客の体験としても相似点が多い。新しいことの発見、観客や旅行者が自ら事前に調べ、旅程を立てる営みなどは、一種のラーニングとしても可能性がある。アートをツーリズムの一部として消費する、あるいは地域のプロモーションに活用するだけでは限界がきてしまう。観光のコンテンツとしてアートを位置付けるというよりも、観光自体を文化事業化する方向ならば可能性を感じる。たとえば、奈良の大仏を見に行くための一連の営みを、文化事業として再定義すれば面白いのではないか。大仏は元々、疫病が流行した時代に、疫病退散祈願のためにつくられた巨大な宗教アート作品であり、現代においてはその歴史を学ぶプロセスも含めて、一種のアートプロジェクトとして開拓することも可能だろう。

　日本の現場で活動していて希望を感じるのは、多くの観客が「学びたい」という意欲をもってい

ることだ。これは日本人に限ったことではないかもしれない。ラーニングのプログラムは、演劇公演のチケットより高いものでも即座に売れることが多い。これをアートと結びつけると面白い。観光は、知らないものを知る、行ったことのない場所に行く、普段出会わないものと出会うなど、学ぶことの一環でもある。教育という狭い括りではなく、広い意味でのラーニングを、観光や移動と絡めて位置付け直せば、もっと可能性は広がるだろう。

III
持続可能な
ファンディングとは

個人からのファンディング開拓

　2000年代初頭にフランスに留学していた際に驚いたのは、古い建造物や遊休施設が、どんどんアートの場として転用されていたことだ。留学時代に働いていたメディアアート系のレジデンスCICVは、もともとプジョー一族が所有していたお城のような邸宅を転用していた。またパリのど真ん中にあった「ゲテ・リリック」は、昔の室内遊園地で、そこをメディアアートセンターにしようとしていた。あらゆるものがアートに転用されていくのは豊かなことではあるが、日本ではそうした施設の持続可能性が問題としてある。日本のジレンマとして、遊休施設などを活用したユニークな試みは、一定の期間を経て終わってしまうという印象がある。かつて表

参道にあった「トーキョーワンダーサイト[6]」も、F/Tの拠点であった「にしすがも創造舎」（2004-2016年）も今はない。

また日本では、公的資金の持続的なファンディングも難しい。インディペンデントな組織や団体が、個々のプロジェクトではなく持続的な活動のために支援を受け続ける仕組みが日本にはほぼない。だが日本で可能性を感じるのは、クラウドファンディングや会員制度など、多数の個人からの少額の寄付だ。

あいちトリエンナーレ2019での展示中止の事件では、海外のアーティストたちが展示を取り下げるという問題が起きた。その危機的な状況に対しておもに日本の参加アーティストが主体となり「ReFreedom_Aichi」というムーブメントを始めたが、クラウドファンディングでは短期間で1000万円が集まった。また、日本ではいわゆる「推し」カルチャーが浸透しており、

6　東京都による事業「トーキョーワンダーサイト（TWS）」の青山施設は2014年閉館。TWSは2017年に「トーキョーアーツアンドスペース」に改称され、本郷、墨田立川の拠点でアーティスト・イン・レジデンスのプログラムなどを展開している

高山明/Port B 『光のない。―エピローグ？』
観客はひとりずつ、世界中に拡散したフクシマの報道写真を手がかりに、ラジオから流れる声に耳を傾ける
シアターコモンズ'21（2021年2月11日-3月11日）
© Theater Commons Tokyo 2021
photo: Shun Sato

日本のカルチャーを支えているといっていいだろう。このように個人が少額でも、課題解決のための緊急支援や「推し」への支援をして、それをしっかり持続的に集めていく仕組みをつくればよいのではないか。

会員制度ももっと開拓できればよい。美術館や劇場でも、年間で関わるオーディエンスをあまり開拓できていない。観客は国内だけではなく、アジア諸国からの集客も開拓できるはずだし、アジアからの観客も日本の劇場やフェスティバルの持続的なファンディングに参加できるスキームを、整える可能性はあるだろう。

創作活動と生活の両立

日本では、自らの作品や創作行為だけで生活を成り立たせられるアーティストはごく一部であり、ほとんどのアーティストは創作以外のところでも生活費を稼がなければいけないという現実がある。20年ぐらいこの業界に関わっているが、これを解決するような答えはないと実感する。食べることと、アーティスト活動をどこかで切り分けないと生活が成り立たない。そのため大学などで教職をしている人も多い。自分も実際そうだ。しかしこれが普遍的に、誰にでも適用できるモデルかというと、そうではない。たまたま教育現場で職を得られた人だけが享受できるシステムで、やはりそれではまずい。

企業がアーティストを雇用するというのは、ミッションと期間を限定すれば、あり得る話だろう。若手アーティストで、大学を出てから10年以内に作家としてキャリアを確立させたい人が、ミッションが限定された職場でクリエイティビティを失わずに働く。いずれにしても、こうしたアーティストの労働に関する問題は、

文化政策というよりは、厚生労働省などの福祉と労働の政策として捉えたほうがいい。コロナで文化支援の問題が出たときも、「芸術は不要不急か」という議論が起きたが、アーティストや文化産業に関わる私たちのような人間の、生活の保障の問題は、それぞれがつくっているものの価値には関係なく、雇用と生存権の問題だ。それはアート界だけの問題ではなく、すべての労働者に適用されるべき問題なのに、どうしてもごっちゃになってしまう。雇用・生存とアートの価値付けは、分けて考えないといけないのではないだろうか。

対価に依らない
文化支援システムを

フランスでは、アンテルミタンという制度がある。俳優や舞台芸術に関わっている人が、公演と公演の間に無給の期間があると、公演期間中に稼いでいるお金の何パーセントかを、失業保障としてもらえる制度だ。映画、舞台芸術、デザインなど、フリーランスに適用される。年間に5本しか仕事がなくても、その5本で300万円稼いでいたら、それをベースに稼ぎがない時期も失業保険が国から支給されるという仕組みだ。ただ、この予算が膨れ上がったためによく議論が巻き起こっている。このフランスの制度は、文化政策と社会保障政策のハイブリッド型だろう。

日本は、厚生労働省に対して文部科学省や文化庁の位置があまりにも低い。文化庁は、コロナ渦で「ARTS for the future!」という補助金制度をつくったが、結局これも、失業保険や生存保障ではなく、何か事業をやる際の対価を補填するという制度なので、事業をやらなければい

けないし、それができない人には支援が行き届かない。

かつて1990年代に企業メセナ[7]協議会ができ、認知されていった時代は、企業による文化支援がもっと手厚かった印象だが、今は文化ではなく、SDGsやエコロジーへ支援の軸がシフトしてきているように見える。企業が独自に行う部分と、システマティックに民間のお金がアートセクターに行く仕組みが、もっとフレキシブルにつくられるといいのではないか。今、メセナ協議会が主導する「かるふぁん」など、企業や個人からの寄付控除システムがある。私は寄付制度の専門家でないので、もらう側の論理でしか考えられないが、やはりお金に紐付けがされていると、自由が奪われる。「あれもこれもやれ」といわれると、だったら貧しくていい、という感じになってしまう。

IV
世界のなかの、
日本のパフォーミングアーツ

パフォーミングアーツの国際化

「日本はものをつくるときに、世界を見ていない。世界でも通じるところから、ものをつくっていくべきだ」という話を以前したことがある。ここでいう世界標準とは、ローカルな作品がグローバルな文脈に向けて紹介されるシステムのことだ。そういう世界標準のプラットフォーム機能をもつ都市型演劇祭が、F/T以前の日

7 フランス語で芸術文化支援という意味で、企業が芸術文化活動を支援することを指す。バブル時代、投資の目的で高額な絵画を購入し、収蔵場所として美術館をつくるなど、一部の企業の派手な活動が注目された。メセナ活動は多くの企業に広がり、企業の広告宣伝や販促、企業のCSR（社会的責任）として、今は地道な支援活動を行う企業が増えている

8 戯曲の創作や構成についての技法。作劇法。戯曲作法。または演劇に関する理論・法則・批評などの総称。演劇論

9 現在能と対立して能を二分する世阿弥によって完成された作劇法。現実世界の出来事を描く現在能に対し、夢幻能は霊的な存在が主人公となる

モニラ・アルカディリ＆ラエド・ヤシン
（クウェート、レバノン／ドイツ）
『吊り狂い』
3体のロボットが語りだす人形劇
シアターコモンズ '22（2022年2月19日-2月27日）
© Theater Commons Tokyo 2022
photo: Shun Sato

本には定着していなかった。F/T は一時的にそのローカルとグローバルをつなぐプラットフォームとしての役割を果たしたが、私が離れてからの 10 年、そのプラットフォーム機能が後退してしまったのではないかと感じている。

　これは日本だけの問題ではなく、その後退をパンデミックがさらに加速させた。ヨーロッパの劇場やフェスティバルのプログラムを見ると、ここ 2 年ほどはほぼヨーロッパのプロダクションで完結している。元々芸術祭の起源は万国博覧会であることからも明らかなように、国際芸術祭ではつねに他者を召喚することが善とされてきた。今でも、ヨーロッパでキュレーションをすると、「全世界からの作品を集めて来てください」ということをいわれる。つまりはヨーロッパから俯瞰した世界地図を、ヨーロッパから見た「他者」の存在で補完することが求められる。しかしだからこそ、私のような外側の人間は、ヨーロッパ標準の図式そのものをずらすようなことをやらねばならないと思っている。だが全世界がパンデミックになり、村社会に戻ってしまった感じがある。そこにどう亀裂を入れていくことができるか、難しい課題である。

　日本には歴史的に、国立大学に演劇学科がない。日本の近代化の過程で、美術と音楽は、国立の芸術大学の教育に位置付けられ、脈々と伝統が受け継がれるシステムができていったが、演劇は、反体制的と取られていた背景もあり、教育カリキュラムに入らなかった。結果的に、歌舞伎などは民間の担い手が主体的に一座を経営している状態が現在も続いている。2000 年代以降、いくつかの私立大学がパフォーミングアーツの学科をつくり人材も輩出してきたが、ヨーロッパなどの演出家養成に比べるとメソッドは弱い。

　しかし、これにはよいこともあると思う。上の世代から教育を通じて脈々と受け継がれるものに縛られず、勝手に面白いことをやり始める人がいるからだ。今、世界的に活躍している演劇作家の岡田利規さんは、慶應義塾大学の商学部出身で、演劇学科で学んだ方ではないし、タニノクロウさんは医学部卒で精神科医だった。そういう作家が日本には多い。少なくとも私の同世代では、演劇教育以外のところから出てきた才能が突然変異的にユニークな演劇をつくる面白さがあった。逆に、韓国の演劇ではなかなか新しい才能が出ていないように感じる。それは大学教育のなかでも上の世代の先生のいうことを必ず聞かなければいけないという儒教的な価値観ゆえに、先生の教えを無視した新しいことがなかなかできない面があると聞く。その辺は良し悪しだろう。

参照可能な「伝統芸能」

　世界的に見ても日本の演劇は、芸能博物館のように伝統芸能が豊かにある。能や歌舞伎はもちろん、ほかにもさまざまな民族芸能が各地にあって、演劇的なものの原型があちこちの儀礼や祭りに残っている。この豊かな伝統を、どのように現代に生きる私たちが活用できるか。私自身もお能の謡曲を現代に置き換えて考えたり、歌舞伎の物語のドラマトゥルギーを今に接続したり、そういうことを創作のなかで試している。たとえば夢幻能は、成仏できなかった死者たちが夢のなかで戻ってきて、語り舞い踊るという形式だが、その形式を現代の創作のなかで参照したり借りたりすることで、クリエーションがより豊かになることが多い。

　今ここで自分がやっている実践が、歴史のな

かでどういう位置付けなのか。自分にも他者にも説明していかなければならない時期が必ず来る。大抵のことは過去に試みられており、誰かが過去に同じような問いを発し、それを考えていたり、同じような物語を生み出したりしている。私は、演劇学について専門的に勉強したことがなく、知識も乏しい人間だった。しかし、現代のことを考えれば考えるほど、過去に学ばなければ、という自分の内的なニーズが強くなっている。たとえばVR作品をつくるドラマトゥルギーをお能から借りる、というようなことが起きている。

　逆に、海外で仕事をするから日本の伝統を取り入れるということはまったくない。たとえば、コモンズという概念について考えるなかで、「なぜ、どのように人は集まってきたのだろう」という問いが生まれ、じゃあ過去に人々はどういうかたちで集まっていたのか、と関心をもつのは自然の流れだ。田楽とか田遊びなどは、豊作を祈るために集まり、その集いと行為自体は、神様に捧げられていた。そういう行為の起源を辿っていくことにより、現代の自分たちのあり方を学び返し、把握し直すということが求められる。日本のもっている伝統芸能はとても豊かで、読める文献もたくさんある。さまざまな芸能を、世阿弥が体系立てて理論化した「風姿花伝[10]」も残っている。理論が残っていてそれを参照できることは、非常に重要だ。

世界のなかの、 日本のパフォーミングアーツ

　世界の演劇史において、ユニークな影響を与えた日本の演劇作家は何人もいる。かつてのアングラ世代では、寺山修司の市街劇や太田省吾[11]

10　能の大成者、世阿弥の能楽論で、日本を代表する芸術論。1400年（応永7）に三編までがまとめられ、父観阿弥の教えに基づいて著したもの。ただ1人の真実の後継者に、能の真髄を伝えようとして書かれた秘伝であるが、汎演劇論として、芸術論、教育論、人生論、魅力の美学として、不滅の価値をもつ（『日本大百科全書』より）

11　劇作家、演出家。1939-2007年。沈黙劇と呼ばれるジャンルを生み出す。代表作に『小町風伝』『水の駅』など

12　演出家。1966年に早稲田小劇場（のちの劇団SCOT）を結成。俳優訓練法スズキ・トレーニング・メソッドは世界各国の劇団や学校で学ばれている

13　3年に一度、ドイツの都市で開催される世界演劇祭。1981年の創設以来40年もの歴史をもつ。2023年は6月29日からフランクフルト市およびオッフェンバッハ市で開催予定

14　1984年にマルチメディア・パフォーマンス集団として古橋悌二（1960-1995年）を中心に京都で結成。装置、映像、音、反応するパフォーマの身体によって作品を構成。現代美術作家として活躍する高谷史郎や池田亮司らが参加し、メンバーは流動しながら先鋭的な作品を発表している。2022年には坂本龍一が音楽を担当する新作『2022』を発表した

15　天児牛大（あまがつ うしお）による舞踏カンパニー。フランスと日本を創作活動の拠点とする。2002年、『遥か彼方からの—ひびき』がイギリスのローレンス・オリヴィエ賞"最優秀新作ダンス作品賞"を受賞

の沈黙劇、鈴木忠志[12]の日本的な身体に重心を置いた演出などがあるし、同時代では岡田利規さんや高山明さんもヨーロッパの演劇シーンでいつも取り上げられるような重要な仕事をされている。ただ注意しなければならないのは、「世界の演劇史」という歴史観自体、西洋中心に編まれた歴史なので、それとは異なる歴史、複数の歴史というものを意識的に編んでいかねばならない。私が「世界演劇祭2023[13]」のディレクターに選ばれるということは、西洋自体が、西洋中心的なパラダイムを相対化したいというニーズのあらわれでもあるだろう。そうした異なる視点を投入すること自体が西洋を補強するという面があることは十分に了解しつつも、そこで既存のパラダイムを攪拌するようなことは可能なはずだ。

アーティストは皆それぞれ、歴史軸の縦軸と空間的な横軸を意識しながら作品をつくっているが、作家の存在自体が不可避的に国境を越えざるを得ないという事態もある。日本の創作環境に比べて、ヨーロッパのほうが圧倒的に発表の機会もフィーも多いからだ。岡田さんや高山さんが、ドイツの公共劇場に招かれて創作をすることが増えたり、かつてはダムタイプ[14]や山海塾[15]の新作は日本より海外で先に初演されていた。日本の優れたアーティストにとって日本が創作の基盤になり得ない現象は、結局この30年間ほとんど改善されていないのではないだろうか。

複数のアイデンティティを生きる

そんな日本でアーティストをめざし、芸術大学を出ても、全員がプロのアーティストになれるわけではないし、またその必要もない。逆にいえば、誰しもが職業ではなく何らかの創造者、表現者であっていい。今の時代、ひとりがひとつのアイデンティティで生きなければならないということはない。ひとりが複数のアイデンティティをもち、複数のアバターに変身できるように、複数のアイデンティティを纏ってもいいのではないか。すでにSNSも、そういうことのひとつの片鱗かもしれない。「一個人をひとつの言葉でいいあらわす強いアイデンティティ」という考え方も、完全に近代の産物だろう。ひとりのアーティストが、自ら打ち立てた強いモチーフを量産して、一大キャリアを築くようなアーティスト像は現代において相対化されてもいいのではないか。むしろそうではないあり方が無理なく存立できるプラットフォームをつくっていくほうが、未来においては可能性があるかもしれない。アーティストになりたいから皆藝大に来ているが、実際にそれで食べていけるのは1パーセントだ。では、残りの99パーセントがダメかといったら、まったくそんなことはない。演劇やアートの発想を、さまざまなかたちで社会に活用していけばよい。近代的なアーティスト像から自由になれば、もっと可能性は広がる。ある個人がこの世界のなかでサバイブしていくときに、演劇的な発想は役に立つ。「自己」と「役」は同一ではなく、そこに距離があることを自覚すれば、批評性が生まれる。自分が経験している現実を、どれだけ批評的な距離をとって眺められるか。あるいは、他人がそういう状況になっているときに、自分が適切に批評的なことをいってあげられるか。アートは、ある種、創造的な批評性をもって生きていくための知恵でもある。

構成：（一財）森記念財団　山中珠美

I
日本のアートマーケットと
アートシーンについて

国内中心のマーケットから
国際化の時代へ

　かつて日本における最大のコレクターは美術館だった。私がこの業界に入った1970年代はじめ頃からバブル崩壊後の1990年代中頃にかけて、画廊にとって主たる顧客は公立や私立の美術館だった。いわゆる箱物行政が流行るなかで、美術館ブームが起こり、公立美術館が多数開館した。福岡市美術館、滋賀県立美術館、いわき市立美術館などが現代美術を多数海外から購入した。東京都現代美術館が開館に合わせてリキテンシュタインの絵を5億円で購入したことが話題になった。私立では、セゾン美術館やブリヂストン美術館が積極的だった。私が関わったのは主に戦後欧米作家たちで、今やコンテンポラリーマスターズと呼ばれ、価格は当時と比べものにならないくらいの高値になっている。
　一方で企業コレクションも盛んだった。飛島

白石正美　Masami Shiraishi

1948年東京生まれ。スカイザバスハウス代表。89年に白石コンテンポラリーアートを設立。89年より3年間、東高現代美術館副館長を務める。92年には日本初の国際アートフェア「NICAF」の総合プロデュースを手がける。93年、台東区谷中に銭湯を改装したギャラリースペース「SCAI THE BATHHOUSE」を開設。以後、李禹煥、中西夏之、遠藤利克、宮島達男、森万里子など日本を代表するアーティストの評価を確立させると同時に、名和晃平や和田礼治郎などの次世代作家を世界に向けて発信。近年、北品川「SCAI PARK」、駒込「Komagome Soko」、六本木「SCAI PIRAMIDE」を開設、新たな視点にて展覧会と企画を開催している。

美術作品が流通する
健全なマーケットとは
白石正美

建設や大昭和製紙のコレクションが有名だが、おもに近代美術作品が多く、90年代バブル崩壊とともにほとんどが海外へ売却されてしまっている。この頃からマーケットは海外へ移っていった。

　幸い公立美術館にコレクションされた作品は、そのまま残り収蔵されている。今、日本の戦後現代美術の「具体」や「もの派」が海外で注目され評価が高まってきているが、主要な作品の多くは海外に出ることなく日本国内の美術館や個人コレクターに所蔵されている。個人蒐集家のコレクションは、山村コレクションなどまったかたちで、公立の美術館に収まっている。マーケットの規模としては決して大きくはないが、自立した国内マーケットも存在していた。

　2000年以降、国内マーケットの低迷にあわせて、画廊は徐々に海外のアートフェアに進出するようになった。日本の現代美術が、グローバルマーケットで評価が高まってきた時期でもある。森美術館で2020年に開催された「STARS展」の6人の作家（草間彌生、李禹煥、宮島達男、奈良美智、村上隆、杉本博司）は、この時期以降に海外で注目が集まり、美術館やコレクターに購入されるようになった。この動きに押されて、多くの日本の現代アートがマーケットを賑わすことになっていった。中国のアートシーンへの参入もこの頃から盛んになってきた。

マーケットとギャラリーの関係

　STARS展の6人の作家たちは、いずれも海外の有名大美術館で展覧会が開催されているが、その背景には、海外マーケットでのアンダーバリューに目をつけたアートディーラーたちの戦略の成果ともいえるのではないかと思う。美術品の美術的評価あるいは文化的評価は、市場の価格とは一致していない。この状況は映画「アートのお値段」（2018年）がわかりやすい。草間を筆頭に作品の美術的評価を見出している美術館キュレーターと市場の値段が安いことに目をつけたアートディーラーとの協働によって、大美術館での展覧会を可能にさせているといってもいいかもしれない。美術館、コレクター、ディーラーの連携の背景は次のように説明できる。

　美術館側は展覧会経費を余裕のあるコレクターから寄付によって調達し、コレクターたちは所有する作家作品が美術館で紹介されることによって、所有する美術品の評価が高まることを歓迎する。アートディーラーは、その双方に働きかけることによって、マーケット価格と美術価値の両方を達成することになる。これがビジネスの拡大につながってくる。

　美術品の美的評価と市場価格の双方を分析して価値付けしていく仕事は「ギャラリスト」と呼んで、一般的に区別している。一方、単に市場

Masami Shiraishi

1　一般社団法人日本現代美術商協会〔Contemporary Art Dealers Association Nippon〕。代表理事・小山登美夫

2　高橋龍太郎〔精神科医〕が日本人作家の現代アートを中心に2000点超を蒐集（2021年現在）したコレクション。展覧会「ネオテニー・ジャパン 高橋コレクション」（2008年－2010年）は、上野の森美術館をはじめ全国に巡回された。氏は、個人の蒐集作品が、国の文化遺産や観光資源へとうまくスライドされていくよう願っているという

出典：高橋龍太郎コレクションホームページをもとに作成

SCAI THE BATHHOUSE での展示

名和晃平《TORNSCAPE》2021年
撮影：表恒匡
協力：SCAI THE BATHHOUSE

三輪美津子《Full House》2022年
撮影：表恒匡
協力：SCAI THE BATHHOUSE

のビジネスのみを追求しているのは「アートディーラー」である。両者は微妙に絡み合っているが、アートによって金銭的利益を追求する人と美術の価値を重視する人の違いといっていい。

ギャラリーの役割と現状

　ギャラリーのもっとも重要な仕事は、作品を販売してアーティストの制作活動を継続させ保証することにある。そのためには個人コレクター、企業、美術館などを顧客として作品を販売し、充分な収益を上げなければならない。アーティストが安定して制作を続けられる環境を提供するのが一義的に求められている。しかしながら、お金を儲けてアーティストに供給するだけでは、質のよいギャラリー活動とはいえない。アーティストのつくり出す作品は、長い時間の流れのなかで評価を左右される。アーティストは、自分は唯一無二の独創的存在と考え、歴史に刻まれることを少なからず意識して作品を生み出している。作品が時代の思想であり感性であるというのは、そういう意味だと思う。質のよいギャラリー活動とは、そのことを理解することで成り立っている。

　日本のギャラリー状況を見ると、こういった意識の高いギャラリストが増えてきている。「CADAN」[1]が2015年に設立され、現在（2022年11月）、49の国内画廊が会員登録されている。ここでは現状の美術業界の問題点や税制やシステムなどについての議論が継続的に行われて、国内現代美術マーケットの強化と拡大につなげていこうと活動している。最大の課題は、いかに質のよいコレクターを掘り起こし、販売促進を行い、個々の活動を支える資金の増大を図っていけるかということになる。国内基盤を拡大

させて、経済力に裏打ちされた「力をもった」ギャラリーは、さらに海外アートフェアでグローバルなアートマーケットが身近になり、ひいてはアーティストの活動も国内から海外へと展開していくことになる。もし可能性のあるアーティストの活動が国内のみにとどまってしまうなら、それは残念だと思う。

東京、日本のアートシーンの強みは、「美術の歴史」

アートシーンとしてみると、日本には美術の歴史がある。西洋美術が入ってきたのは明治維新以降で、それ以前から日本の美術には大きな流れがずっとあった。アートシーンもアートも、工芸も含めて、これまで歴史的に、日本的な美術文化を支える力というのが非常に強かった。そういうものが今混然としているので、日本の古い美術品も、たとえば国立博物館にいったり、骨董品店にいったりとか、色々なところでみられる。そういうものがあるのが東京の魅力だ。アメリカにはあまりないかもしれないが、日本には日本独自の流れがあるので、そういうものとしてみるのが面白いと思う。

欧米型のコレクターがなかなか日本では増えていないということは、比較すると、日本の歴史的な問題も関係している。つまり、骨董品や日本画、洋画をサポートしてきたコレクターがたくさんいるということだ。彼らは、それを提供する画商あるいは骨董商とそれぞれ結びついているから、それがいきなり現代美術のほうに来るには時間もかかるし、なかなか難しい。日本にある多様な美術文化を支えている力が、元々日本には多様にあったのだ。それが一挙にまとまって活性化する、ということにはならない。

しかしまったく混ざり合わないことはなく、今は重なり合ってきている。たとえば骨董商でも現代美術を扱ったり、日本美術を展示しているところが現代美術を展示したりするようになってきている。ただ、それらをない交ぜにするのではなく、きちんとしたかたちで展開していってもらいたいと思っている。

韓国は現代美術から始まっているため、歴史的にみて多様なものは、いってみればあまりない。だからこそサムスン美術館リウム（Leeum）にしても、韓国の現代美術館はすごいねということになる。中国もかなり似たかたちになると思う。一方で、日本は日本文化の歴史があり、それがひとつのよいところにもなっているし、それが西洋的な現代美術に一気にいかないところにもなっている。韓国や中国の動きに比べて、遅く感じるかもしれないが、それをもう少しみていってもいいと思う。僕は最近、日本画の少し古いのがいいなと思っている。

II
近年日本に出てきた動き
今後の可能性

ビッグコレクターが主導する
新しいマーケットの可能性

個人コレクターがここ10年ぐらいの間に増えてきている。高橋コレクション[2]は、日本国内アーティストに特化して、草間彌生以降の現代作家の作品を数千点収集してきた。タグチアー

トコレクション[3]は、世界のアートの現場を訪れて作品を収集している。日本の工芸から始まって現代作家の収集を進めている桶田コレクション[4]もある。また、宮津大輔氏はこまめに世界の若手作家の作品を収集し、貴重なコレクション[5]を形成している。この方々の個人コレクションは、美術館に貸し出し巡回展として、公立美術館のコレクションの足りないところを補って公開している。購入予算の限られた公立美術館にとってよい機会を提供している。

　ここ数年メディアを賑わしているのは、前澤コレクションである。100億円以上するアメリカ現代物故作家のバスキアをはじめ、立て続けに高額な現代美術を購入し、総額は数百億円を超えるといわれている。最近は日本の古美術や骨董品の蒐集も盛んだ。一企業家のこの動きは、若手実業家に大いに刺激を与えて、美術品購入が加速する現象を生み出している。美術品をコレクションすること、とくに現代美術をもつことが一種のステイタスとなって、情報交換をしながら購入をする実業家グループもあらわれている。この動きが刺激を与えて、一種のアートマーケット活性化の兆しを見せている。

　この動きのなかで気になることは、アートを投機対象としたビジネスシーンだ。金融商品と同じように美術品が売買されている状況は感心しないばかりか、健全なアートマーケットの発展を阻害するといってもいい。アートディーラーとコレクターが一体となって儲かるアートを売買し、そこにアーティストを巻き込んだ状況が生まれている。意識ある美術関係者は困惑している人が多い。この状況をアートブームと考えて、経済雑誌までもがアートビジネスの活性化だという。新しくアート作品を買う人は、信頼できるギャラリーを選び、何をコレクション

3　田口弘（FA部品や金型部品の専門商社ミスミ創業者）がアメリカのポップアートに始まり、550点超を蒐集（2020年現在）。作家出身地別では、日本が約26%、アメリカ20%、メキシコ以南の南米10%、イギリス・ドイツがそれぞれ8%ほどである。現在は娘の田口美和が運営に参画している
　　出典：Taguchi Art Collection ホームページをもとに作成

4　長年ファッションビジネスに携わってきたコレクターの桶田俊二・聖子夫妻が、約20年の年月をかけて収集してきた骨董や現代アートのコレクション
　　出典：OKETA COLLECTION ホームページをもとに作成

5　横浜美術大学学長、宮津大輔によるコレクション。宮津はアートと経済、社会との関係性を研究しており、世界的な現代アートのコレクターとしても知られる
　　出典：横浜美術大学ホームページをもとに作成

6　「香港と並ぶアート市場に」河野太郎インタビュー「週刊東洋経済」2021年2月20日号、p.53

するべきかのアドバイスを受けることが必要だと思う。また、美術ジャーナリズムが機能して、警鐘を鳴らすことも期待したいと思う。

　もう一点、美術品に向けられる資金の偏りについていっておきたい。広い意味でのアートビジネスには、日本各地で開催されているイベントとしての「アートフェスティバル」と、作品売買を行う「アートフェア」がある。それぞれアートシーンにおいて重要な活動であることは間違いないものの、開催の数で比べれば、質の高いイベントのみ数えても、数十倍フェスティバルのほうが多くなっている。アートマーケットの活性化をするうえでは、この違いは大きすぎはしないだろうか。フェスティバルにあっては、制作された美術品は、終了後多くが撤去されてしまう。一方、マーケットで購入される美術品は社会資産を形成したものとして残る。質のよいアートフェアがもっとあってよい。

企業美術館のコレクション

　企業の美術館では、豊富な資金を背景にコレクションの充実が図られている。近年では数億円のゲルハルト・リヒターを購入した箱根のポーラ美術館がある。ブリヂストン美術館はアーティゾン美術館と名称変更して意欲的な収集活動を続けている。両美術館はともに、歴史ある私設美術館で国内外の豊富な美術作品をコレクションしているが、近年の動きとして現代美術の収集に意欲的にみえる。ここで紹介したコレクションは、とくに高額な作品は多くの場合海外からの輸入になっているので、日本国内のディーラーがビジネスの仲介にいることはあっても、日本から海外へと資金が流れていることになる。

保税スペースの範囲の拡大とその活用

　美術品を日本に輸入する際には、10%の輸入消費税を支払わなければならない。一時輸入でも同じことになる。仮に1億円の作品だとすると1000万円がかかる計算になる。販売されれば、売却先から回収するので、精算されることになるが、売れない場合は1年間その金額が塩漬けされる。それを支払うギャラリーにとっては、かなりの負担になる。それを回避するシステムが保税倉庫の活用だ。どの輸送会社や倉庫会社でもそのスペースをもっているから、ここで一時輸入すれば、一旦は輸入消費税を支払わなくてすむ。そのスペースをもっと広げて、ビジネスの活性化を図ろうという方針が文化庁から発表された。いい試みだと思う（p.140〜参照）。これは、国内のギャラリーにとって大きなメリットにつながるばかりか、資金が国内で回るために、税収増の効果がある。つまりコレクターが作品を海外で買う場合、資金は海外に流出するが、国内のギャラリーから買えば、ギャラリーの儲けが税金として国内の税収増につながることになる。

　ギャラリーが一般に海外から作品を輸入して展覧会を行う場合、自前のスペースで開催するため、保税処置は行わない。それでは保税倉庫で展覧会を開催すればいいとなるが、そういうわけにはいかない。展覧会開催には、スペースのもつ雰囲気やアクセスが重要になるので、販売効果には大いに影響が出る。保税スペースの認定には、管理面でそれなりのハードルがあるが、実現すれば、国内マーケット拡大の促進につながる。最近、河野太郎氏が日本をアートマーケットのハブにしたいと話していた。これは、日本のアートマーケットに流れる金額が中国や

欧米と比べて桁違いに小さいことを受けての発言だ。また前澤さんのように高額な美術品を購入する富裕層を、税収面で取り込みたいという意向が背景にある。そのためには、国内アートマーケットを活性化して、国内での取引を増やす必要があるという思惑から出た発想だと思う。保税倉庫の拡大は、国内ギャラリーのビジネスの増加のための一助になるはずだ。一方、アートフェア会場は保税スペースとして別途認定されるため、日本でのアートフェア開催の機運が高まっている。

日本人の作家を
海外展開する際の問題点

　アーティストとギャラリーとの関係は、日本の場合ほとんどが、信頼関係による結びつきによって成り立っている。契約のない関係なので、実績をともなった結果を提供し続けていかなければならない。アーティストの興味を引き出し、チャンスを提供し、作品販売の実績を出し続けていかなければ、その関係は続くことはないといっていい。ギャラリーにとって信頼関係という意味では、クライアントとの関係も同じだが、アーティストとの関わりは、ときとしてまったく評価のない新人時代から、グローバルな評価を得て、さまざまな場で活躍するまでの長い時間の付き合いになる。その意味で一瞬一瞬、気の抜けない信頼関係の構築が重要であり、その持続が求められる。マネジメント側が費やす時間とエネルギーは、成功体験を実感するまで終わりなく、その実現はいつも遠く先にあると考えている。アーティストからいえば、その想いは間違いなくそれ以上なのではないかと思う。合理的な契約関係ではなく、情緒的といえばそ

SCAI THE BATHHOUSE
海外でのアートフェア出展のようす

「FIAC」パリ　2019年
撮影：SCAI THE BATHHOUSE

「Taipei Dangdai」台北　2020年
撮影：SCAI THE BATHHOUSE

の通りかもしれないが、アートビジネスの世界で国際的にみても、アーティストと契約をしているギャラリーは私の知る限り、それほど一般的ではないのではないか。

　アーティストは活動の場を世界に広げていきたいとつねに思っている。展覧会開催の要請があれば、個展やグループ展を問わず、自分の興味に合致するものであれば、迷わず参加する。ギャラリーはその想いを実現すべく、プロモーションを精力的に行う。評価と販路の拡大をめざした結果がうまくいけば、次々とチャンスが広がってくる。引く手あまたの事態が生まれるようになると、元々の発信元のギャラリーの存在意義、その価値を持続していくことはそう簡単ではない。親元を離れた独り立ちを単純に喜ぶわけにはいかない、ビジネスの難しさがそこにある。世界中に市場をもっている海外のギャラリーとの力の差だ。アーティストが世界で活躍する際には、継続的に意義ある関係をつくっていかなければならない。契約関係ではないのだから、なおさらのことである。

III
アートのエコシステムをつくる
ために、これからできること

ギャラリーが形成する
コミュニティの価値を大切にする

　アートの買い手からみると、ギャラリーとお付き合いしていないと、若手のよい作家が出た

ときに作品を売ってもらえない恐れがあるから、ギャラリーを立てるという精神構造になる。アメリカは完全にそのかたちを取っているし、作家もコレクターも、そう考えている。一方で、日本にはギャラリーを通さない販路が存在している。さらに最近は、コレクターが作家のところに直接買いにいってしまうこともある。芸大の卒展にいって、作家に直接連絡する。作家も声がかかると嬉しいからコンタクトに応じてしまう。この流れは中国で起き、さらにマーケットを動かしてしまった。これでは循環型にならず、まったくアートシーンをつくれない。たとえば、すごいお金持ちひとりが気に入って買う。それに何人かがつられて買うと、値段がものすごく上がる。大金持ちが買っているうちはいいが、飽きて買わなくなったら、誰も買わなくなってしまう。そうすると、作品はどこにもいく場所がなくなってしまうのだ。

　つまり美術館や評価をきちんとする人たちと関係していないとダメなのだ。それは自分自身が気をつけていることでもある。美術館やきちんとアートをわかっている人たち、キュレーションをやる人たちとつながっている必要がある。そのつながりをつくるために大事なのは、ギャラリーで行う展示やプログラムだ。言葉でいわなくても、われわれのギャラリーでこういうものをやっていると、かたちで伝えなくてはいけない。そういう大変さが、ギャラリーにはある。

コマーシャルギャラリーと
ノンプロフィットギャラリー、
両者をつくる

　「ニューヨークは、演劇の部門で成功を収めているが、ブロードウェイはコマーシャル（商業

7　日本の場合、認定特定非営利活動（NPO）などへの寄付に対しては、寄付金が所得控除の対象であるが、あらたに税額控除も受けられるようになった。また、NPOの対象には、「学術、文化、芸術又はスポーツの振興を図る活動」が含まれている

8　SFMoMAはサンフランシスコ近現代美術館のことで、米国で最大の近現代美術館のひとつである。同館は内国歳入法第501◎（3）の指定を受けているため、本来は美術館へ行う寄付は税控除の対象となる。しかし日本から海外へ寄付する場合は、要件を満たした海外への援助を行う国内の団体に対し寄付を行わなければ対象外となる

SCAI PARK の展示風景

「#31 和田礼治郎」 2022年
撮影：表恒匡
協力：SCAI THE BATHHOUSE

SCAI PARK オープニング展
「ダレン・アーモンド、ダニエル・ビュラン、ジェニー・ホルツァー、河原温、李禹煥」
2017年
撮影：表恒匡
協力：SCAI THE BATHHOUSE

演劇）で、経済活動の役割を担っている。一方、オフ・ブロードウェイやオフ・オフ・ブロードウェイは、ほとんどの劇場が非営利団体として登録をしており、税制優遇を受けている。非営利団体は儲けてはいけないわけではなくて、儲けた部分に対しては税金を払えばいいだけなので、その形式を小さい劇場や劇団は取っている」という話を聞いて、もし、そういうオフ・ブロードウェイのような仕組みがあったら、日本に取り入れることはいいかもしれない。日本の場合は、すべてがコマーシャルギャラリーだ。しかも欧米に比べると、収益は全然小さいもので、規模も大きくない。だからいってしまえば、僕らは仕事を始めた頃は、NPOだった。ノンプロフィットギャラリーでなくて、ノンプロフィッタブルギャラリー（収益を得られないギャラリー）だ。利益がないギャラリーで、コマーシャルギャラリーが成り立っていくことは非常に難しい。ノンプロフィットのギャラリーといった確立した制度が日本にはないと思うので、できるとよい。

じつは優れている日本の寄附税制をうまく活用する

寄附税制についてだが、われわれがたとえば美術館活動に対し寄付をするが、税務署はそれを経費として認めない。それを認めさせるためには、結構色々な制度をクリアしなくてはいけない。SFMoMAが新しくなるというので、大林剛郎さんがジャパンギャラリーをつくろう、ギャラリーセクションをつくろうとして、日本の寄付を集めた。しかしそのとき話したのは、寄付しても税金を取られてしまうし、さらに寄付したお金は経費として認められない、という

ことだった[8]。ジャパンギャラリー設置の際には、その障害をクリアして実現させている。寄付については高橋龍太郎さんがもっと詳しい。あれほどコレクションをしているから、どこかに寄付しようと思っても、税制的に優遇されなかったのではないかと思う。どこも受けてくれないと話していた気がする。だから買ったものは結局売ってしまって、作品が海外に出ていくという運命を辿ってしまう。それを何とかしなければいけないと話されていた。

寄附税制については、日本の仕組みとアメリカの仕組みはほとんど変わらない。森記念財団にて寄付額でシミュレーションを行ったが、アメリカが有利になるのは超億万長者が寄付する場合であり、通常の寄付ではアメリカのメリットも日本のメリットもほとんど同じであった。さらに、グッゲンハイム美術館で法務担当をしていた塩野入弥生さん（p.33も参照）に聞いたところによると、アメリカでは、美術品の持ち主が亡くなったとき、家族がすべて引き継ぐと相続税が発生して、多額の税金を払わなければいけないので、手放す分、相続する分、美術館に寄贈する分とを分けている。相続人が寄付の優遇を受ける場合は、寄付を受ける側の団体が、その対象になっているかどうかが必要要件となる。

構成：（一財）森記念財団　山中珠美

日本の特定非営利活動法人と米英独の非営利法人の制度比較

		アメリカ	イギリス	ドイツ	日本（特定非営利活動法人）
認定機関		内国歳入庁	チャリティ委員会	税務署など	所轄庁（都道府県、指定都市）
認定要件（対象）		以下の要件を満たす団体（内国歳入法第501条◎（3））[注1]	以下の要件を満たす団体（2006年チャリティ法第2条）	以下の要件を満たす団体（法人税第5条（1））	以下の要件を満たす団体（特定非営利活動促進法第45条）
	本来事業（公益性）	限定列挙 慈善、教育、宗教など	限定列挙 貧困の防止・救済、教育の振興、宗教の振興など	限定列挙 慈善、教育、教会支援など	限定列挙 保健、社会教育、まちづくりなど
	非営利性	利益・残余財産の私的分配不可	利益・残余財産の私的分配不可	利益・残余財産の私的分配不可	利益・残余財産の私的分配不可
団体への優遇	法人税の非課税範囲	本来事業[注2]	本来事業[注2] ※そのほかの事業については、収益がチャリティの目的にのみに用いられる場合は一部非課税	本来事業[注2] ※そのほかの事業については、収益の一定額まで非課税	収益事業（34業種）以外
	投資収益	原則非課税	上に準ずる	原則非課税	原則非課税
	寄附金優遇措置	所得控除	所得控除など[注3]	所得控除	所得控除または税額控除（控除率は寄附金額の最大50%）[注4]
		〔限度額〕 個人：所得の30%または50% 法人：所得の10%	〔限度額〕 個人：給与支給額など[注3] 法人：税引前利益	〔限度額〕いずれか大きい額 ①所得の20% ②年間売上高と支払賃金の合計の0.4%	〔限度額〕 個人：所得の40% 法人：（資本金などの0.375%×月数/12＋所得の6.25%）×0.5

（備考）　非課税事業以外の事業には通常の法人税が課税される。また、非課税資格が認定されていない法人についても営利・非営利にかかわらず通常の法人が課税される。
（注1）　上記の団体のほか、非課税資格を得られる団体は、米国では内国歳入法第501条◎などに限定列挙されている。
（注2）　本来事業には、団体の本来の目的を達成するために付随的に行われる事業を含む。
（注3）　給与支給時にチャリティ団体への寄附金額を天引きする制度や寄附者の納税額の一部を国が当該団体に支出する制度がある。
（注4）　所得税の40%と個人住民税の控除の合計。個人住民税は、都道府県が指定した寄附金は4%、市町村が指定した寄附金は6%、双方が指定した場合は10%控除される。
※アメリカ、イギリス、ドイツについては、平成22年第2回市民公益税制PT資料5をもとに作成。2010年1月現在の制度。
出典：内閣府NPOホームページ「日本のNPO法人と米英独の非営利法人の制度比較」をもとに作成

林保太　Yasuta Hayashi

文化庁文化戦略官・芸術文化支援室長。1967年生まれ。1994年から文化庁勤務。2003年、河合隼雄文化庁長官（当時）が提唱した「関西元気文化圏構想」立ち上げを担当。2009年から11年にはメディア芸術（とくにアニメーション）振興施策の企画立案を担当。2013年8月から、現代アート振興政策の企画立案に向けた調査研究に継続的に取り組み、2018年から日本におけるアート・エコシステムの形成をめざす「文化庁アートプラットフォーム事業」の推進を担当。2021年7月から現職。

日本の文化芸術政策の歴史と現在地

林保太

I

法制度の制定

文化財保護を目的とした文化庁の起源

　文化庁は1968（昭和43）年に設置されたが、その前身には古社寺の宝物や建築を保存することを目的として、文化財保護法制定時（1950、昭和25年）に設置された「文化財保護委員会」という組織に起源がある。文化庁設置からちょうど50年目にあたる2018（平成30）年には、その2年前に決定した京都移転計画の流れから生じた機能強化の一環として、大規模な組織改編を行った。その後、2020（令和2）年4月に文化観光と食文化を担当する参事官（課）と地域日本語教育推進室、また2021（令和3）年4月には前年からのコロナ禍を受けて、フリーランスのアーティストの活動を支援するという目的で、文化芸術活動基盤強化室が新設され、現在の組織形態になっている。

　文化庁の政府機関としての位置付けは文部科学省の外局であり、現在（2022年9月）の長官は

2021年4月に就任した都倉俊一氏である。

　2022（令和4）年度現在、職員定員は297名、予算額は1076億円（その後、第2次補正予算として713億円が計上され、合計額は約1789億円）という状況である。

　現在に連なる文化芸術に関連する法制度などの大きな流れについて遡ると、明治初期に起きた廃仏毀釈の動きに対応して、1871（明治4）年に古器旧物保存方（太政官布告）が出されたのが最初の動きである。また、同年文部省に博物局が置かれ、その後、博物館開設が始まった。1872（明治5）年に湯島聖堂において内国勧業博覧会を開催したことが、現在の東京国立博物館の起こりとされている。その後、奈良、京都の国立博物館が帝国博物館として建てられ、九州はかなり遅れて約1世紀後の2005（平成17）年に九州国立博物館が開館した。

　しかし最初の頃は、博覧会と博物館の違いについてうまく認識されておらず、常設か期間限定かという程度の違いだけで、ほとんど同じように扱われていた。また、最初はどちらかといえば産業政策的に政策がつくられてきたというところがある。その辺のことが、現在に至る日本における博物館の捉え方（展示場＞コレクション）の淵源があると思われる。

　東京藝術大学の起こりについては、1885（明治18）年、文部省に図画取調掛が置かれた。こ
れがのち（1887、明治20年）に東京美術学校を生み、現在の東京藝大につながっている。この頃、文部省には岡倉天心がおり、色々な取り組みを中心的に行っていた。1897（明治30）年に古社寺保存法が制定され、文化財保護行政が開始される。

　じつは、この頃につくられた制度が現在も大枠そのまま続いている、というのが日本の実態である。現存の美術作家を対象とする施策としては、サロン文化を採り入れた、文部省展覧会、いわゆる文展が1907（明治40）年に開始されている。これが現在の日展につながっている。この文展の審査組織として立ち上げられた美術審査委員会が帝国美術院となり、日本芸術院につながっている。そういう経緯があり、日本芸術院の第1部は美術になっている。また、文展の始まった30年後の1937（昭和12）年には文化勲章制度がつくられている。戦前の文化施策はだいたいこんな感じできた。

近代美術館の立ち上げ

　次に第二次世界大戦後である。戦後すぐの1946（昭和21）年に芸術祭（現在の文化庁芸術祭）が始まっている。これは、パフォーミングアーツを主たる対象とする国の主催公演と公募賞であり、演劇や舞踊、音楽などから始まった。美

Yasuta Hayashi

術以外の施策であるが、この「芸術祭」(公募賞)という手法はあとから出てくる「文化庁メディア芸術祭」にも引き継がれ、昭和・平成時代のおもな才能発掘の施策であった。

　(公募展以外の)美術に関する動きは1950年代に始まった。戦前に建てられた博物館とは別の流れで、国立近代美術館(現在の東京国立近代美術館)が1952(昭和27)年につくられる。公立の近代美術館としては、この1年前に鎌倉近代美術館(現在の神奈川県立近代美術館)ができている。国立近代美術館は、その後1959(昭和34)年に国立西洋美術館が、松方コレクションの返還の条件として建てられた。また、国立近代美術館の京都分館としてつくられたのが、現在の京都国立近代美術館、1970(昭和45)年の大阪万博のレガシーとして建てられたのが、国立国際美術

表1　日本の文化芸術政策の歴史

【戦前】1868 (明治元) 年〜

西暦	和暦	出来事	備考
1871	明治4	古器旧物保存方 (太政官布告) 制定	
1872	明治5	文部省博物局湯島聖堂で博覧会を開催	現在の東京国立博物館
1885	明治18	文部省図画取調掛開館	
1887	明治20	文部省図画取調掛より東京美術学校へ	1949年に東京藝術大学へ
1895	明治28	帝国奈良博物館開館	現在の奈良国立博物館
1897	明治30	帝国京都博物館開館	現在の京都国立博物館
		古社寺保存法制定	岡倉天心は1880年に文部省入省し、1898年に官職を辞す
1907	明治40	文部省美術展覧会 (文展) 開催	のちに帝展→ 新文展へと変遷
		美術審査委員会を設置	百貨店での美術作品取扱開始
1919	大正8	美術審査委員会が帝国美術院へ	1947年に日本芸術院へ　※第1部は「美術」
1937	昭和12	文化勲章創設	第1回受章者：岡田三郎助、藤島武二、竹内栖鳳、横山大観など

館である。2007（平成19）年には国立新美術館が開館した。国立新美術館は、「美術館」と名乗ってはいるが、いわゆる公募展の展示会場が必要、という要請からできた経緯があり、厳密にはアートセンター（コレクションをもたない館＝ミュージアムではない）である。

　注目いただきたい施策として、文展開始以来続いてきた、国による「作品の買上げ」制度があった。それまでは、ずっと官営の公募展（いわゆる「官展」）で、官展の応募作のなかから買い上げるという制度であったが、それが官展でなくなった（現在の日展となった）際に、広く若手の優秀作品を買い上げる制度となり、1959（昭和34）年から続いていた。これが2006（平成18）年を最後に、国立新美術館ができるタイミングで廃止となり、国による買い上げ制度は消滅した。

芸術家の海外での研修をサポートする在外研修制度（現在の新進芸術家海外研修制度／いわゆる「在研」）は、1967（昭和42）年から実施しており、現在まで続いている。

文化財保護をめぐる動き

　文化財保護法については、1949（昭和24）年の法隆寺金堂の壁画の焼損をきっかけとして、翌1950（昭和25）年に制定された。このときに文化財保護委員会が立ち上げられることとなった。その当時の施策を見ると、初期の頃には、文化財保護のためにかなり投資的な予算の使い方をされていた。その後、1960年代に入り、行政改革の流れのなかで、省庁一局削減ということもあり、文部省文化局と文化財保護委員会

【戦後】1945（昭和20）年〜

西暦	和暦	出来事	備考
1946	昭和21	日本美術展覧会（日展）開催	現在の日展
		芸術祭開催	のちに文化庁芸術祭へ
1949	昭和24	法隆寺金堂消失	1月26日
1950	昭和25	芸能選奨開始	1955年より芸術選奨へ
		「文化財保護法」成立・公布、「文化財保護委員会」設置	
1952	昭和27	国立近代美術館開館	現在の東京国立近代美術館
1959	昭和34	国立西洋美術館開館	
		優秀美術作品の買い上げを開始	2006年に終了
1963	昭和38	京都国立近代美術館開館	
1967	昭和42	芸術家在外研修を開始	のちの新進芸術家海外研修制度へ
1968	昭和43	文化庁が発足し、「文化財保護委員会」と「文部省文化局」が統合	
1977	昭和52	国立国際美術館開館	
1979	昭和54	大平総理大臣（当時）が国会の施政方針演説において「文化の時代」の到来を宣言	
1990	平成2	「芸術文化振興基金」発足	政府出資541億円、民間出えん金126億円
2005	平成17	九州国立博物館開館	
2007	平成19	国立新美術館開館	

を統合し、文化庁が文部省の外局として設置されることになった。また 1990（平成 2）年には、芸術文化振興基金が発足している。この頃日本経済はバブルの状況で、その流れのなかで金利による運用益を活用する基金が、このときにつくられている。しかし、今やゼロ金利の時代となり、この基金を今後どのようにしていくべきか、考える時期にきている。

II
1990 年代〜2000 年代
にかけて

メディア芸術祭を契機とした
新しい流れ

1990 年代以降は、新しい動きが出てくる。メディア芸術祭が 1997（平成 9）年に開始され、先述の在外研修の成果発表として「DOMANI・明日展」が始まっている。またバブル経済期に、日本にかなりの数の泰西名画が入ってきたため、個人がもっている作品を美術館で公開してもらおうということでできたのが、登録美術品制度である。これは、相続の際に物納順位が通常の第 3 位から第 1 位になるという点が登録のメリットで、一応登録美術品で相続税を支払うことができる制度ではあるが、実際には金銭納付優先であることから、運用上はほぼ機能していない。この頃まで、美術品を取り扱う文化に関わる法律は、基本的には文化財保護法一本で、これ以外に、著作権法と宗教法人法があるのみで

1 文化庁メディア芸術祭。アート、エンタテインメント、アニメーション、マンガの 4 部門で新しい表現技法を開拓した作品を表彰し、メディア芸術の振興を図る。おもな受賞作品に「AIBO」「もののけ姫」「君の名は。」など。一定の役割を終えたとして、2022 年の第 25 回開催をもって終了のアナウンスが報じられた
出典:「文化庁メディア芸術祭、終了へ」朝日新聞デジタルをもとに作成

あった。2001（平成13）年に初めて「文化芸術振興基本法」が制定され、これに基づき、「文化芸術の振興に関する基本的な方針」をつくるようになった。第4次方針までつくられたところで、かなり情勢が変化してくる。

その第2次方針（2007年）のときに、メディア芸術が注目されるようになってくる。メディア芸術祭は、第12回を開催する頃には世間的にもかなり注目され、メディア芸術の世界的な拠点をつくるべきである、ということが基本方針に書かれた。これを受けて、実際にメディア芸術総合センター（仮称）建設に係る予算が2009年度の補正予算に計上される、という動きにつながった。しかし、その年の総選挙で自民党から民主党への政権交代が起こり、結局、センターの建設予算は執行停止になってしまった。このときのトラウマがあとを引くことになる。その後、民主党政権は「コンクリートからヒトへ」というスローガンを打ち出し、メディア芸術分野は、箱モノはダメだけれど、分野としては重要なので、ソフト面で振興策を講じることになった。デジタルアーカイブ事業や情報拠点・コンソーシアム構築事業など、メディア芸術には相当な規模の予算が措置されることになった。のちに10年間で40億円超の予算が投じられているが、成果についてはいまだ道半ばで、新たな展開が模索されている。

文化芸術を中心に据えた振興計画

その後、2020年東京オリンピック・パラリンピック競技大会の開催が決まる。その動きと並行するように、クールジャパン戦略の新展開が模索されるなかで、2013（平成25）年に、現代アートを対象とする予算が初めて政府予算案

に盛り込まれ、2014年度から、海外のアートフェアに出展するギャラリーへのサポートが開始される。2014（平成26）年には青柳正規文化庁長官（当時）の発案で現代美術の海外発信に関する検討会が設置された。また、この時期に美術品の減価償却に係る通達が改正され、100万円未満のものは減価償却できるようになったり、パブリックアートは100万円を超えても減価償却できるようにと整備されてきた。

2016（平成28）年に文化庁の京都移転計画が決まる。翌2017（平成29）年3月に内閣官房文化経済戦略特別チームができる。この頃から、文化と経済の好循環をめざすべきであると政府内部でいわれるようになる。その流れも受けて、文化芸術振興基本法が改正され、「文化芸術基本法」になるという大きな変化が起きている。

それまでは、文化芸術そのものの振興にフォーカスしていたのが、その周辺領域の活性化まで考えていく方針である。同年夏に出された2018年度文化庁予算概算要求においては、「社会的・経済的価値をはぐくむ文化政策への転換」が大々的にうたわれた。文化経済戦略特別チームでは、同年12月に文化経済戦略を策定し、ここでアート市場の活性化が政府の方針としてはっきりと認識されることになった。

そうした流れのなかで、改正された文化芸術基本法に基づき、これまでの文化芸術の基本的な方針という閣議決定が、文化芸術振興基本計画として一段強固なものが策定されることになった。改正文化芸術基本法では、観光やまちづくり、国際交流、福祉、教育、産業そのほかの関連分野における施策を法律の範囲に取り込むことや、生活文化の例示に食文化を加えるなど、文化政策として扱う範囲を拡げている。またこのときに、文化芸術作品の流通の促進も追加さ

れている。少し前までの文化庁はほとんど法律の改正がなく、著作権法の改正が定期的にある程度であった。文化財保護法の改正は何十年に一度だったところ、ここから改正を頻繁に行うようになり、その第1回目の改正が2018（平成30）年に行われた。このときに保存活用計画をきちんと策定し、文化財を保存から活用へと向けて進めていくことを明確にした。

続いて行われた文部科学省設置法の改正では、文化庁の組織改変がなされ、このときまで文化庁がもっていなかった総合調整機能という、関係省庁の文化に関連する政策を調整する機能が付与されている。

近年の動きとしては、2020（令和2）年に新たに文化観光推進法が制定された。この特別法に基づき、認定を受けた拠点には、予算など特別な措置を講じるという仕組みである。さらに、2021（令和3）年には文化財保護法がまた改正されている。これは、無形文化財の登録制をつく

2 2018年5月、政府が国内の美術館・博物館の一部を「リーディング・ミュージアム（先進美術館）」に指定する制度を検討していると「読売新聞」が報じた件を指す。記事には「所蔵する美術品などを価値付けし、残すべき作品を判断しながら、投資を呼び込むために市場に売却する作品を増やす」とあったため、市場活性化のために美術館に作品を売却させるのではないかと考えた美術関係者の反発を招いた。文化庁は、リーディング・ミュージアムは美術館の体制の充実を求めるものであり、所蔵作品の売却を推進する意図はないとした
出典：『現代用語の基礎知識 2019年版』（自由国民社、2018年）p.766をもとに作成

図1
現代美術の海外発信に関する検討会
「論点の整理」（2014年 文化庁）

短期目標	委員（当時、敬称略）
日本現代美術サミットなどの開催	逢坂恵理子　横浜美術館館長 蔵屋美香　東京国立近代美術館美術課長 後藤繁雄　京都造形芸術大学教授 南條史生　森美術館館長 林道郎　上智大学国際教養学部教授 松井みどり　美術批評家 宮島達男　現代美術家 宮津大輔　アート・コレクター 山本豊津　東京画廊代表取締役 山本ゆうこ　山本現代代表

中期目標
現代美術振興支援機構創設を視野に入れた組織（構想室）の立ち上げ

長期目標
統括支援のための
現代美術振興支援機構の創設

●2014年度予算
海外国際フェスティバル参加出展等（補助金）計上
●2015年度予算
現代アート国際シンポジウム開催費（委託費）計上
現代アート国際展開調査研究費（委託費）計上
●2018年度予算
アート・プラットフォーム形成事業（委託費）計上
●2019年度予算
現代作家の国際発信の推進（委託費）計上

出典：文化庁「現代美術の海外発信に関する検討会」（2014年10月）」をもとに作成

ることがおもである。ここまでが近年までに起きた大きな流れである。

III
現代アート政策

クールジャパンをきっかけに
現代アート振興に取り組む

　現代アート振興に関する施策について、文化庁が政策に取り組み始めたのは先述の通り2013年頃である。今現在でもその状況は変わらないが、それまでは舞台美術、映画、あるいはメディア芸術の振興に、組織的に予算をかける状況が続いていた。そうしたなかで現代アート振興に関連する予算が要求され、計上された背景には、2010年頃から経済産業省が提唱し始めた「クールジャパン」がある。その動きに呼応するかたちで現代アートが採り上げられることになった。このタイミングで、2013年7月に青柳正規さんが長官になり、2014年1月に「現代美術の海外発信に関する戦略的会議をやるべき」としてつくられたのが、先述した「現代美術の海外発信に関する検討会」であった。これは、座長を南條史生森美術館館長（当時）に務めていただき、10名の有識者からなるメンバー（図1参照）で3回の議論を経て10月に「論点の整理」を取りまとめている。これが、今に至る現代アート施策のベースになっている。このときに長期目標として、包括支援のための現代美術振興支援機構の設立が掲げられており、それ

に向かっていく中期、短期の目標がはっきり明示されている。この短期目標に対応する予算（シンポジウムや調査研究）がその翌年、すぐに計上された。しかしその後、しばらくは中期目標に取り組むような動きはなく、その動きは低迷することになった。

　2017年に文化と経済の好循環という流れが出てきた。内閣官房（官邸）の組織という位置付けで特別チームが編成され、経済産業省や東京都、民間企業などからも人を集め、経済的な切り口も含めた新たな文化政策・施策の検討が始まった。今、「アートプラットフォーム事業」と称している事業は、この年の概算要求で予算化された。また、一定の美術品に係る相続税の納税猶予制度を要望し、文化財保護法の改正を前提に認められることになった。この2つの要求・要望が両方とも通ったことが、日本のアート政策史上において、かなり大きなことだったと考えている。

　ときを同じくして、自民党の政務調査会文化立国調査会の下にアート市場活性化小委員会がつくられている。文化経済戦略が公表されたことを受けて、アート市場の活性化が内閣官房日本経済再生総合事務局から注目され、政府成長戦略——当時は未来投資会議といったが——のなかで、アート市場の活性化が採り上げられることとなった。その会議に議論のために出した資料が読売新聞に報道され、若干の誤解も相まって物議を醸したりもしたが、同時に世間的な注目を集めることにもなった。こうした流れで、「アート市場の活性化」が政府の重要な政策のひとつになっていった。

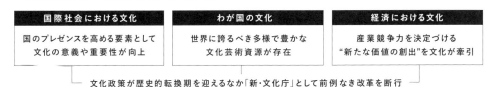

図2 「文化経済戦略（平成29年12月27日 内閣官房・文化庁）」について

文化経済戦略策定の背景となる基本認識

国際社会における文化	わが国の文化	経済における文化
国のプレゼンスを高める要素として文化の意義や重要性が向上	世界に誇るべき多様で豊かな文化芸術資源が存在	産業競争力を決定づける"新たな価値の創出"を文化が牽引

文化政策が歴史的転換期を迎えるなか「新・文化庁」として前例なき改革を断行

国・地方自治体・企業・個人が文化への戦略的投資を拡大
文化を起点に産業など他分野と連携した創造的活動によって新たな価値を創出
その新たな価値が文化に再投資され持続的な発展につながる好循環を構築

文化経済戦略がめざす将来像

● 花開く文化
未来に向けた「文化芸術の着実な継承」とともに、「次代を担う文化創造の担い手」育成、「次世代の文化財」の新たな創造

● 創造する産業
文化芸術資源を拠り所とした新産業・イノヴェーションの創出
文化芸術を企業価値につなげる企業経営の推進

● ときめく社会
「文化を知り、文化を愛し、文化を支える創造的な国民層」の形成「国民文化力」の醸成を通じた「文化芸術立国」への飛躍

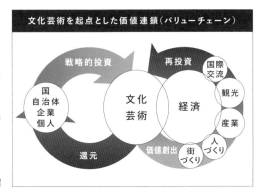

文化経済戦略会議をもとに作成

図3 目標及びその達成に向けた文化庁予算事業※の対応状況

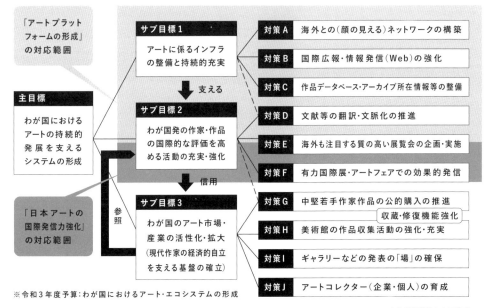

※令和3年度予算：わが国におけるアート・エコシステムの形成

文化庁資料をもとに作成

アートプラットフォーム事業の開始

図2は文化経済戦略の概要である。そのなかで、国際的な芸術祭やコンクールの開催、アートフェアの拡大、世界的なアーティストやキュレーター、ギャラリストの誘致など、わが国の文化芸術資源や文化芸術活動、アート市場をともに活性化しようといった動きがでてきた。先ほど述べたアート市場活性化の流れのなかで計上した予算を使い、「アートプラットフォーム事業」を2018年に開始する。具体的には、現代アートサミット（ワークショップ）を行ったり、ヴェネツィア・ビエンナーレの企画展に招へいされた作家に支援をしたりと、色々な取り組みを行ってきた。2019（令和元）年9月には、「第1回文化庁アートプラットフォームシンポジウム」を開催した。

しかしその直後、文化庁が「あいちトリエンナーレ」への補助金の不交付を決定するという事態が起き、その煽りを受けて、アートプラットフォーム事業の存続が危ぶまれる危機に瀕することになった。本当に空中分解の可能性があったが、何とか立て直し、同年11月末には第2回目の現代アートワークショップを無事に開催することができ、アートプラットフォーム事業の重要性が再認識されることとなった。その年の税制改正大綱では、それまでは物故作家のみが対象であった「登録美術品」（相続時の物納の特例適用対象）に、「存命の作家であっても、一定の美術品は対象にしていく」ということが盛り込まれることになった。

ウェブサイトの立ち上げ

第1回文化庁アートプラットフォームシンポ

ジウムの際に公表した、「エコシステムづくりに向けて」の整理が図3である。日本におけるアートのエコシステムづくりに向けてどのように取り組むのか、ということを明確に整理している。左に、わが国には世界的なアーティストを育てるエコシステムが存在していないのではないかということが根本的な問題と認識され、その克服のための解決策が次に挙げられている。第一には、わが国のインフラが未整備ではないか。第二には、インフラがあったうえでのことであるが、日本から歴史的な評価を高めにいくというような活動が、やはり弱いのではないか。そして最後に、やはり国内市場が小さいのではないか、という命題を設定し、それらに対する対策を右側に整理している。

予算については、市場の活性化を掲げて予算を獲得したという経緯はあるものの、市場に直接何かを行うということではなく、その前提となる、美術的、あるいは学術的な評価を高めるための基盤整備、活動の促進に予算をかけてきたというのが現状である。アートプラットフォーム事業と称しているように、わが国のアートに係るインフラ整備、海外との顔の見える関係の構築、国際広報の強化、作品データベースの構築などを進める。それにより、日本国内のどこにどういった作品があるのかという情報を可視化する、あるいは、日本の文献を選び英訳するといったことを柱に事業を進めてきた。補助金での取り組みは海外のアートフェアに出て行くギャラリーに対するサポートなどである。

2021（令和3）年3月には、ウェブサイト「Art Platform Japan」を立ち上げた。このウェブサイトには「SHŪZŌ（収蔵）」という愛称の日本の美術館の所蔵作品を横断検索できる検索サーチを含んでおり、現在これらのベータ版を公開す

るところまで進んできている（https://artplat form.go.jp）。

　このアートプラットフォーム事業は2018年度から5年間の取り組みとして行ってきたが、これらの取組みはすべて1回やって終わり、1回つくったら完了という性質のものではなく、継続してやり続けなければならない。それを続けていく組織を新たにつくることを事業構想の当初からめざしてきた。これらの取り組みを恒常的に行っていく組織として、「アート・コミュニケーションセンター（仮称）（現国立アートリサーチセンター（仮称））」という新たなセンターを、独立行政法人国立美術館に設置するための経費が予算化されるに至った。

図4　保税地域活用の弾力化

保税展示場・保税蔵置場における課税方法　【関税法基本通達の一部改正（2020年12月1日／2021年2月26日）】

* 保税展示場

税関が認めた展示場内において、輸送時および展示期間中の関税、消費税などの課税を留保する。

申請方法

申請には下記書類の提出が必要
・申請書・最近の事業報告書（年報）など
・保税展示場およびその周辺の図面
・輸送品取り扱いに関する社内管理規程
・展示会概要（名称、内容、期間、主催者含）
※国・地方公共団体の後援などが必要

● 保税展示場の流れ

税関へ相談・申請　　　　　　　　　　　　　　　輸入の申請

アートフェア

保税展示場の許可　　　　　　　　アート購入希望　税金の支払い・商品引き渡し

文化庁資料をもとに作成

美術品をめぐる税制改正

　また、2020（令和2）年に起きた大きな出来事として、財務省関税局が関税法基本通達の一部を改正したことがある。従来から、保税地域内で美術品の取引をしても構わないということだったが、そのことが従前は判然としなかった。美術品の取引であっても活用できるということをはっきりさせ、手続きも明確化することが2020年12月に行われた（図4参照）。

　さらに、保税地域の許可を市中のギャラリーにおいても適用できるようにするための改正法が2021年2月に制定され、今、まさに色々な事業者が税関に相談を始めている。許可を出す税関のほうもまだ慣れていないので、双方が制度の運用と取引現場の実態とのすり合わせをしていき、よりよい制度運用にしていく過渡期の段階にある。今回の動きは、今まで高額の美術品が日本にもち込まれることを輸入消費税（の一旦納付が見えないハードルとしてある）が阻止してきた面があり、そのハードルを下げようとしていることになる。

　自民党からの提言もあり、2021年の2月から3月には、今まで行ってきたことを文化審議会という文化政策の本流において議論の俎上にする目的で、文化政策部会にアート市場活性化ワーキンググループをつくり、2022（令和4）年3月に報告書をとりまとめて公表した（図5参照）。アートというのは本質的な価値が非常に重要であり、それは経済的価値と両輪であるということをはっきりさせている。加えて、社会的価値の形成も今後、考える必要があると思う。これらがバランスよく発展していくことが必要なので、そのための施策を色々打っていく。やはり、

保税地域における国際的なオークション・ギャラリー・アートフェアについて

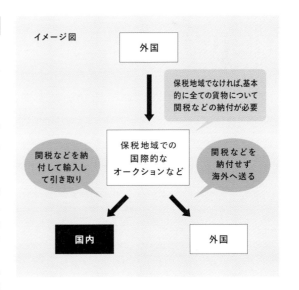

保税地域の活用

●保税地域とは
保税地域とは、外国貨物についての蔵置や展示ができる場所である。

●関税などの取扱いについて
保税地域では、関税、内国消費税及び地方消費税を課されることなく外国貨物の蔵置などを行うことができる。
保税地域でのオークションにおいて落札、又はアートフェアあるいはギャラリーにおいて販売された外国貨物は、日本国内に引き取られる場合は外国貨物の輸入となるので、輸入手続きを行い、関税などの納付が必要となる。
一方、外国貨物が輸入されることなく、外国へ送られる場合は、関税などの納付は必要ない。

イメージ図

外国

保税地域でなければ、基本的に全ての貨物について関税などの納付が必要

関税などを納付して輸入して引き取り

保税地域での国際的なオークションなど

関税などを納付せず海外へ送る

国内

外国

財務省関税局資料をもとに作成

そのカギになるのは美術館の活動なので、美術館に再び投資する必要があるということを今後も訴え、実現していく必要があると考えている。

今後について

昨今の動きとしては、文化庁としては先述の国立アート・リサーチセンター（仮称）の立ち上げに取り組んでいる。もうひとつは、税制改正についてである。これまでずっと、美術品の資産としての評価額のことをあまり気にしなくても拡げられる制度改正に取り組んできたが、この先は、リセールバリュー（時価）がいくらなの

図5　アート市場活性化を通じた文化と経済の好循環による「文化芸術立国」の実現に向けて（概要）
文化政策部会アート市場活性化ワーキンググループ報告書

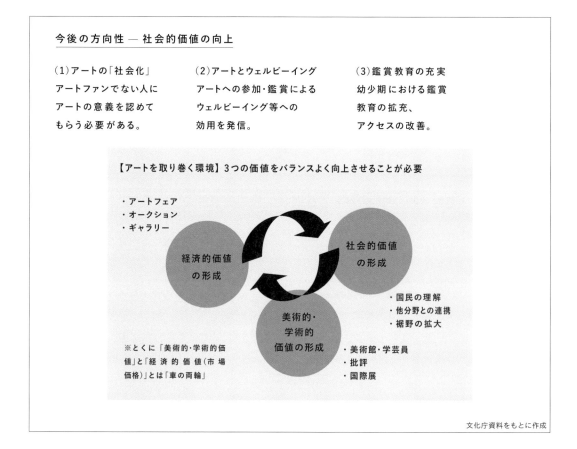

今後の方向性 ― 社会的価値の向上

（1）アートの「社会化」
アートファンでない人にアートの意義を認めてもらう必要がある。

（2）アートとウェルビーイング
アートへの参加・鑑賞によるウェルビーイング等への効用を発信。

（3）鑑賞教育の充実
幼少期における鑑賞教育の拡充、アクセスの改善。

【アートを取り巻く環境】3つの価値をバランスよく向上させることが必要

・アートフェア
・オークション
・ギャラリー

経済的価値の形成

社会的価値の形成

・国民の理解
・他分野との連携
・裾野の拡大

美術的・学術的価値の形成

・美術館・学芸員
・批評
・国際展

※とくに「美術的・学術的価値」と「経済的価値（市場価格）」とは「車の両輪」

文化庁資料をもとに作成

かということに対し、一定の信頼性を高めた算定の仕組みがないと、その先には進めないというところまできている。主要各国の仕組みなどは調査済みで、アメリカには鑑定士協会があるなど、さまざまな形態があるが、日本においてはどういうものがいいのかを検討し、公的な仕組みを構築していくことをめざしている。

また、文化芸術分野におけるエコシステムづくりを標榜している。この先は、いわゆるアート、美術だけではなく、もっと広い広義のアートやほかの文化芸術領域においてもエコシステムを考えていくべきだとしている。2021年12月に文化審議会に新設した文化経済部会とその下に設けた3つのワーキンググループ（アート振興／基盤・制度／グローバル展開）での議論をふまえて、第1期文化経済部会報告書「文化と経済の好循環を実現する文化芸術活動の「創造的循環」」を取りまとめた。それを受けて設置した、文化芸術カウンシル機能検討ワーキンググループにおいて、エコシステムを文化芸術各分野で実現していくための伴走型支援のあり方を、具体的に検討していくこととしている。

委員会発表資料とインタビューをもとに構成

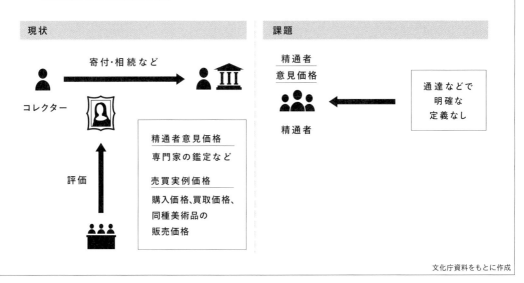

今後取り組む施策

● 国立アートリサーチセンター（仮称）の立ち上げ
　⇒2022（令和4）年度中の立ち上げをめざして準備中。

● 美術品流通の基盤となる、公的鑑定評価の仕組みの検討
　⇒文化審議会文化政策部会アート市場活性化ワーキンググループでの議論をふまえ、
　　具体的な検討を進める予定。

現状

寄付・相続 など
コレクター

精通者意見価格
専門家の鑑定 など

売買実例価格
購入価格、買取価格、
同種美術品の
販売価格

評価

課題

精通者
意見価格

精通者

通達 などで
明確な
定義なし

文化庁資料をもとに作成

境界を越えて
発展する日本の文化

──アート、エンタテインメント、
コンテンツ産業の動き

第3章では、日本の新たな文化的特徴として「クロスオーバーする文化」とわれわれが名付けた領域の調査内容を紹介する。日本のエンタテインメント産業やコンテンツ産業は世界的にも評価が高い。ジャンルを越えて生まれる表現のどんな部分に世界は魅せられているのか。稲蔭正彦が、アーティスト真鍋大度氏に話をうかがった。

クロスオーバーする日本の文化

稲蔭正彦

稲蔭正彦　Masa Inakage
慶應義塾大学メディアデザイン研究科委員長兼教授。メディア・スタジオ株式会社代表取締役。コンテンツ、サービス、地域開発の分野で、プロデューサー、クリエイティブ・ディレクター、戦略コンサルタントとして活動。近未来社会を描くメソッド「ドリームドリブンデザイン」を提唱し、アート、デザイン、エンタテインメントにあふれるワクワクする近未来社会に向けたイノヴェーション創出をめざしている。国内外の企業や研究所の経営や運営にも参画。

　都市は、社会経済活動のマグネットである。また、文化活動も社会の重要な魅力であり、クリエイティブ産業は経済活動のマグネットである。そして各都市は、その地域性を土台に文化のマグネットをつくり上げ、個性のある文化力を構築している。

　日本の文化力の特徴について、「クロスオーバー」というキーワードを通して整理してみたい。クロスオーバーには3つのパターンがあり、ひとつめは、異なる分野と分野を組み合わせて生み出すクロスオーバーである。これは、点と点を結ぶ（connecting the dots）と呼ばれるイノヴェーションの要素でもある。日本の文化をさかのぼると、かつて表現と技術の2つの分野を結ぶことでカラクリ人形が誕生した。現代においてそのDNAは、最先端のロボットに継承されている。そしてアートとテクノロジーを結ぶことでメディアアートが花開いた。

　日本で開催されるメディア芸術祭は、世界のメディアアートフェスティバルを代表するまでに成長し、日本から数多くのメディアアーティストが育っている。このこともアートとテクノロジーを組み合わせたクロスオーバーの領域が日本は強いことをあらわしている。アートとテクノロジーの組み合わせは海外でも注目され、米国ではハイフンテック（Hyphen-Tech）と呼ばれている。たとえば、ファッションテック（Fashion-Tech）の場合は、先端テクノロジーを駆

146　**3章**　境界を越えて発展する日本の文化

使したファッションを指す。

　2つめは、定義される分類から"はみ出る"スピルオーバーとしてのクロスオーバーである。日本の国宝である絵巻物《鳥獣人物戯画》には、芸術としての要素がある一方、マンガの原点ともいわれているエンタテインメント性がある。このように、芸術という定義では語りきれない作品が日本には平安時代から存在してきた。この流れは現在にも続いており、アート、デザイン、エンタテインメントの複数にあてはまるような作品を、日本ではわかりやすく「アート」と呼ぶ。そのカタカナ語の指すアートは独創的な作品を意味し、芸術作品として評価される場合や、エンタテインメントとして認識される場合など、ひとつの作品が多様な視点で評価されている。加えて、アートを体験し楽しむ、テーマパークのように人を魅了し、エンタテインメント・ビジネスとして成立させている作品もある。これは、従来の定義にこだわらず独創的な表現を追求した結果である。

　3つめは、作品と作品を組み合わせたり、インスパイアされてつくり出される「マッシュアップ」とも呼ばれる作品のクロスオーバーである。イメージしやすいのは食の世界で、すでに定番メニューとなった和風パスタや、日本では考えられない食材の組み合わせによる海外のSushi（寿司）などだ。サブカルチャーにおける二次創作は、現在の著作権法の定義からじつは

外れている面があるが、そこから新しい表現領域が誕生していることを考えると、表現の進化という視点からは重要なクロスオーバーである。海外におけるエンタテインメント性の強い映画の中核となる物語は、ギリシャ神話をルーツとした原作も珍しくなく、これは日本に限定された創作活動ではない。むしろ現代において、従来の定義や法律などのルールが新しい時代の潮流に対応できていないのではないだろうか。クリエイティブな表現は、つねに変化し、進化し続けている。社会が、その進化を肯定的に捉えていけるかどうかが文化構築の鍵となる。

　これら3つのクロスオーバーが日本の創作活動の原動力となっている。こうした領域が強い背景には、日本におけるいくつかの状況や価値観、なかでも、曖昧な定義を許容する日本社会の価値観によるところも大きいだろう。定義が厳密ではないことで、型にはまらない活動や作品が生まれやすい。その結果、多様な表現やコンテンツが制作され、それらにインスパイアされて、さらなる表現が生み出される。生物のミューテーションに近い現象が文化で起きているのである。またクロスオーバーは、自然界におけるエッジ効果とも通じる。自然界では、生息地の境界で生物多様性が増すように、アートとテクノロジーによるエッジ効果が日本では花開いているのである。

Perfume《Reframe 2019》2019年
撮影：上山陽介

Daito Ma

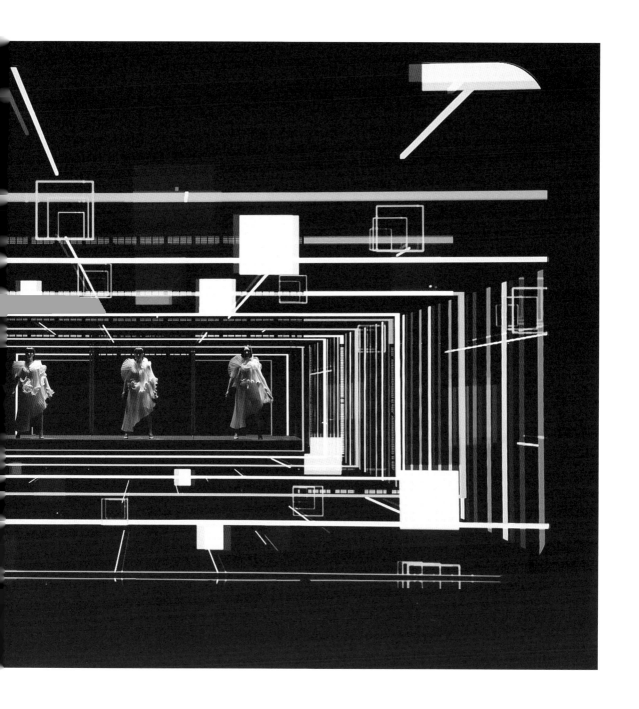

nabe × Masa Inakage

真鍋大度×稲蔭正彦

クロスオーバーの可視化

I
日本人特有の
カタカナ語の「アート」

稲蔭 日本のクリエイティブ力は、ニューヨークやロンドン、世界のほかの都市や国と比べて、何がユニークなのか、強いのかと考えたとき、必ずしも、芸術とか美術という意味に限定せず、もっと広いクリエイティブな表現力をもったものを包含しているのが、日本人特有の曖昧言葉のカタカナの「アート」だと思っていて、そこがすごく面白いと感じています。とくにそのなかでメディアアートと呼ばれている、デジタルなプラットフォームやツールを使いながら表現に結び付けていく領域が、日本はすごく強い国のひとつではないでしょうか。たとえば文化庁のメディア芸術祭が開催されていたり、海外のアルス・エレクトロニカ[1]のようなフェスティバルで、日本の作品がたくさん紹介されていたりすることにも、強さがあらわれていると思います。これが僕の見方ですが、真鍋さんから見て、日本のクリエイティブで強いのはどういうことが特徴だと思いますか。

真鍋 実際に僕もメディア芸術祭で10回以上、アルス・エレクトロニカでも7回受賞しています。僕がメディアアートの学校に行こうと思ったのは2002年で、そのときは、筑波大学と九州芸術工科大学、それと岐阜のIAMAS[2]だけが、メインの選択肢でした。今はどこの大学でもメディアアート学科やデジタルアート学科のよう

1　1979年にオーストリアのリンツで始まった、アーティストや科学者などによる、芸術、技術、社会のための世界的なフェスティバル。1987年からコンペティションを開催し、世界でもっとも歴史のあるメディアアートのコンペティションといわれる。「新しいテクノロジーが私たちの生活において何を意味するのか」という問いかけをもとに研究や教育などの活動も行っている

2　情報科学芸術大学院大学。Institute of Advanced Media Arts and Sciences を略して IAMAS（イアマス）。2001年設立、科学的知性と芸術的感性の融合を理念に掲げている大学院大学で、メディア表現研究科専攻において、修士および博士課程の履修が可能である

3　NTT インターコミュニケーション・センター（略称 ICC）。NTT 東日本が1997年に設立した文化施設。「コミュニケーション」をテーマとして、最先端のメディアアートを中心に展示を行っている。メディアアート関連図書・映像資料を多く所蔵し、さまざまな情報発信も行う

4　Special Interest Group on Computer Graphics はコンピュータグラフィックスとインタラクティブ技術に関する世界最高峰の会議である（p.162〜参照）

Squarepusher《Terminal Slam》2020年
架空のMR（複合現実）グラスを用いて、街中から広告を排除するというコンセプトのもと制作した真鍋大度監督によるスクエアプッシャーのMV。2020年アルス・エレクトロニカ佳作入賞

なものがあります。中国ではやっと深圳大学でメディアアートの学科が最近できたというようなタイミングです。日本はそういった意味では、テクノロジーを使ってアートをつくることに関して早くから取り組んでいて、教育という意味では、環境が整っていると思います。

稲蔭 真鍋さんが、この分野に興味をもたれたきっかけは何ですか。

真鍋 元々メーカーでエンジニアをやっていて、防災システムの制御システム、通信の設計などを開発していたのですが、初台にあるNTTのICC[3]、メディアアートの展覧会を見に行ったときに、自分のほうが、実際に機能するデバイスやソフトウェアを開発できる、実装力があるという勘違いをしたんです（笑）。もともとDJやバンドもやっていたので、プログラミング技術と音楽を組み合わせて作品をつくってみたいと、純粋に思って会社を辞めました。それでIAMASに行ったという経緯です。

稲蔭 テクノロジーから入るメディアアーティストが、最近多いですね。MITのメディアラボも、もともとは工学系の学校のなかに、それを使って音楽やビジュアルに関する表現を追求したいというほんの一握りの人たちがいたことから始まりました。テクノロジーが強いので実装力が高いから、最先端の面白いものが「見える化」されやすいです。美大から来ようとすると表現力は豊かだけれども、実装力でどうしても頭打ちになってしまう傾向があります。比較すると、テクノロジーが優れていたら作品が優れているとは思いませんが、人を魅了するテクノロジーがマジックだとすると、魔法がかかり

やすい気がします。そこが日本の面白いところではないでしょうか。アメリカだと、とくに研究資金を獲得しているような大学は、研究資金の成果が求められてしまいます。日本は似ていますが、テクノロジーとアートがクロスオーバーした曖昧な部分の表現をもう少し許してくれます。僕が関わっているSIGGRAPH[4]（シーグラフ）という国際会議でも、日本が圧倒的に強いです。

ライゾマティクスにおいてR&Dがつくるフェイズ

稲蔭 ライゾマティクスの組織構造は、研究開発をやっていて、だけどビジネスもやっていて、色々なことがアメーバのように成立しているのですが、少し謎めいたところがありますね。それが魅力で、曖昧でクロスオーバーしやすいところだと思っています。差し支えなければ、ライゾマティクスグループがどういう役割分担をしているのか、教えていただけますか。

真鍋 ライゾマティクスグループがどういう役割分担をしているか、会社として答えをもっていたほうが本当はいいと思うのですが、そもそも、大学の同級生や仲のいいメンバーで始めて、そのメンバーがまだ全員なかにいることもあって、個人個人がやりたいこと、試したいことをいまだに尊重している組織です。始めた頃は、齋藤精一はいわゆるメディアアート的発想と建築的な発想を組み合わせて広告のプロジェクトを手がけていました。有名なところでいうと、ナイキのミュージックシューがあります。
　その次にPerfumeになりますが、エンタテインメントの分野で、自作のデバイスやソフトウ

Photo by Akinori ito

真鍋大度　Daito Manabe
アーティスト、プログラマ、DJ。2006 年
Rhizomatiks 設立。身近な現象や素材を異なる目
線で捉え直し、組み合わせることで作品を制作。
高解像度、高臨場感といったリッチな表現をめざ
すのでなく、注意深く観察することにより発見で
きる現象、身体、プログラミング、コンピュータ
そのものがもつ本質的な面白さや、アナログとデ
ジタル、リアルとバーチャルの関係性、境界線に
着目し、さまざまな領域で活動している。

「Fencing Visualized Project」　2013 年〜
H.I.H. Prince Takamado Trophy JAL Presents
Fencing World Cup 2019
共同開発：Dentsu Lab Tokyo

ェアを使って、ほかの人たちがやっていない舞
台演出を、シアターでは 2004 年から、そして
2010 年からは東京ドームなどの大きなステー
ジでできるようになりました。僕はエンタメを
やりたかったので、そちらは僕の領域でした。
齋藤は建築を学んでいたこともあり、都市開発
や街おこしが、彼のスキルセットにも合ってい
ました。

　昔は短いプロジェクトで一緒に行うことが多
かったのですが、最近は長期のプロジェクトが
出てきたので、一緒にやることがあっても、少
しフェイズがずれています。ほかのメンバーも、
たとえば石橋素は、もともとロボットやハード
ウェアが得意なので、新しい公園をつくったら
そこのなかで動くロボットをつくり、その公園
をつくるために齋藤がプランを練るといった具
合です。それでも、うまく一緒にできていて、
お互いにやりたいことがやれています。でもこ
れは、みんながそれぞれに動いていて、あまり
明確な計画を立てずにその都度ベストなアイデ
アを採用していく、というのが正直なところで
す。

稲蔭　皆さん一人ひとりの個性、バックグラウンド、専門性が、近いようで少し距離をとっているので、すごく面白い相乗効果が生まれますね。都市設計の公園のデザインに長けているところは、テクノロジーをエンベッドして、そこにロボットを走らせるような演出で、発想はしても実装には至らないと思います。そこが、コアに尖った専門性をもったクリエーターがいる集団だからこそ、なし得ることだと思います。今聞いていて、日本の縮図のような気がしました。

　近いことをやりながら、ときどきくっついて面白いことを試してみるから、クロスオーバーしやすくなります。カチッと組織化してしまうと、違う要素の人たちが入りにくくなりますよね。それに、こういうクリエイティブなプロダクションは、コストの都合で、日本ではなかなかR&Dをもてなかったりすると思います。元々、ソフトウェアが充実していない頃は自らツールをつくることが当たり前でしたが、市販されている製品の能力が高くなると、自分たちでつくる必要がなくなってきます。そのなかで、ライゾマティクスのR&Dは、そこがキーになって、自分たちでツールをつくるし、自分たちの発想を実装できてしまいます。

　R&Dというのは、ライゾマティクスのなかで、どういう機能を果たしているのですか。真鍋さんのところだけがR&Dを担当しているのでしょうか。

真鍋　基本的に僕と石橋素とでR&Dをやっています。僕はソフト寄りで、石橋はソフトもできますがメインはハード担当です。だいたい20人ぐらいのチームで、色々な領域がクロスオーバーしています。たとえば少し前だと、実際

の試合でフェンシングの剣先をトラッキングして、マーカレスを実現したプロジェクトがありますが、それも本当に組み合わせ技です。剣先をトラッキングするだけなら、画像解析と機械学習の技術があればできますが、それを実際にステージで観客が入っているなかで、どうやって魅力的に見せるかということには、3DCGなどの映像表現や、デバイスを開発するハードウェアの知識も必要です。それが一気通貫でできてしまうチームです。僕は目標をかっちり決めるよりも、状況に応じて面白いプロジェクトをつくっていくほうがいいと思っているので、あまりカチッとしたビジネスラインのようなものを、なるべくつくらないようにとあえて心がけています。

稲蔭　お話をうかがっていて、いい意味でふわふわした感じが魅力的だし、そこから何か化学反応が起こっている気がします。R&Dという言葉は、多くの場合、技術開発にたとえられますが、もうひとつのR&Dは、ある種の実験だと思います。それは必ずしも技術的な開発をともなわない、枠を外れた実験的要素が、ライゾマティクスのカルチャーとして存在している気がするのですが、どうでしょうか。

真鍋　おっしゃる通りで、もちろん技術開発はありますが、たとえばシアターの例でいうと、僕らはラッキーなことにPerfumeと一緒にやっています。大きなエンタテインメントではPerfume、もっと実験的なパフォーマンスの場合は、ELEVENPLAYというダンスカンパニーとコラボレーションしています。Perfumeの振付も担当している振付家のMIKIKOさんが、ELEVENPLAYを主宰しているのですが、彼

5 Search for Extra Terrestrial Intelligence は、地球外知的生命体探査を目的としている科学分野である。宇宙の地球外知的生命体が発信した電波を電波望遠鏡を用いて受信する電波SETI と呼ばれる手法で探索を行っているが、1995年から、インターネットに接続されたコンピュータを使って仮想のスーパーコンピューターを構築し電波を受信するため、「SETI@home」プロジェクトが発足され、カリフォルニア大学バークレー校を中心に運営されている

女と一緒に普通のシアターパフォーマンスではできないような実験的なことに取り組んでいます。ドローンのパフォーマンスも、新しい表現を探るための最初のフェイズにはもちろん研究開発が必要です。飛行パターンのデザインツールやドローン制御の通信設計、機体の設計などソフトウェアもハードウェアも全部ライゾマで設計しています。そのフェイズの後に、では今度は、表現としてそれがどう成立するのか、ということを検証する必要があります。ある種R&D的ですが、その表現が実際に面白くなるのか、それを実験するフェイズも僕らはもっているので、まずELEVENPLAY でエンタメとしてパフォーマンスが成立するのかを試して、そこで成立したものを、さらに大きなエンタテインメントの場にもって行きます。テクノロジーのフェイズもありますが、その次の表現とし

ELEVENPLAY × Rhizomatiks Research
× Kyle McDonald
《discrete figures》2018 年
photo by Suguru Saito

Rhizomatiks Research × ELEVENPLAY
《border》2015 年
MR〔複合現実〕技術とモビリティ技術を駆使し、リアルタイムのダンサーとバーチャルなデータ上のダンサーがシームレスに移り変わり、リアルとバーチャルの境界を鑑賞者が認識できなくなる体験型ダンス作品
photo by Muryo Homma（Rhizomatiks）

ての強度があるかどうかという実験のR&Dのフェイズがあるというのが大事ではないかと思います。

エコシステムをつくってもっとサステナブルに

稲蔭 先端的なことをやろうとしている企業と大学が連携して、大学ではおもにR&Dをメインにして、企業はそれをマネタイズし社会に出していくというかたちで両輪を形成することが、とくに欧米だと多いのですが、コラボレーションについては、どう考えていますか。

真鍋 先端研究を行っている人たちと協業しないと、最先端の表現や技術を使うことは難しいので、企業とのコラボレーションもやってきました。大学とのコラボレーションは、僕の場合医療系やバイオ系の研究所、研究者の方が多いです。海外では、たとえばCERN（欧州原子核機構）とか、マンチェスターにあるジョドレルバンク天文台などですね。SETI（SETI@home）とも、地球外生命体に音楽を届けるプロジェクトを一緒にやったことがあります。企業とのコラボレーションで僕らが必要とされるケースは、新しい技術を使ったコンテンツの制作や、アプリやデバイスでUIが必要なもの、ヒューマンインタラクションが必要なものなどですね。UX/UIのデザインが必要なものに関して、R&Dのフェイズで入るというようなものも多いのですが、それはデザインの仕事です。国内ではプロトタイピングのお手伝いをするケースが多いですが、海外の研究所とのコラボは、アーティストとして参加し、とくに明確な成果をあまり求められないケースが多いです。

稲蔭 ニューヨークを含めてある都市や地域がクリエイティブ力ですごく強くなっていくとき、そのメカニズムのひとつとして、人材育成のエコシステムの形成が挙げられます。そこで育った人たちの働く場があって、働いた成果物がまた大学にフィードバックされるとか、何らかの、ぐるぐる回って成長していくというメカニズムがあると思っています。日本にもおそらく、そういったものはあるはずで、それは何かというのを解き明かすのが今回のプロジェクトのひとつです。真鍋さん的に、日本のエコシステムで思い当たることはありますか。

真鍋 そういうエコシステムができたらいいなと、いつも思いながらも、短期的な共同研究、共同開発が多いですね。ライゾマが科研費のような競争的な研究資金をあまり取りに行っていないこともあって、どうしても、プロジェクトや、プロダクト単位でやっていることが多いです。今ライゾマがもっているエコシステムは、最近は資金調達もしたり、そういった外のお金も入っていますが、やはり自分たちのなかで回している自転車操業的なところがどうしてもあり、もっとサステナブルにできないかということは課題ですね。一方で、自由度やフレキシビリティはすごくあるので、どうしてもトレードオフにはなると思います。

稲蔭 欧米で、エコシステムでスケーリングしていくことは、会社を大きくしていくというマインドセットがある気がします。それよりは、ライゾマさんは少数精鋭で組織を保っていく、むしろそちらを指向されているのではないでしょうか。ただ、VCのお金が入り始めると、そうもいっていられないかもしれませんが。

6　Non-Fungible Token：非代替性トークンとは、ブロックチェーン上で構築できる代替が不可能なトークンのこと。偽造・改ざんができない、唯一無二の価値をもつデジタルデータ。真贋性を担保する機能や、取引履歴を追跡できる機能をもつ
出典：「NFTの動向整理」消費者庁ホームページをもとに作成

7　ブランドやクリエイターによるデジタル作品の商業利用を支援するプラットフォーム。ライセンスの取得や、NFTの売買、作品配信などを行うことができる
出典：「Monograph | NFT Marketplaces」Monographホームページをもとに作成

8　イーサリアムは、資産の保有、取引、通信、そしてアプリや組織の構築などを中央機関の介在なしに行うことができるテクノロジー。暗号技術を利用した新しい形態のデジタルマネーである、独自の暗号通貨Ether（ETH）があり、イーサリアムネットワーク上の支払いに使用される
出典：「What is Ethereum?」Ethereumホームページをもとに作成

9　ポリゴンは、イーサリアムブロックチェーンと互換性をもつ、ブロックチェーンの構築や接続をするためのプロトコルおよびフレームワークである。イーサリアムブロックチェーンの構築時における制限を緩和する方法として開発された
出典：「Bring the World to Ethereum | Polygon」Polygonホームページをもとに作成

10　一般の人が、自分自身でつくったり、所有している作品を自由に取り引きすることができる、NFTのためのデジタルマーケットプレイス

《NFTs and CryptoArt-Experiment》2021年
CryptoArtと呼ばれるNFT（代替可能な暗号通貨）によって永続性、相互作用性、唯一性を保証し価値を担保されたデジタルアート作品
「ライゾマティクス_マルティプレックス」展示風景
（東京都現代美術館、2021年）
photo by Muryo Homma（Rhizomatiks）

真鍋　会社を巨大にしていくよりは、少数精鋭で組織を保っていくことを指向していますが、VCのお金が入ってきて、組織的には少し変化せざるを得ないところがあります。ただ、マネタイズのみを目標にして、今までやってきたことをパッケージ化して大量に売ることなどをやっていくと、先細りすることはVCの方たちも理解しているので、僕のチームは少なくとも、実験的なこと、R&Dをやって未来を切り拓くことを目標としています。今、ライゾマティクスのグループ会社でフロウプラトウという会社がありますが、そこはどちらかというとプロダクトアウトや社会実装を目標としていますね。

ライゾマティクスが取り組む NFT-Experiment

稲蔭　エンタテインメント、広告、公園、シアターというキーワードがいくつか紹介されましたが、それ以外に実験的な表現方法の開発はされていますか。

真鍋　去年はやはりNFT[6]が大きなキーワードになっていました。僕らはウェブやバックエンドのチームがいるので、作品販売をメインにはせずマーケットをつくるところから始めて販売をしていました。NFTの状況を少し俯瞰をして観察することも重要だと考えていたので、タイトルもNFT-Experimentというネーミングにして、実験ということを明確にしていましたね。

稲蔭　NFTの将来性や可能性は感じていますか。

真鍋　コンテンツのクオリティという観点でい

うと、データ量の少ない作品をつくらなくては
ならないなど、黎明期ならではの制約はたくさ
んありましたね。僕が最初にNFTの作品をリ
リースしたのはMonegraph[7]というプラットフ
ォームで2016年だったのですが、その作品の
データには今ではアクセスできません。IPFS
などのプロトコルが採用されていますが、デジ
タル作品の永続性に関しては正直どうなるかは
まだわからないですね。

　また、Ethereum[8]の環境負荷の問題が大きく、
アーティストとしてはどういったポジションで
活動するか非常に難しい点もありました。ライ
ゾマのマーケットは環境負荷の低いPolygon[9]と
いうサイドチェーンも用意していましたが、取
引のことだけを考えたらEthereumかなと思い
ます。

　今はNFTの取引のモチベーションは投機的
な意味合いが大きいと思いますが、熱狂が落ち
着いたら意識しなくても、NFTの仕組みを使
うような環境になっていくのかなと思います。
インターネットの登場時もそうでしたが、今の
タイミングで入って何かをやっても、短期的な
ものになってしまいそうな気がしています。僕
らとしては、新しいスマートコントラクトをど
う設計するかといった、コンテンツというより
も、仕組みやシステムのほうに興味があります
ね。

稲蔭　このNFT-Experimentという活動は、一
度お休みしてあたためておくような感じですか。

真鍋　もちろん、実験したいことは色々あるの
ですが、参加していただく方に少なからず負担
を強いる部分もあるので、気をつけてやりたい
なと思っています。また気をつけないと、間違

った考え方を広めかねない領域です。一方で、
何かしらやらないとたくさんあるチャンスを失
うことにもなりかねないので、難しい状況です。
ただ、こういうシーンはあまり起きないと思う
ので、状況としては面白いと思って見ています。
次に出すとしても、すでに9割ぐらいのシェア
をもっているOpenSea[10]というマーケットもある
ので、自分たちのマーケットでやる意義も、今
はあまりないと考えています。

　NFT-Experimentの発案は僕です。またこれ
以外でも企画自体は僕がやっていることがほと
んどです。15年前は実装も全部自分でやってい
ましたが、今は、自分はできるだけ企画とディ
レクションに回りたいと思っています。

境界線上にある、
実験的な作品の面白さ

稲蔭　今日の話の最初に、アートがカタカナ語
だという話からスタートしました。真鍋さんに
とって、つくっている作品はエンタテインメン
トの位置付けが多いと思いますが、メディアア
ートはアート作品だという意識と両立させてい
ますか。それとも、あまりそんなことは考えず、
面白い作品をつくることにこだわっていますか。

真鍋　僕は自分の作品がアートと呼ばれること
にはあまりこだわりません。いわゆるアートは、
ギャラリーやオークションハウスで扱われてい
るような売買できるマーケットがあるアート。
アートを現代美術に限定するのであれば、僕ら
がやっていることはたぶんアートには入らない
でしょう。

　僕はよく、技術が先かコンセプトが先かと聞
かれます。現代のアートにおいてコンセプトが

もっとも大事であることは間違いありませんが、自分の場合は技術があるからこそ生まれるコンセプトもあると考えています。こういった内容が批判されることもわかっていますが、僕は技術ドリブン、データドリブンで考えていることが多いです。一部のキュレーターなどからはアートとはみなされないようなことも、認めざるを得ない状況にはなっているのではないかという気はしています。

実際に、Google のプロダクトである Google Earth も、もともとは ART+COM[11] のテラ・ビジョンというアート作品でしたが、社会実装されたことでアート作品ではなくプラットフォームになりました。データビジュアリゼーションをモチーフにアート作品を制作していたアーロン・コブリンというアーティストは、その後 WebGL のコンテンツを制作するデータ・ビジュアリゼーション・チームのヘッドになりました。

僕とメディアアーティストのカイル・マクドナルドがつくっている "Tech companies using IP created by media artists" というリストでは、メディアアートの作品がテックカンパニーによってプロダクトやサービスに変化した事例を掲載していますが、このようなことはここ30年いくつもの事例があります。イノヴェーションを起こしたのは間違いないですが、アートとしては評価されていないものがほとんどです。メディアアートの作品が未来を予測し、真の意味で新しい価値を生み出したとしても、アートのシーンでは受け入れられないという事実はある種のジレンマとなって付きまとっています。

しかし、多くの人たちはアートとして認められることよりも、新しい価値を生み出す、まだ世の中に知られていない問題を提起することに

11 新しいテクノロジーを使って、メディアアートやインスタレーションなどの開発・制作を行うデザインスタジオ。ドイツのケルンとベルリンに拠点をもつ

Daito Manabe + Yusuke Tomoto + 2bit
《chains》2016年
BitCoin の自動取引を行うソフトを開発し、取引の様子を可視化・可聴化したインスタレーション
Exhibition view: "GLOBALE: New Sensorium – Exiting from Failures of Modernization"
Courtesy of ZKM | Karlsruhe
Photo by Tobias Wootton and Jonas

重きを置いていないのではないでしょうか。

稲蔭　おっしゃる通りだと思います。僕もその
ひとりです。曖昧な部分の定義をする必要があ
るのか、とむしろ思います。ファインアートで
はないものは価値が低いのかというと、そんな
ことはなく、両方にまたがることはいくらでも
あります。ファインアーティストとして認めら
れているアンディ・ウォーホルだって、結局は
ポスターをつくっていました。じゃあ自分で作
品をつくっていたかというと、そうではなくて、
ワークショップのように工場化しています。そ
う考えていくと、あまり境をつくらないところ
が、今日の話でクロスオーバーという言葉だと
思います。このクロスオーバーがすごく魅力で
あり、可能性をもっています。とくにテクノロ
ジーが入ってくることで、テクノロジーとノン
アートと思われているものとアートと呼ばれて
いるものがくっついていく。このくっついた境
界線がすごく面白いのです。それを、アートだ
という人とアートじゃないという人がいても、
その議論は、本当はどうでもいいのです。
　この境界線上に、実験を含めた色々なものが
あって、表現を豊かにしたり人を感動させたり
します。それを商用に少し振るとエンタテイン
メントになります。これこそが、日本が本当は
強いのではないかと思っています。日本人の文
化は曖昧なので、こういう境界線上もいい意味
で曖昧にしているので、面白いものが生まれる
のではないかと思います。

真鍋　本当にそうです。ファインアート、コン
テンポラリーアートのフィールドで認められな
いと、アーティストとして認められていること
にならないのではないか。そういった考えをも

ってメディアアートからコンテンポラリーアー
トの世界へ行く人も多いと思います。すごくわ
かります。元々、日本にはテクノロジーをわざ
と間違った使い方をしたり、ビデオゲームを本
来の目的とは違う遊び方をする文化があります
よね。その影響もあり、日本ならではの作品や
作家は多いと思います。

稲蔭　その代表的な例が、オタクっぽいコミケ
みたいなところで、好きなことをやって、それ
でみんなが楽しむという文化が、色々なものが
生まれるきっかけになっています。それがコミ
ケのグループではない人たちも、同じような感
じでじつは動いているから、新しいものが生ま
れやすいのではないかと思っています。欧米で
は、なかなかそういったものを生み出す土台が
ありません。

海外でも活動する
未来のクリエイター像

真鍋　僕自身の経験でいうと、海外に向けて少
し発信するだけで、急に活動の幅が広がりチャ
ンスがすごく増えるので、世界でどうやって自
分の活動を広げていくかを考えるといいと思い
ます。日本だと自分は、ベテランゾーンに入っ
てしまっていると思いますが、海外で展示やラ
イブをしていても、まだまだ全然、新人でフレ
ッシュな扱いです。評判などを気にせずに外で
活動できて、すごく健全に海外では発表できて
います。

稲蔭　未来のクリエイターへ向けて、彼らへの
メッセージをお願いします。今の時代は、でき
上がっているものをコピー＆ペーストできる、

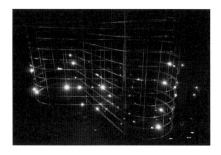

12「ライゾマティクス_マルティプレックス展」
2021年3月20日-6月22日。東京都現代
美術館で開催されたRhizomatiksの個展。ラ
イゾマティクスの設立15周年を迎えた年に
開催され、美術館で催された初めての大規模
な展示となった

《particles 2021》2021年
国内外で多数の受賞をした《particles》（2011年）が
新作としてアップデート。レールを転がるボールの位
置を正確にトラッキングするレーザー照射が、立体的
な残像の視覚表現を実現
「ライゾマティクス_マルティプレックス」展示風景
東京都現代美術館、2021年
Photo by Muryo Homma

《electric stimulus to face – test》2009年
出典：DAITO MANABE ホームページより

楽だけど危うい世界になってきています。技術
も、さまざまなやり方が掲載されており、少し
工夫するだけで作品らしいものができてしまい
ます。真鍋さんたちのように、新しいものをゼ
ロからつくるということを、若い人たちにチャ
レンジしてほしいと思っています。

真鍋　新しい土俵をつくるためには、仕組みや
ツールから始めないと難しいですね。わかりや
すい例をいうと、プロジェクション・マッピン
グやドローンの空中のショーがそうです。プロ
ジェクション・マッピングも、最初はキャリブ
レーションや工学的な知識が必要な表現だった
ので、システム開発ができる人だけの表現でし
た。あるときから、それがツールとして誰でも
使えるようになって、そうなるとコンテンツ勝
負になってしまいます。そこからは、僕にとっ
ては面白い土俵ではありません。新しくツール
やシステムをつくるというところから始めない
と、本当に新しい表現者にはなれないのではな
いかという気がします。そのためにR&Dは必
要です。

稲蔭　真鍋さんはエンタメとしての作品づくり
とアートの作品づくりは分けていると表現され
ていましたが、その違いはいまだにありますか。

真鍋　僕のなかでは、実験的なことをやってい
るかどうかが大事です。それがアートかエンタ
メか広告かというのは、あまり区別していませ
ん。分ける必要はないと思っています。東京都
現代美術館で去年個展をやったときに、やはり
Perfumeのプロジェクトをそこで展示していい
のかという議論がありました。しかしキュレー
ターの長谷川祐子さんも、「エンタメ、アートと

分けることが前時代的な考え。新しい表現かどうか、実験的かどうかということで判断したらよいのではないか」と話され、すごく勇気づけられました。

稲蔭　それは以前話されていた、技術のアーカイブや歴史のなかで、どう位置付けられているのかを気にされているという話とつながっていますか。

真鍋　僕はPerfumeのプロジェクトでも、やはり新しいことをやれているものは、実験的なプロジェクトだと思っていますが、それをアートといって世の中に出すと、世の中の受け取り方としては、勘違いされそうだなという気もしています。なのでPerfumeのプロジェクトはアートとはいっていません。本音はあまり重要ではなく、どちらでもいいと思っています。
　2022年は台湾と上海で個展がありますが、海外に行くと、僕はあまりエンタメとはいわれません。たとえばYouTubeに、顔に電気を流した動画をアップしたときも、アート作品だとは全然思わず、面白いものができたと思って、タイトルも「エレクトリック・スティミュラス・トゥ・フェイス」という、ただの実験としてアップしました。それがアート作品だとされて、アルスとか色々なところで展示されました。やはりそこを決めるのはキュレーターだと思います。東京都現代美術館での展示も、長谷川祐子さんの判断で実現できました。その辺はキュレーターが保守的になりすぎず、頑張ってほしいと思います。

稲蔭　おっしゃる通りだと思います。やはり専門家が日本でなかなか育っていないというとこ

ろが、大きいといわれています。真鍋さんたちがやっていることが、長い日本の歴史のなかでどういうエポックメイキングになっているのかということを語れる、作品を評価できる人も一緒に育てていかないといけないですね。

真鍋　キュレーターがぜひ育ってほしいですね。メディアアートのキュレーションや歴史は、学べるところは意外と少ないのかもしれません。でも、これだけ歴史も積み重なってきたので、アカデミアのほうから盛り上がるところもあってほしいですね。いや、まだ盛り上がらなくてもいいかな（笑）。

稲蔭　この研究には南條史生さんにもご参加いただき、「アートなのかアートでないかの論争は、今判断すべきことではなく、それは歴史が証明することだ」といつも話しています。

真鍋　確かに、未来にそういう議論が起きるような作品をつくりたいですね。

2022年1月31日
オンラインにて

report

アートと科学、テクノロジーの交差

「第14回 ACMシーグラフアジア2021」リポート

世界最大規模のコンピュータ科学分野の国際学会のひとつであるAssociation for Computing Machinery（略称ACM）の分科会「シーグラフアジア2021（SIGGRAPH Asia 2021）」（運営：Koelnmesse Pte Ltd）が2021年12月14日から17日の4日間にわたり、コロナ禍のもと、初めてリアル会場として東京国際フォーラム、そしてオンラインのバーチャルプラットフォームのハイブリッド型で開催された。日本での開催は2009年の横浜、2015年の神戸、2018年の東京に続き、今年で4回目となる。日本はメディアアートを用いた表現領域が強いということが今回のシーグラフの展示においても実感することができた。

ACM SIGGRAPH（ACM Special Interest Group on Computer Graphics）は、1974年に創設された、コンピュータグラフィックスとインタラクティブ技術に関する世界最高峰の国際会議および展覧会である。コンピュータグラフィックス、デジタルアート、アニメーション、ビジュアルエフェクト、ニューリアリティ、人工知能などに関する最新情報について、その分野に関心をもつ研究者、アーティスト、ビジネスプロフェッショナルなど

リアル会場となった東京国際フォーラム、
シーグラフアジアの入場口
画像提供：SIGGRAPH Asia 2021

が一堂に会し、テーマについての理解を深め情報共有を行い、国際的なコミュニティとして発展、技術向上に寄与してきた。同カンファレンスでは、スティーブン・A・クーンズ賞（Steven Anson Coons Award）を設け、コンピュータグラフィックスとインタラクティブ技術に対して、長年にわたって大きく貢献した研究者に授与している。クーンズ賞の受賞者には、さまざまなコンピュータグラフィックス技術の開発に携わり、先駆者としてその発展に大きく貢献した、アイバン・サザランドや、ベジェ曲面の開発者であるピエール・ベジェなどがいる。また自然現象のレンダリングに関する研究において、東京大学の西田友是教授が2005年に日本人として初めて受賞するなど、世界中の研究者にインスピレーションを与えている。

今回のシーグラフアジア2021では、コンピュータグラフィックス（CG）、バーチャルリアリティ（仮想現実：VR）、拡張現実（AR）、人工知能（AI）、ロボット工学といった、最新技術に関する研究発表や、国内外の研究者・企業による技術の実用化に向けたデモンストレーション展示、CG／アニメ／映画作品の上映などが行われた。また現地会場では約130名のカンファレンス講演、さらにオンラインでは約400名の講演が配信され、41か国と地域から3000人以上が参加した。

パンデミック、NFT……
変容するアートの未来像に向けて

シーグラフはさまざまなプログラムが用意されていることも特徴のひとつである。なかでも「Games」は、「シーグラフアジア2021」で初めて正式なプログラムとして、VRやeスポーツを含むゲーム開発の新技術などが発表された。また「Art Gallery」では、コロナ禍の影響を受けて、人間の儀式や、行動、様式は未来にどのように変化するのか、という問いに対する15作品が、応募総数147作品のなかから選ばれて展示された。たとえばロンドンを拠点とするクリエイティブ・スタジオ、マシュマロレーザーフィースト（MLF）は、フラウンホーファーデジタル医学研究所（MEVIS）による医用画像診断、ハイエンドMRの研究成果を活用した。この分野横断プロジェクトによる《The Tides Within Us（私たちのなかの潮流）》は、循環器系を流れる酸素の調査から、人体が静止した物体というより渦のような流動的事象であるというイメージを描いた没入型アート作品で、アート、科学、テクノロジーが交差する、感覚の限界を超えた世界の探求を提示した。

またオンラインで開催された「Art Gallery Talks」では、パンデミックやNFTといった新し

「国際フォーラム」ホールEでの産学交流・企業間交流を目的としたプロダクションミートアップの様子

「国際フォーラム」ホールCでの基調講演の様子。SIGGRAPH Asia 2021 カンファレンスチェアを務める、ポリゴン・ピクチュアズ代表取締役の塩田周三氏とAkili Interactive社共同創業者兼チーフ・クリエイティブ・オフィサーのマット・オマーニック氏

画像提供：SIGGRAPH Asia 2021

エマージングテクノロジー部門で展示された「高速RGB
プロジェクタとIRプロジェクタによる深度考慮型ダイナ
ミック・プロジェクション・マッピング」。フレーム間の
微小な動きを利用して、トラッキング対象をリアルタイ
ム処理で認識、追従して、柔軟かつ奥行きを意識したダ
イナミックなプロジェクションでマッピングを実現する
新システム
出典：東京工業大学 久一空
「Emerging Technologies - SIGGRAPH Asia 2021」HPをもとに作成
画像提供：SIGGRAPH Asia 2021

い要因に影響を受けているアートの未来やアート
ギャラリーの役割について話し合いが行われた。
そのほか機器の展示も開催され、関連する約30
の出展社がハードウェアやソフトウェア・アプリ
ケーションの最新動向を現地とオンラインで紹介
した。

　このシーグラフアジアには、コンピュータグラ
フィックスとインタラクティブ技術における業界
の第一人者が参加するため、各プログラムそれぞ
れにレベルが高い。なかでも「エマージングテク
ノロジー部門（Emerging Technologies）」は、新し
い技術革新の重要なステップである、研究段階に
おけるプロトタイプを体験できるプログラムとし
て、この国際会議の魅力のひとつとなっている。
2021年は「Awaken Our Bodies」をテーマに
3Dプロジェクションマッピング、触覚インター

フェース、ロボットアバター、においや温度など
の感覚を用いたVR体験など、新しい身体感覚を
呼びさますような体験をもたらす、インタラクテ
ィブ・テクノロジーを紹介し、未来の体験を提供
するとともに、研究者コミュニティの発展を促進
した。同部門は、日本の研究の採択が多い傾向に
あり、2019年は入選27作品のうち、その半分以
上は日本人の作品であった。こうしたことからも
メディアアート領域における日本のアドバンテー
ジが感じられる。2021年は19作品のうち13作
品が日本国内から採択され、東京大学、慶應義塾
大学、東京工業大学をはじめとする大学の研究室
や、ソニーコンピュータサイエンス研究所などの
企業から作品が展示された。そのなかには、慶應
義塾大学大学院メディアデザイン研究科による、
ひとつのロボットアームに2人の人間による操作

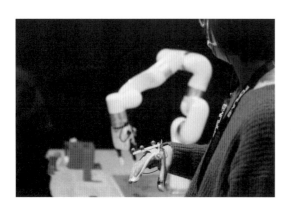

エマージングテクノロジー部門で展示された「人間の専
門知識を収集する協調的アバタープラットフォーム」。1
本のロボットアームに2人の人間の操作を混在させて共
同作業を行うシステム。制御方法は、役割分担と比率を
調整したミキシングの2通りあり、共同作業でのサポー
トにより、初心者ひとりでは不可能な動作が可能になり、
またその動作も安定する
出典：慶應義塾大学大学院メディアデザイン研究科 萩原隆義
「Emerging Technologies - SIGGRAPH Asia 2021」HPをもとに作成
画像提供：SIGGRAPH Asia 2021

をミックスした共同作業のサポートにより、初心者ひとりでは不可能な動作が可能になるシステムの研究なども発表された。これは、宇宙や深海などでの難しい作業の習得や安定した遂行などへの応用が期待される技術だ。

異分野の最先端技術が融合

このように、学術的研究、科学、アート、アニメーション、ゲーム、教育など、あらゆるCGとインタラクティブ技術に関する最先端が集うことで、実際に異分野が融合し、新しいテクノロジーが生まれている。ソニーグループの執行役副社長兼CTO（2021年12月現在）である勝本徹氏は、エンジニアとクリエイターの協力により開発された、背景映像の仮想空間と実物の被写体を同時に撮影し合成できる新しい映像制作手法である「バーチャルプロダクション」を基調講演にて紹介した。また、ルーカスフィルムのゲーム部門ルーカスアーツでのエグゼクティブ・アートディレクターなどを経て、現在アキリ・インタラクティブのチーフ・クリエイティブ・オフィサーを務めるマット・オマーニック氏は、世界で初めてFDA（米国食品医薬品局）に認可された処方箋付きビデオゲーム「EndeavorRx」を取り上げた。これにより、ゲームと科学が融合した「デジタルセラピー製品」が新しい種類の医療としてどのように機能するのかを解説した。「EndeavorRx」は、ゲームの画面上で

キャラクターを動かしながら、同時に2つの課題に取り組んでもらい、認知機能で重要な役割を果たすとされる脳の前頭前野を活性化するように設計されている。おもに不注意型または複合型の注意欠如・多動症（ADHD）で注意力に問題がある8～12歳の小児において、臨床医による治療プログラムの一部として使用されている不注意症状の改善を示す、ゲームと科学が融合した世界初のデジタル治療として注目されている。これは、コンピュータグラフィックスやインタラクティブ技術が、人々に感動を与えるだけではなく、ウェルネスの開拓として、人々を健康に導く可能性もあることが示されたともいえるだろう。

ACMシーグラフアジアが今後もテクノロジーの新しい可能性を示唆し、また生み出していくことを期待する。

編集部：山﨑みどり

参考資料
SIGGRAPH ASIA 2021 Tokyo Homepage 'Home - SIGGRAPH Asia 2021'
ACM SIGGRAPH 'About ACM SIGGRAPH'
SIGGRAPH 2022 VANCOUVER Homepage 'About the Conference | SIGGRAPH 2022'
HILLS LIFE「世界最高レベルの論文が『現実』になる場：SIGGRAPH Asia 開催の意義」
Association for Computing Machinery 'About the ACM Organization'
Ars Electronica Homepage 'The Tides Within Us — STARTS PRIZE'
Akili Interactive Labs, Inc. 'Science & Technology - Akili Interactive'
EndeavorRx 'ADHD Treatment For Kids | Digital Therapeutic Video Game for ADHD'

エマージングテクノロジー部門で展示された「パラレルピンポン」。仮想現実（VR）システムでひとりの操作者が複数のボディ（2台のロボットアーム）を制御するパラレルインタラクションである。2台のロボットアームを操作する際の負担を軽減するために、操作者の動きを統合して自律的にボディが動作し、複数の視点映像を分割・合成した映像をヘッドマウントディスプレイに表示し、同時に観測できる
出典：ソニーコンピュータサイエンス研究所 高田一真
「Emerging Technologies - SIGGRAPH Asia 2021」HPをもとに作成
画像提供：SIGGRAPH Asia 2021

つづいて、日本のエンタテインメント、コンテンツ産業を支える、演劇、音楽、漫画の各分野を牽引してきたトッププレーヤーのインタビュー・テキストを紹介。ここでは、日本の強みとなる「クロスオーバーする文化」が生まれている。各分野におけるスケール・アウトを目的としたエコシステム形成へ向けての現状と日本の課題についてうかがった。

堀義貴
野村達矢
齊藤優
新井勝久

彩の国シェイクスピア・シリーズ第25弾
『シンベリン』 2012年

左、吉田鋼太郎、中央、阿部寛
撮影：渡部孝弘

Yoshitaka Hori

堀義貴

エンタテインメントで世界進出を狙う

I
世界マーケットから見る
リアルな日本像

——音楽や映画、ドラマ制作の近年の大きな流れに目を向けると、日本に比べて韓国が世界で大きくリードしている印象を受けます。この現状をどのように見ていますか。

　コロナ禍をうけて、問題があったことが表に出た1年半でした。国全体が、こんなにもデジタル化が遅れていることが露呈し、演劇やライブパフォーマンスは、一般国民も、政治家も、それほど必要とはしていないのだということがはっきりしてしまいました。今までのクールジャパン戦略というのは、ただの政策であって、本気ではなかったということがわかりましたね。
　韓国のエンタテインメントと日本のエンタテインメントを比べると、韓国がもはや日本を置いて先に行っていることは明らかですし、ただそれを認めない日本がいるということです。おそらく中国にも抜かれてしまうでしょう。そうすると、今までは世界第2位だった日本のエンタテインメント市場は、ほかの東南アジア諸国と変わらなくなってくる。アメリカから見ると、別に日本で稼がなくても中国で稼げるからという、いわゆるジャパンパッシングがはっきりし始め、これは、より加速していく。韓国は、元々どの分野でも日本以上に外貨を獲得しなければいけないから、どんどん世界に出てくる。華人、華僑のマーケットと一緒で、朝鮮半島在住

堀義貴　Yoshitaka Hori
1966年生まれ、東京都出身。成蹊大学法学部政治学科卒業後、1989年ニッポン放送入社。編成部企画担当として数々のラジオドラマ、CM、イベントをプロデュースする。1993年ホリプロ入社。テレビ番組・映画・音楽の制作、宣伝、マネージメントなどさまざまな部門を担当。2002年代表取締役社長就任。2022年ホリプログループ会長。2017年より総務省情報通信審議会委員も務める。

1　1997年7月にタイから始まった自国通貨の大幅な下落および経済危機。その影響はマレーシアやインドネシア、韓国などのアジア各国へ広がり、IMF（国際通貨基金）や世界銀行、アジア開発銀行などが支援を行った
出典：公益財団法人国際通貨研究所ホームページ「アジア通貨危機」をもとに作成

の 5000 万人にカウントされていない韓国系アメリカ人や韓国系イギリス人などが、世界中にいるわけです。一方で日本の場合、在外日系人コミュニティやリトルトーキョーなどを除けば、世界ではゼロに等しいわけです。

——韓国では、コンテンツを世界に広げるために政府が支援をして、予算を確保しています。国の規模や国家予算に照らし合わせると、韓国の文化関連の予算 2600 億円はものすごく大きい。一方で、日本の場合は、その予算を歴史や文化財保護に 4 割近く使ってしまっているのが現状です。この違いをどう感じますか。

韓国がコンテンツに予算をかけられるようになったのは、アジア通貨危機の後のことです。国自体のマーケットは小さいから、他国にもっていけるものは何なのかと仕分けして、重点的にそこに予算をかけている。その結果、釜山国際映画祭などは世界規模のマーケットになり、演劇も制作費の 3 割まで助成し、若い人が集まるスペースや小さい劇場などで次々に新作が立ち上がった。3 割助成するということは、お客の動員を 7 割見込めばトントンになります。それがヒットして、韓国でロングランして、日本に売りに来る。日本に出稼ぎに来てたんまり貯めたお金で、どんどんヨーロッパ、アメリカを回って行く。日本がよい稼ぎ場所になってしまっている現状は否めません。新興国といわれたところが、教育の次は文化だと、世界で一流のものを集め出した。昔の日本と一緒で、一流のものを集めて勉強したら、海外に勉強させに行き、戻ってきたらそこで世界に売れるものをつくっていく。ほかの国は若いが、日本は行きす

ぎていて、すでにその活力を失ってしまっています。

日本は技術立国だったから、フィリップスとソニーが組んで CD（Compact Disc）のフォーマットをつくり、世界でメインのデバイスになった。アメリカのほうが技術ではずっと遅れていたのに、日本は CD 文化のまま残って、配信に乗り遅れ、アメリカのマーケットにも入れなかった。アニメソングがすごいといわれていますが、あくまでニッチな市場です。アニメソングの人たちは、コンテンツが強いから世界中に呼ばれて行きますが、あまりにマーケットが小さすぎる。日本のアニメ産業が 2 兆円になり、「すごい」と思われているが、ディズニーでいったら、『ライオンキング』は演劇だけで 7000 億円稼いでいる。音楽出版で 3000 億円、グッズと映画で 1 兆円。つまり 1 作品で 2 兆円は稼いでいます。

世界全体のアニメのマーケットにおいて、日本のシェアはじつは 3 パーセント程度しかありません。ほとんどワーナーとディズニーがもっています。自分たちがうまくいっていると思い込んでいるのがじつは違うと、露呈してしまったわけです。最近のヒット作『鬼滅の刃』だと、アメリカの市場で 800 億円くらいのチャンスがあるかもしれませんが、まだ 100 億円のレベルです。日本では 100 億円で大騒ぎしていますが、それはミニシアターの規模です。

ひとつの映画作品が当たったら最低でも売り上げ 1000 億円になるかもしれないのに、日本は映画の原作権をたった 1 億円もらって、全部の権利を売り渡してしまうことがあります。海外から原作を買いにこられたときに、買い叩かれてしまっている。いちばん象徴的な話は、ロボット玩具をもとにした『トランスフォーマー』

という作品があります。もともとはタカラトミーが発売しているオモチャで、スピルバーグの息子が大好きだったもの。映画化に際し、最初の映画化の許諾使用料をもらっただけで、日本以外の全部の権利を渡してしまったのです。当然、映画興行収入のロイヤリティをもらっていない。確かにアメリカとの交渉はきついですが、でも、それなら売らなければいいという判断があります。しかし、単年度で1億円入ってくるという交渉にのってしまうわけで、結果として1000億円のお金を失っていることになるのです。

　日本では、テレビの制作会社もどんどん分裂して小さくなっていく現状があり、だから買い叩かれてしまうのです。アメリカやヨーロッパの大きな制作会社のように、自分たちでパイロット版というプロトタイプをつくって売り込みに行くことができません。この状態を続けていたら、30年ぐらい後には、日本でテレビを見る際に「久々に日本のドラマが始まった」ということになってしまいます。つくる人も、出る人も、観る人も少なくなり、海外から買ってきたほうが安く仕上がる。つくり手も、稼げないとわかっているから、この業界を避けていってしまうのです。

都心にある劇場を
もっと活用できるように

——ブロードウェイの場合は、劇場を所有できる人数が限られており、わずか数社でほとんどのブロードウェイの劇場をもっています。さらにオフ・ブロードウェイも、劇場の持ち主はアートが好きとか、演劇が好きな人たちという特徴があります。日本の場合はどうで

しょうか。

オン・ブロードウェイとかウエストエンドの劇場は、オーナーが少なくなったのはこの30年ぐらいのことです。メガヒット・ミュージカルをたくさんもっていたところが、どんどん劇場を買い占めていき、結果的にそうなりました。市や州の援助が減ってきたということも大きいです。

オフ・ブロードウェイのほうは、まさに篤志家の人がいて、オン・ブロードウェイの有名な演出家がボランティアで色々な大学で講師をしています。そこの学生をサポートし、オフ・ブロードウェイでつくられた作品がオン・ブロードウェイに出てくるとか、トライアウトで回るとか、そういったシステムがじつによくできています。

日本の演劇はクラブ活動と同等のレベルだといえるでしょう。学校からは何のバックアップもなく、著名人のクラスもなく、仲間内で始める、自分たちでチケットを売る、下手をすると自分たちがチケットを買っている、それを100年間、変わらずに続けています。古くから続く多くの劇団も、平時からずっと赤字で、補填のように助成金をもらっている。そもそも、政府が重点的に援助しているものは、ピントが外れています。東京のマーケットは、ブロードウェイになる可能性があるのに、全然できていません。海外の有名なプロデューサーやクリエイターは、日本での出張公演にわざわざついて来るんですよ。その際に日本の作品を見せるチャンスがあれば、できないことはありません。

——日本の演劇を盛り上げるのに不可欠な、東京の劇場はどう機能していますか。

日本でロングランができるような劇場がないことは致命的です。ホリプロは、更地さえ貸してくれたら建てるといっているのですが、そんな土地はない。ビルの開発業者は容積率を増やしたいからホールをつくるが、できれば使わせたくない。結果として、遠い有明やお台場、これではお年寄りが来られないよ、というところにしか建てられない。都会の土地にはもったいないといいますが、お客さんは山手線の内側以外、来てくれないというのがひとつ壁なのです。ホリプロが品川で劇場をもっていたときも、お客さんにとって品川はものすごく距離を感じるらしく、池袋も遠いと思われています。また同じ演目をやっても、都心の劇場より2割ぐらい売れませんでした。

東京オリンピックの誘致が決まり、都の副知事に話をしにいったとき、フジテレビの裏に、たとえばホリプロ、東宝、ジャニーズ事務所、松竹とで4つの劇場を建てて、劇場ビレッジをつくったらどうかと提案しました。途中まではいい話になりそうでしたが、ダメでした。ほかにも築地の跡地に3つ4つ劇場が建つと、日比谷から歌舞伎座を過ぎて一直線に劇場ストリートになるから、本当にいい。だが、劇場に使うのには土地がもったいないという発想があるのでしょうね。

文化庁も、経済産業省も、もちろん政治家などはもっとそうですが、東京の大きさを知らなさすぎると思います。東京をロンドンとパリと比べてみても、歩いて行ける距離感が全然違います。ロンドンやパリは、歩いて行ける範囲に、美術館から劇場、映画館がギュッと詰まっている。東京で徒歩2時間だと、ホリプロの事務所がある目黒から築地ぐらいまでしか行けません。

じつは東京は、劇場の数はすごく多いのです

が、ほとんど使われていないというのが実態です。東京23区のほとんどに大ホールがひとつずつあり、稼働率は2割ぐらい。たとえば僕らが区民ホールを1か月使いたいというと、区民優先だからと使わせてくれない。「ちゃんとお金を払うから、おたくも儲かりますよ」といっても「できません」と。彼らからすると、ホールが傷むし、人件費もかかるからできるだけ使ってほしくないのではと思います。つまり、稼働させる目的でつくっていない。またなぜ、都心にこんなに民間ホールが多いのかというと、ホールを入れると容積率のボーナスがあるからです。せっかくつくったのなら、もっと使わせる方向に向かわなければいけないのに。

　蜷川幸雄さん演出のシェイクスピア37作品、全作上演という企画は、当時埼玉県に新しくできた彩の国さいたま芸術劇場で、蜷川さんがたまたま埼玉県民だからということで、元芸術総監督の諸井誠さんが発案して、ホリプロ制作、海外のプロデューサーも実行委員会に入るから大丈夫だということで、やっと埼玉県から予算が下りて実現したものです。有名なスターが主役を張り、都心から離れた劇場でもどんどんお客さんが来て、いつも満員でした。じつは苦肉の策でしたが、それが見事にうまくいきました。劇場以外は何もないというロケーションの悪さでしたが、コンパクトにまとまっていれば、それは経済を回せる街になるのだという実感を得ました。

　今振り返ると、蜷川幸雄という人は、たったひとりでクールジャパンをやっていたんだと思います。蜷川さんの作品で、ロンドン、ニューヨーク、ソウル、香港、シンガポール、台湾、パリ、トータル7か国で上演しましたが、どこの都市でもソールドアウトでした。今海外で劇

場の館長や芸術担当の部長になっている人たちが、30年前の若いときに蜷川さんの『マクベス』を日本で観て、いつか彼の作品を自分の国でも上演してみたいと思っていたのです。今や彼らがトップになっているから、それが売れたということです。海外に出て行って、世界中から人が集まっている都市で観てもらい、それがまた種となり散らばっていく。こうした、日本の作品を世界にもっていくという状況が、蜷川さん以外ほとんど日本にはありません。

──今後、世界進出できそうな兆しは感じていらっしゃいますか。

蜷川さんの作品に関しては百発百中でした。しかし、東京で満席になって出た利益は、全部海外公演によって使いました。そういう意味では、蜷川さんの作品は海外では儲かりはしませんでしたが、あらゆる都市とシンジケートができたことは、圧倒的な財産、お金では買えない財産になりました。幸いに、損得なくやるのだという人がホリプロにいたから、そのおかげで「日本のホリプロという会社はすごいぞ」ということがロンドンでも、ブロードウェイでも知られることになりました。

II
日本のオリジナルストーリーを世界に

──世界進出に向け、とくに力を入れている具体的なアイデアはありますか。

ホリプロがいくら番組を制作しても著作権は全部テレビ局のものです。音楽も、レコード会社が半分、われわれが半分をもつので、レコード会社に海外進出をしないといわれたら、これは塩漬けです。ホリプロが自分たちで著作権をもっていて自由にできるもので、唯一残っているのは演劇のみです。

今までは、海外から買ってきたものを日本語で上演していましたが、いよいよアメリカも、イギリスも、もう作品のネタがない。でも、日本にはよいストーリーのものがたくさんある。それを実現するために、ヒット漫画『デスノート』のミュージカル版は海外進出を視野に入れて、アメリカ人の作曲家と脚本家と最初から英語で台本をつくり、舞台化しました。それも、日本で流行っている2.5次元ミュージカルのようなものではなくて、本気でブロードウェイをめざすミュージカルです。日本のほかに、韓国、台北で上演されています。海外から何人にも観てもらって、「これはブラッシュアップしたらブロードウェイもいけるぞ」といわれていたのですが、雑誌の出版社が映画化権をNetflixに売ってしまったため、今のところ日本から一歩出たら、英語で上演できません。その契約が切れるのをずっと待っている状態です。自分たちでオリジナルストーリーをつくるか、演劇化の権利をすべては売らないという前提で契約しないと、せっかくのチャンスなのに、別に権利者がいて実現できないのです。

──今、音楽市場では韓国のアーティストが強いです。中国も、コンテンツ産業が非常に伸びてきています。どういったところに日本

が勝てる要素があると思いますか。ストーリーについて指摘がありましたが、勝てる部分だと感じますか。

　ストーリーの重要性について日本人は無自覚ながら、ある意味ではこんなに表現が自由で多彩な国はほかにないと思います。それは表現への制約が一切ないからです。これまではそうでしたが、今、だんだんとそれに負荷がかかってきています。ジェンダーとか、ポルノグラフィティにかかる規制で、表現の幅がグッと小さくなる。中国にしても、表現の自由が利かない国では、コンテンツになり得るストーリーが限られるので、社会をえぐるような作品、深い作品というのは、あらわれにくいのです。
　なぜ日本のアニメが広がったのかというと、美少女は超ミニスカートを履いているし、目が大きくて、人種やジェンダーを超越したものだ

『デスノート THE MUSICAL』 2015年
左より、柿澤勇人、小池徹平、吉田鋼太郎
© 大場つぐみ・小畑健／集英社

から、そこがいちばん刺さっている。アメリカの地上波ではほとんど放送できないようなシーンばかりのアニメが、ネットなどで配信され、バーンと開花しました。『鬼滅の刃』があれだけ日本でヒットしましたが、アメリカではスプラッターの範疇です。

　日本アニメが世界の主役になれるかどうかは、Netflixのような映像配信プラットフォームをうまく活用できれば、これは最後のチャンスになるかもしれないけれども、残念ながら日本のアニメ制作の環境が劣悪で、逆に中国の下請けになりつつあり、そこまでいく前に息切れする可能性があります。そこに、唯一チャンスを握っているのはソニーです。『鬼滅の刃』も、ソニーがクランチロールを買収して、日本の漫画が海外に攻めこめる仕組みができてきた。これがうまくはまれば、あり得るでしょう。ソニーがコンテンツを抱え込み、分散しているアニメ制作の環境をグッと集約していくことに貢献できれば、1社か2社は世界で通用するかもしれません。

——日本はよいものがたくさんあるのに、なぜ、世界をめざさないのかと海外の調査で質問されたことがあります。世界に広がっていかない原因は、たとえば演劇に関して、どういうところにあると思いますか。

　蜷川さんがなぜすごかったか。ギリシャ・ローマにギリシャ悲劇を、そしてシェイクスピアをイギリスにもっていったからです。向こうが本場で、最初こそは「日本人ごときが国の宝を汚すような」とまでいわれましたが、彼らが想像する日本の要素が節々に入っており、ギリシャ悲劇やシェイクスピアを日本的にアレンジし

て、絢爛豪華な日本の舞台に仕立てました。芸者風の衣装とか、大きい桜の木とか、じつにわかりやすいです。でも、芝居そのものはシェイクスピア。日本人がつくっているということは頭のなかに入っているし、そのストーリーはイギリスの知識人で、知らない人がほとんどいない。そういった敵のいちばん得意な分野を、日本ののし紙で包んだということを、てらいなくやり遂げました。今の日本の演出家は、それが格好悪いと思っているのではないでしょうか。ロンドンで蜷川さんと一緒にやっていたプロデューサーに「どうして日本人の演出家は、蜷川みたいにてらいなくできないのか。あんなミニマルな装飾の舞台では、ドイツ演劇のほうがよほど面白い」といわれてしまったこともあります。

　ホリプロが世界進出を狙っているのは作品のパッケージ化です。現在の日本には、ブロードウェイやウエストエンドでかかるようなミュージカルのスコアを書ける作曲家がいないので、アメリカ人に依頼しています。今、現場でも若手育成のプロジェクトを実施しており、いずれ彼らがスコアを書けるようになれば、今度は日本人が作曲した音楽を入れたかたちで、それもまたパッケージにしたいですね。パッケージで日本側が権利をもっていれば、ロイヤリティが入って、外貨獲得になります。

——芸能大手であるホリプロの堀社長からこういう現状を聞くと、まさに壊滅的な状況のなかできることをやっていくしかないという世界ですね。それはわかっていたことですが。

　蜷川幸雄という人をモデルケースにすると、キャストがいいから当たったとか、作品がいい

から当たったということよりもまず、「蜷川は次に何をするのか」という注目があることです。シェイクスピア・シリーズがヒットし、その話題がニューヨークにまで飛んで、蜷川は凄いのだというベースがあるからこそ、オリジナル作品である、宮本武蔵と佐々木小次郎という、世界中誰も知らないであろう日本の歴史をベースにした井上ひさしの『ムサシ』を世界5か国にもっていったときでも、ものすごくうけました。ベースがあって、クリエイターがリスペクトされていれば、そのクリエイターの次の作品はやっぱり面白かったとなるものです。そして「蜷川が村上春樹と組んでやったらしいぞ[2]」という話が、フランスやニューヨークに届く。クリエイターに対してのリスペクトと注目度が、日本と海外では全然違います。

――海外で上演する前に、まずミュージカルとして日本でヒットさせるというお考えはありますか。それとも、いきなりブロードウェイで上演となりますか。

　日本でつくらないと観てもらえないですよね。手ぶらでいきなりブロードウェイに乗り込んでいって、オリジナルをつくろうという考えはもっていません。ホリプロ所属の竹内涼真が主演の『17 AGAIN』は、もともとアメリカの映画作品です。彼に合うよい作品はないかと探していたら、向こうのエージェントが、まだオフ・ブロードウェイにもかかっていないという台本と音楽を紹介してくれて、ぜひやらせてほしいと頼みました。当然向こうの権利元には「まだトライアウト中でもないのに、なぜ日本で先にやるのだ」といわれましたが、日本で人気のある若いスターが演じたらどういうふうになるの

2　村上春樹の長編小説『海辺のカフカ』を原作に蜷川幸雄が演出した舞台作品。2012年初演。2015年には埼玉のほか、ロンドン、ニューヨーク、シンガポール、ソウルをめぐる世界ツアーを行った
出典：「村上春樹×蜷川幸雄　世界を震わせた奇跡のコラボレーション」ホリプロステージをもとに作成

蜷川幸雄七回忌追悼公演『ムサシ』　2021年
左より、溝端淳平、藤原竜也
撮影：田中亜紀

か、ぜひ見てほしいと説得して決まり、結果として世界初演になりました。

作品をつくったのは向こう側で、その国よりも先に日本でつくってからトライアウトするというやり方は、これからも可能性はあります。ただ、それは元々原作をもっている人がいるので自由度は狭まりますね。だからこそゼロから作品をつくり、最初に日本で上演するというかたちだと、どこかの国と組める可能性が広がります。シンジケーションを保っていて、「この作品はあそこの国で」と組む国を選べるのは、それこそまさにグローバルだと思います。東京で稼いで、そのお金でよそのものを買ってきて、という発想から離れることができるチャンスです。

世界で稼ぐことができる
システムづくりを

──アメリカでは作品をつくり上げるのがプロジェクト方式です。ミュージカルの場合は、プロデューサー、舞台監督、脚本、音楽と組んでいって、演者もオーディションをやりますよね。ひとつの作品で集まり、また次の作品に向かって散っていくという仕組みで、映画もひとつの作品に対して、プロ集団が個々に集まってくるというシステムですよね。

さらにその前の段階があります。演劇や映像のコンテンツの肝をつくるのは、完全にファイナンス、資金調達です。それは投機的な度合いが強く、最初に出資した人がいちばんリスキーだけれども、リターンは多い。オン・ブロードウェイにだんだん上がっていくにつれて、出資額が高くなっていきます。お金が集まり、だい

たい2年ぐらいでペイできる計算です。『ウィキッド』みたいな大きな作品だと、10年間、ブロードウェイで上演しなければ利益が出ないというメガ作品もあります。

それに、冒頭のファイナンスでしっかりパトロンがついているので、当たらなくてもプロデューサーが破産することにはなりません。次のときに出資してもらえない可能性はあったとしても、いい作品だったらまた次の作品に出資していく。クリエイティブな能力をもっている人は、何度でも再起できます。出資者も、この作品1本にかけているわけではなくて、複数作品に出資してポートフォリオを組んでいる。日本では、1作、1作に精魂こめてお金を出すから、当たり外れが大きくなる。少なくともクリエイターは自分で出資できないから、よそから集めてきて、損をさせてしまったら「お前のせいだ」といわれてしまう。彼らが受けとっているのは単なるギャラだけなので、次に作品をつくる際には、またお金を集めてこなければいけないという循環に陥ります。

アメリカの場合、彼らは全世界で稼ぐことを考えており、世界目線でバランスシートをつくっている。たとえアメリカで当たらなかった作品でも、中国で当たる場合もある。中国資本が入ってくるから、また続編ができるというように、マーケットが世界にあれば、どこかの国ではずれても次のマーケットで取り返せるのです。日本でそれができないのは、マーケットが小さいからです。はずれてしまったときに、すでにプロデューサーが資金負担をしている場合が多いし、ましてや制作までこぎつけない場合もあります。

海外の見本市や映画祭に行くと、日本の映画会社もたくさん来ていますが、大体1社、1作

品あたり7、8人に通訳はひとりしか付いていなくて、海外のバイヤーやクリエイターとコミュニケーションがとれていない。中国の役者も韓国の映画監督も、彼らのほとんどが英語を話すので、マネージャーなど付いていなくもひとりでどんどん交渉していく。それが彼らにとってのキャリアアップになる。しかし、日本人にはなかなかそれができません。

──日本はどこから手を加えるべきでしょうか。

　テレビ放送をインターネットで配信するのであれば、いっそ世界同時配信にして日本国外を有料にすればいいのではないでしょうか。テレビ時代をいったん終わらせて、インターネットの時代にふさわしいコンテンツのつくり方にしなければいけないと思います。世界で勝負する以外に日本の生きる道はないのだという覚悟と、環境をつくらないといけない。

　本当の意味で先進国になるためには、文化芸術のエリートでなければいけません。せめて一生に1回でも芝居を観に行くとか、芝居をやってみるようなチャンスがないと、この国の文化はどんどん衰退していきます。ものを考えなくなるというのは危ないのではないでしょうか。僕らは諦めるわけにはいかないので、今まで開拓していないマーケットを海外に展開していくしかない。日本は、沈んでいくマーケットばかりで、人口が減るとはそういうことなのだと理解していない人が多いですね。突然、日本の文化が世界で稼ぎ出すと夢みたいに思っている人がいるというのが不思議です。

──教育はとても大事で、海外では学校のシ

ステムやプログラムが子どものときから本物の演劇やアートに触れられるように整っています。日本もそこから変えてみるというチャレンジは考えていらっしゃいますか。

　以前、経済産業省が実施したUSC（南カリフォルニア大学）やUCLA（カリフォルニア大学ロサンゼルス校）の映画学科に国費留学生を派遣する審査員をやっていました。留学者に聞いたところ、クラスの留学生の大半は韓国人、中国人、インド人で、日本人はそのなかに1、2名しかいないそうです。それに、せっかくUSCで映画のプロデューサーの学士を取っても、日本での就職が難しい。彼らにいっていたのは「もう日本を捨てる覚悟で、USCを卒業してシンガポールに行けば、蝶よ花よと歓待してくれるぞ」と。しかしせっかく学んでも、それを活かせない場所に彼らは就職していきます。国のバックアップもないし、「そういう理論で現場に来られても困るのだよな」という意識がまだまだ映画界に根強いのかもしれません。

　観客を育てることも重要です。帝国劇場の地下の喫煙所でタバコを吸っていると、おじさんたちが集団で「いやあ、よく寝た」だの、「あの俳優は誰なの？」といった会話がときに聞こえてきます。つまりもう少し文化度を上げないといけないのです。「あの舞台は美しいね」という人は、それだけでダンディに見えたりするものです。アメリカや中国の人ははっきりものをいいますね。「あの場面のあのセットは素晴らしかった」と男性でも口にします。とくに日本の若い男性は今、どんどんフェミニンになってきているから、そういった視点をもっていると思う。でも、なかなかチャンスがないし、昔の若い人たちよりも圧倒的にお金がなく、自己投資への

関心も薄れて、劇場に足を運ぶこともない。1本、すごくよい芝居に出会ったら、人生は激変するのに。それを伝えていかないといけません。

　負けを認めたくないと思っている文化の人たちは、世界に行くのは無理です。未開の地に行くわけだから、負けるに決まっているのです。そこは「負けた」と思って、「次、頑張ろう」といえるかどうかなのです。いくら現場がやりたいといっても、リスクのあるものは取れなかったりします。エンタテインメントでは蜷川さん以来、海外でレールをつくっていないから、負けた経験のある人もいません。僕らより一世代上の人たちは、世界進出となると、憧れをともなっていつもアメリカになってしまいます。そのアメリカでも打ち止めの状況のなかで、なぜ、アジアは世界進出にならないのでしょうか。日本から7時間で行ける範囲に、20億から30億の人がいて、その6割ぐらいが新興国、経済は右肩上がりで、平均年齢が30代。アジアツアーで何億円も稼いでいるという韓国のアーティストは山ほどいます。アメリカ向きの作品があればアメリカに行けばいいし、中国向きの作品があれば中国へ行けばいい。新しいものか、最高の品質か、びっくりするようなものは世界共通なんです。純日本の考えを捨てて、日本も捨てる覚悟で、海外で稼ぐことを考えなさいということがいちばんの結論です。

2021年7月14日、ホリプロ本社にて
インタビュアー：（一財）森記念財団　山中珠美
トリックスターエンターテインメント（株）　新井勝久

I
「街なかの場」が果たす役割

音楽シーンのありか

　東京の音楽シーンが今どこに存在するか。僕らのロックのジャンルでいうと、下北沢はいまだその発信源になっている。ライブハウスとレコードショップとの関連性が成立していて、街として音楽を生む、というインフラ機能を果たしてきた。

　ライブが重要な新人アーティストにとって、まずは聴かれるところからスタート地点に立つ。下北沢では、点在する各ライブハウスを共通チケットで参加できる、「サウス・バイ・サウスウエスト[1]」のような街フェスイベントが年に2、3回行われ、新人アーティストを偶然に知ってもらえる場所やイベントが存在している。新人にとっても、そのライブハウスにブッキングしてもらえる関係値をどうつくっていくかが、最初のプロセスとして重要になる。下北沢にはライブハウスとアーティストが信頼関係を築いていけるベースがあり、そのうえに音楽が生まれる

1　アメリカ合衆国テキサス州オースティンで毎年行われる、音楽祭、映画祭、インタラクティブフェスティバルなどを組み合わせた大規模イベント。1987 年に音楽祭として始まり、映画やインターネット関連技術の展示会を統合しながら規模を拡大。日本からもミュージシャンが多く出演している

音楽産業の過渡期において
野村達矢

卵みたいなものが育っていく。だが、下北沢でも再開発が進み、音楽がストリーミングで聴かれる状況に変わり、CDショップが壊滅している状況でいうと、街の果たす役割も変わりかねない。今はその狭間の時期ではないか。

世界の街という視点で見ると、ラスベガスに行ったときに感嘆したのは、その街で1日どう楽しめるかを集約させた、魅力的なエンタテインメントとコンテンツが軒並み揃っていることだ。よいホテルと世界中のおいしいレストランに加えて、カジノ、シルク・ドゥ・ソレイユ、スポーツアリーナでのバスケットボールやフットボールの試合、インディーカーレースなど、盛りだくさんある。

ラスベガスは音楽もレジデンシーで、僕が観たときはマライア・キャリーだったか、アーティストが1か月ぐらい毎日ずっと同じ会場でロングラン公演していた。日本ではブルーマンやシルク・ドゥ・ソレイユなどの演劇分野にはあるが、音楽では、ツアーで東京、福岡、仙台など自分たちから回るのが基本で、街に来させるという発想自体がない。さらにラスベガスでは、音楽以外のジャンルがひと揃いされていることに意味があり、魅力的なエンタテインメントとコンテンツ自体が街をつくっているのだと感じた。

だが一方で、街を観光地化してしまうという批判もあるだろう。それには、ラスベガスのように百貨店化していくパターンと、専門店化していくもうひとつのパターンの2つがあると考える。あるクラスターの人たちにしか楽しめないような場所をつくって、そのキャラクターとプランニングをはっきりさせるのが、もうひとつのやり方だ。東京にはその機能がはっきりとあり、先に述べた下北沢や渋谷、原宿などが場所として挙げられる。逆に老若男女、誰でも集まれるような街といえば、新宿がいちばん近いのかもしれない。

施設の複合利用を音楽にも

シネコンのように、音楽もふらっと街なかに出ていって、そのとき上演しているライブを選べる、ライブハウス・コンプレックス、もしくはコンサートホール・コンプレックスがあればユニークだと考える。渋谷にはO-EAST、O-WEST、O-NESTとライブハウスが揃っているが、ああいった場所を本格的に集めて、シネコンがそうであるように、飲食やちょっと違うアミューズメントが付いていたり、ひとつのエリアのなかで完結できる仕組みがあると面白いんじゃないだろうか。

アーティストをどのラインナップにどのように組み込むかは、もちろん検討しなければなら

Tatsuya Nomura

野村達矢　Tatsuya Nomura
1962年生まれ。明治大学卒業後、1986年渡辺プロダクション入社。1989年ヒップランドミュージックコーポレーションに移籍し、BUMP OF CHICKEN、サカナクション、KANA-BOONなど、ロックバンドを中心に数々のアーティストの発掘・プロデュースおよびマネージメントに携わる。2012年にはオーディションからマネージメントを一体化させた新しい発想のプロダクション「MASH A&R」の設立に参画。2019年、ヒップランドミュージック代表取締役社長執行役員に就任。日本の音楽プロダクション約230社が加盟する日本音楽制作者連盟では、2007年に理事に就任後、2017年常務理事に就任、2019年6月理事長に就任。

2　音声合成技術を搭載したヤマハ開発の音楽制作ソフト。メロディーと歌詞を入力し、サンプリングされた人の声をもとに歌声を合成できる。キャラクターを前面に出した「初音ミク」（クリプトン・フィーチャー・メディア）の音源ソフトとともに、2000年代中頃から新しい音楽制作ツールとして注目された
3　ボーカル・ギター担当の山口一郎を中心とした5人組ロックバンド。バンド名は「魚」と「アクション」を組み合わせた造語による。ヒップランドミュージック所属

ないが、キャリアによって組み替えることができるだろう。レジデンスによるロングラン公演はベテランで集客力がある人でないと成り立たないし、一方コンプレックスは、中堅から新人のミュージシャンまで幅広くラインナップして、フェスのルーキーステージのように新人を観てもらえるきっかけをつくることもできる。

　そのいわば野外版といえる音楽フェスティバルは、アーティストにとって通常のシチュエーションとは違う場所で演奏できるのが魅力だ。日本のロック・フェスティバルの先駆けであるフジロックともなれば、すでにブランディングができ上がっているなかに出演できるので、昔の紅白歌合戦出場に近い、アーティストのステータスになる意味合いも強い。何よりも、自分たちのファン以外に観てもらえるチャンスがあるのが大きい。

　この20年間でフェスの来場者が増え、ロックバンドで売れていくミュージシャンも増えた。昔は時間がかかったが、今はデビュー3年目くらいにして武道館に立てる人も多く、フェスが新人ショーケース的な役割を果たしている。サマーソニックやロック・イン・ジャパンなど、参加者の年齢層やキャラクターも異なる、さまざまなタイプのフェスがあるのはよい現状だと思う。

　東京都内における野外ロックフェスは、新木場・若洲公園で、テレビ朝日とぴあ主催によるメトロックというイベントが続いているが、都内のほかの場所での開催は、騒音問題もあり、なかなか難しい。

　音楽業界では、グラミー賞のような世界的な音楽アワードを、日本のどこかの都市で開催したいという話も過去に出ているが、コロナの状況もあり、実現に至るのはまだまだ遠いだろう。

‖
日本固有の音楽文化

ボカロ・アーティストの登場

　日本の音楽シーンは、アイドルやポップソングが時代をつくってきた一方で、ロックミュージックはその時代のオルタナティブな表現として、若者文化を象徴してきた。

　近年、VOCALOID[2]（ボーカロイド）で楽曲制作したボカロ・アーティストが、ニコニコ動画やYouTubeなどの動画での発信を中心に、ライブ活動も行わず、姿かたちもわからない覆面姿で自分たちの音楽を売り込んでいった。

　最初こそは、ブレスのポイントが「これ人間じゃ絶対歌えないよな」とか、アーティストのルックスから得られる情報もわからず、自分も違和感をもっていた。しかし、次第にメインストリームにクロスオーバーしていった。いちばん顕著な例は、米津玄師の功績が大きい。「ハチ」という名前でボカロ音楽をやっていたのが、顔も名前も出してライブをやるという変化を遂げていった。既存の音楽シーンにぽんと踏み込んで、勝利を得た、ステータスを取ったといえる。続くボカロ・アーティストも、彼が歩んできた足跡をなぞるように、やはり表側に立っていくのではないか。ボカロ音楽が世界に通用するかは、トラックメイキングの手段として、日本独特のアプローチとして有効なはずだが、楽曲として聴かれるときには言語の問題や、また別の要素が必要になってくるだろう。

ジャパン・クオリティと「生きざま」

　世界を見据えた日本のロックを考えるときに、英語で歌えるロックバンドが海外訴求のひとつのポイントにはなる。ただ実際にサカナクション[3]と関わっている身でいうと、彼らの音楽は純日本語であり、緻密できめ細かく、細部までこだわり抜かれた音楽が海外で評価されている。そうした目線は、「ジャパン・クオリティ」の水準だという気がしてならない。かつて車、カメラ、時計といった「日本製」は緻密なつくりで精度が高く、故障しない、質のよい製品だと世界に重宝がられていた時代があった。これは日本人の気質から生み出されたもので、音楽のジャンルでも「ジャパン・クオリティ」の水準は通用するのではないか。海外に向けて、グローバライズされた日本製のかっこいい洋服をどうつくるかというのと、「着物かっこいいでしょ」というやり方があり、たとえるならサカナクションは着物のほうの地位を確立しているように思う。

　さらに、日本のロックバンドの特徴として、ティーンエイジャーの青春を支えるような側面もある。ファンは好きな曲を自分の応援歌のように大事に抱えながら、大人になっていく。ロックという言葉のカテゴリーで考えると、ロックに含まれる意味合いは、かっこいいからするという「生きざま」といわれたりもする。「不良の音楽」ともいわれ、大人がつくった既成概念を打ち破り、新しいことを提案していく、そのフィロソフィーを音楽と一緒に届けるのも、ロックの役割だったのだ。生きざまを伝承するロックの存在意義は、日本では変わらず生き続け、ずっとその役目を果たしてきた。アメリカの場合はそれがヒップホップに変わってしまったが。

日本にとどまらず、韓国や中国や台湾にライブに行くと、僕らの音楽の言葉を理解しようとしてくれるファンの人たちがものすごく多い。一緒にライブで歌ってくれたり、歌詞を訳して、言葉の意味を熱心にひもといて、その曲の意味合いを理解して泣いてくれたりする。そうした言葉の意味をちゃんと組み立て、物語に仕立てるストーリーテリングというのは、日本のアーティストが長けている部分かもしれない。

クリエイティブを守り、魅せる

マネージメントの立場として、アーティストがつくった楽曲をひとりでも多く、1回でも多くリスナーに聴いてもらうことが大事だ。その一つひとつの積み重ねが重要で、売ったら終わりではない。それがストリーミングに立ち向か

サカナクション
「SAKANAQUARIUM アダプト ONLINE」
2021年11月20日
サカナクションは2021年のコロナ渦において、4階建てビル相当の巨大な造形物「アダプトタワー」を舞台としてオンラインライブを実施した
撮影：後藤武浩

い、結果的にアーティストのクリエイティブを守ることだと、社内スタッフ全員が認識している。

アーティストのクリエイティブへの言及は、世の中のトレンドやムードとのすり合わせみたいなものとのバランスを、サジェスチョンするくらいの役目で考えている。アーティストには、自分たちが好きか嫌いかの判断だけではなく、物事を測る基準は、縦軸と横軸、こちら側とあちら側の両方の視点をもつことであり、音楽が好きな人や同業者からも認められる作品であるかどうか、それが行き過ぎると、今度はマニアックになりすぎて、世間に受けなくなることもあるので、そのバランスは大事だと話している。よい作品が生まれるのは、もちろんアーティストの力だが、周囲のどういうスタッフに巡り合えたかによっても左右される部分はある。

たとえばサカナクションのライブ演出で取り組んだことのひとつは、レーザー光線を出す照明機材を、通常なら専門業者に依頼するところを、事務所で購入し、彼らのライブステージに必ずセットアップしていった。ダンスミュージックとロックミュージックの融合というサカナクションの音楽を、視覚的にも表現して、ほかのロックバンドのステージとは明らかに異なる空間をライブフロアに展開し、彼らの印象を強めていった。

それから、サウンドにもこだわった。スピーカーを左右だけではなく、前方と後方にも設置して、音で囲うサラウンド・システムでライブをやるアーティストがまだいなかったとき、サカナクションのライブステージで実現した。さらに発展させて、幕張メッセのアリーナ会場ではスピーカーを281本使うライブを実現した。こうして色々な要素をデフォルメして、アーテ

ィストのキャラクターが位置付けられることを意識的にやってきた。

コロナ禍の直前まで、ライブ産業の成長はものすごい勢いで伸びていた。それがコロナ禍でくじかれたが、収束後は、また爆発したように伸びていくだろう。VRやAR、リアルなものですら代替が普及し始め、コロナ渦でオンラインライブが始まった。発信するチャンネルが増えたことは喜ばしいし、バーチャルや仮想空間が体験されればされるほど、逆にリアルの価値みたいなものが上がっていき、その体験する場所がより重要になっていると感じる。

視覚と聴覚のみならず、体感という部分での可能性を広げられるのは立体音響や映像体験で、リアルライブのアドバンテージを高められる要素が、これからさらに大事になってくる。

III
グローバル・
プラットフォームにのせて

メジャー、インディーズ、
セルフィッシュ

音楽作品を制作し販売する会社には、大手のメジャーレコード会社と、それよりも規模が小さなインディーズ・レーベルがある。世界的に見れば、グローバルに展開している会社がメジャーを指し、その意味ではソニー、ユニバーサル、ワーナーの3社しか存在しない。日本では、

ビクターもエイベックスもトイズファクトリーもメジャーだが、世界的に見たら全部インディーズの規模である。その構造のなかでこれからの展開を考えると、メジャー、インディーズという枠を通り越して、「個人」というカテゴライズができるぐらいにセルフィッシュになっていくだろう。

コンテンツの受け皿がデジタルになり、音楽配信の仕組みも進化している。アーティストが自作の曲を売りたいと思ったら、「チューンコア」という、音楽配信のディストリビューターに5万円を支払えば、AppleMusicやSpotifyなどのストリーミング・サービスで配信される。AppleMusicもSpotifyも、たとえ音楽のクオリティが低いものであったとしても、配信を拒絶するというスタンスはまったくなく、どんな音楽でも受け入れる仕組みだ。だからコンテンツの数自体はどんどん増える。

レコード会社と契約しなければ音楽が出せない時代とは違い、アーティストはひとりセルフィッシュでもやっていける。それが何十万回、何百万回、何千万回と聴かれるようになって初めて、大手の宣伝部門に任せたいとか、著作権とお金の管理などをマネージメント契約するようになる。メジャーレコード会社の果たす役割、アドバンテージが下がる一方で、逆にインディーズ・レーベルは結束を強めて団結し、AppleMusicやSpotifyに、「メジャーの利率が70%なのに僕らは60%しか貰えていない、俺らも70%にしてくれ」といった団体交渉ができるようになっていく。

メジャーレコード会社には資本力があり、タイアップをとって地上波で広告を打ったりする宣伝力はまだあると思うが、かつての規模はもう維持できなくなり、今や社員数が1000人を

切っているような状況だ。日本のメジャーレコード会社は、それでもまだ強いといえるが、世界的な傾向で見るとそうではなくなっている。

リスニング環境の変化

ストリーミングの普及により、フィジカル時代の単曲のシングル、10曲程度のアルバムをリリースするという構造が意味を成さなくなるなかで、リリースと制作の仕方にも変化が訪れている。フィジカルの世界では、1枚3000円のCDアルバムを制作して、それを購入してくれる人がいれば、そのCDが何回聴かれようが、極端な話一度も聴かれなかったとしても、売り上げには響かなかった。しかしストリーミングの世界では、再生回数が収入となり、1曲1回聴かれてやっと0.01円、0.02円で、聴いてもらえない限りは収入にもならない。縦に枚数を積み重ねていくような既存の売り方ではなく、横に回数をつなげていく、継続して聴かせていくという売り方に変えなければならない。ということは、そのアーティストの曲に対するリスナーの関心のテンションを逃さず、繰り返し聴かれるという状況を生み出さなければならない。

実際に、ウォーターフォール・リリースという、滝の水のようにリリースを横に重ねていくという手法が、リリース手段として有効といわれている。オリジナルの曲、ミックスバージョン、バージョン違いとリリースし、もう1回オリジナル曲につなげていく聴かせ方や、アルバム・リリースも最初に1曲、翌週にもう1曲、その翌週に2、3曲と徐々に増やしていくのもテクニックのひとつだ。当然、それにあわせたレコーディングの仕方や、見合う楽曲の置き方というのを見越した上での制作が、今後視野に入

ってくる。日本では、それを意識してやり始めるところまではいってないが、海外では始まっている。

このような状況のなかで、音楽はインフラになったともいえる。電気代や水道代を払うように月々1000円か2000円で、SpotifyやApple Musicなどのサービスで音楽を聴ける環境が敷かれている。

音楽のあり方も、ヒット曲、流行曲みたいなポップスの聴かれ方ではなく、音楽があることによって空間が豊かになる、その環境とシチュエーションのなかに音楽をどう流すかというアプローチが求められている。それも、ストリーミング・サービスというクラブに、何千万曲とあるなかから選曲してくれる。そうした音楽との出会い方、関係値をつくっていくあり方は、ストリーミングになって初めてできたシチュエーションだ。

プレイリストとキュレーション

そうしたなかでプレイリストという聴かれ方が出てきた。音楽ファンに支持されている、人気キュレーションによるプレイリストに楽曲が取り上げられると、新人でも何百万回と再生されるチャンスが来るので、プロモーション側にとっても期待値が高い。

ストリーミング・サービスへの売り込みという新たな競争が起きるなかで、ソニーやユニバーサルといった大手レコード会社が、チューンコアのような代理業務を、自社のなかにもつという動きがすでに起きている。つまり、インディペンデントなシーンやストリートで活躍するアーティストを自ら取り込み、ストリーミング・サービスのプラットフォームに乗せていく。

じつはヒップランドミュージックも、「FRIENDSHIP」というディストリビューター機能をもち、そこにアーティストが集まる仕組みを自分たちの会社の枠組みのなかにつくっている。これからは、既存のメジャーとかインディーズというよりも、インディペンデントな機能として、アーティストたちがディストリビューションを通し、グローバル・プラットフォームの音楽ストリーミングサイトに、音源を供給していくというかたちに変わるだろう。

今度はそこで、ディストリビューターとしてのよし悪しや、カラーリングやブランディングが大事になってくる。ヒップランドのFRIEND-SHIP は単純なディストリビューションではなく、自分たちのカラーをもとうとしている。僕

4　神戸出身、Yuto Uchino と Kaoru Nakazawa による音楽プロジェクト。チルウェイヴ、ドリームポップ、シューゲイザー、サイケデリック・グルーヴをブレンドしたサウンドは、日本のみならず海外からも高い評価を得ている

The fin.
「Strawberry Music Festival」 2018 年
同フェスは中国最大規模の野外音楽フェスティバル。
The fin. は北京、上海のメインステージに出演

らのなかにもキュレーターがいて、そのキュレーターがある一定のクオリティとカラーのものを選び、その水準を満たさない限りはオッケーを出さないというのが方針。今までのレーベル的な役割を僕らがそういうかたちで担い始めているのかもしれない。このシステムは国からも評価され、「クールジャパン・マッチングアワード」で奨励賞を受賞した。FRIENDSHIPでキュレーターが音楽を紹介していくことに対して、ディストリビューターがワンクッションを入れていることが、ユニークだと評価されている。いわゆる社内キュレーターだ。キュレーターには、社員や所属ミュージシャン、社外のDJや音楽ライター、洋服屋のオーナーといったさまざまな感覚をもった人たちを集めている。

　楽曲は、ウェブ上にポストできる窓口をもって、公募のかたちで随時受け付けをしている。僕たちの場合は通ったものしか出さないというハードルをつけているので、応募者は、そのハードルを越えないと出せないというのを理解しており、そこに価値を感じてくれている。他薦では、キュレーターのひとりが推薦する音源を皆で聴いて、賛同を得られれば出すという仕組みだ。

ストリーミングとグローバル化

　このFRIENDSHIPを通してデビューしたThe fin.[4]というアーティストがいる。彼らはアメリカやヨーロッパでもツアーをやり、中国の13都市で総動員15,000人をソールドアウトさせた。一時期ロンドンに住んでおり、英語がほぼネイティブで喋れるアーティストでもある。Spotify.UKのニュー・ミュージック・フライデーという人気のある重要なプレイリスト、そこ

に日本の音楽が入ることは滅多にないなかで数多く取り上げられ、それが地道に集客につながったという動きがある。国内のライブでは1000人ぐらいの規模なので、そういった現象が面白い。

　そのThe fin.を目標にして、僕らも海外で音楽を聴かせたいという人が集まり始めている。音楽のクオリティも高く、かつ2、3か国語を喋れるようなグローバルな人たちがやっているというのが、最近の面白い傾向だ。

　CDの世界だと、日本のアーティストが海外でデビューするなんてすごくハードルの高いことだった。もしアメリカでデビューできたりCDが発売されたりしたら大ニュースだが、ストリーミングの世界だと当たり前のように毎日が世界デビューで、僕らが出している音楽が世界で聴かれる状況にある。単純に聴かれるチャンスがある状態というのが大きなことだ。

　ディストリビューションやキュレーター文化みたいなものに対しては、色々なアーティストに公平にチャンスが与えられ、偏ったお金の付き方がされたり、政治力のあるアーティストが強いのではなく、実力で勝負できるよい作品をつくるアーティストにチャンスが出やすくなり、民主化されてフラットになっている現状はよいと感じている。

取材協力：金井文幸

構成：（一財）森記念財団　山中珠美
編集部　寺崎友香梨

Ⅰ
今も昔も変わらない
創作スタイル

編集者と漫画家
二人三脚で作品をつくる

　編集者と漫画家が関係性をつくりながらひとつの作品をつくり上げることは、日本の漫画業界の特徴である。今は昔と違って、作家自身がインターネットに作品を上げ、すぐに発表できてしまう環境があるので、今後も編集者がずっと傍らにいられるかどうかはわからない。そのため編集者は必死ではある。ただ、作家は創作に専念したい方も多く、創作に集中できる体制をつくるために、編集者と作家という二人三脚が成り立っていて、今まではそれでこられた。

　作家とのコミュニケーションの取り方は、作家や編集者によって全然違う。よくあるのは、作家自身はちょっと迷いがあるが、とりあえず編集者に読ませてみて、納得いく指摘を受けて修正し、原稿を完成させるという進め方。その作業の過程で信頼を得られるかどうかが編集者

齊藤優　Yu Saito
2005年集英社入社、週刊少年ジャンプ編集部に配属される。その後、キャラクタービジネス室（現在は閉鎖）を経験し、2020年より週刊少年ジャンプ編集部の副編集長を務める。書籍編集として『描きたい!!を信じる　少年ジャンプがどうしても伝えたいマンガの描き方』（2021年）などがある。

日本発信の漫画文化が
生き続けるために
齊藤優

は大事だと思う。信頼されるためには、問題点を明確に言語化する必要がある。たとえば、「よくわからないので、後半を変えてください」といっても、「いやいや、説明してくださいよ」となってしまう。これはこういう理由で、こういう印象を受ける……と、きちんと説明して納得してもらえる言語化能力が要求される。

漫画の執筆以外で手伝う場合、作品の担当編集者がいちばん時間を割くのは、最近だと作品の二次展開に関する作業である。たとえば、作品が大きくなっていくと、商業グッズをチェックする監修会という会議があり、毎週十数時間くらいかけて、制作中のグッズを全部チェックする。

昔は権利関係の認識が世間的に甘かったが、90年代からライツビジネスという概念が固まっていき、クオリティアップのためのチェック体制ができていった。

また、アニメ制作や、海外に作品展開する際は、作家個人ですべて対応するのはなかなか難しい。たとえば集英社では、海外展開は海外事業課から現地の出版社にライセンシーして、条件交渉からきちんと管理している。アニメ化する際も、関係各社と交わすビジネス契約書を作成できる作家はまだ少ないので、そういう面でもフォローできるようにしている。

昔から、漫画家になりたい人が漫画を持ち込み、編集者がチェック打ち合わせをして、掲載されるプロデビューをめざすといったステップをふんでいくのが世間一般のイメージだが、今もあまり変わっていない。持ち込みや漫画賞への応募などを通して、そこで才能ある人に声をかけるという循環である。そして需要があるかどうか未知数な、当たるか当たらないかわからないジャンルも、とにかくどんどん生みだしていくことで結果的に発展してきた。やはり新人作家の育成にはお金と時間がかかるのだが、「週刊少年ジャンプ」は昔から大きく予算をかけているという自負がある。それゆえジャンプは、いちばん才能が集まってくる場所なので、このやり方をこれからも貫くだろう。

未来の漫画家を育てる
ジャンプの漫画学校

日本の場合、デビュー前の作家がいかに生計を立てて作品をつくり続けていくかについては、昔から続く課題だと思う。ジャンプは原稿料、作品の二次収入もトップクラスだが、すべての雑誌でそこまでは還元できていないのが現状だ。作品を載せる場所は非常に増えているが、自身で描いてない人が漫画に関わって生計を立てることができる環境にあるのは、連載ではない自分の短編読切を掲載して原稿料をもらうか、ア

Yu Saito

シスタントなどに限られる。

その課題へのアプローチのひとつとして、「ジャンプの漫画学校」の取り組みがある。始まって間もなく、まだ成熟していないので、将来はアカデミックな場所にしよう、というレベルの話まではできていない。まだまだハードルが高いというのが正直なところだ。漫画に関して、表舞台で活躍する以外の仕事がそこまで豊富ではなく、学校を業界全体のシステムの一部として成熟させるには、だいぶ課題の解決と時間が必要だと思う。

エコシステムをつくっていくために、学校、学術的なアプローチをもっておくのは、大切なことだと思う。「ジャンプの漫画学校」は今年で３年目であるが、やっていると難しさを感じることも多い。生徒がたくさんいる場合、あくまで最大公約数の考え方や技術を伝えられるだけで、そこから先は作家によってジャンルや、性格、絵柄も違うので、共通する項目が少ない。一定レベル以上は従来の作家と編集者のシステムのように、個々に向き合うのが最適になっていく。

1　Netflix で展開されているサバイバルドラマシリーズ。漫画のようなストーリー展開が話題となり、世界的なブームを巻き起こした。これまでの韓流ドラマは、女性視聴者が主流であったが、男性視聴者を取り込むことに成功した作品

図1　国内と海外のアニメ市場対比

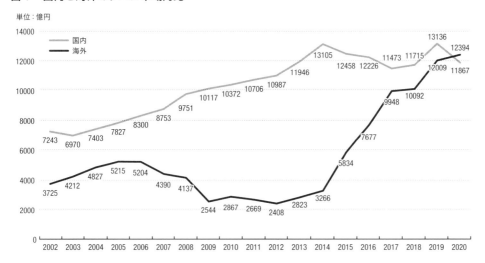

単位：億円

	国内	海外
2002	7243	3725
2003	6970	4212
2004	7403	4827
2005	7827	5215
2006	8300	5204
2007	8753	4390
2008	9751	4137
2009	10117	2544
2010	10372	2867
2011	10706	2669
2012	10987	2408
2013	11946	2823
2014	13105	3266
2015	12458	5834
2016	12226	7677
2017	11473	9948
2018	11715	10092
2019	13136	12009
2020	11867	12394

出典：一般社団法人日本動画協会「アニメ産業レポート 2021 サマリー（日本語版）」より
　　　日本動画協会が行っているアンケートにもとづき独自算出

アニメの制作委員会も本来はひとつの会社が大きな負債を抱えないよう、リスクが分散されることがメリットである。古い話だが、手塚治虫先生や黒澤明監督が私財をなげうってアニメ・映画をつくったという話が、日本では逸話のように残っているが、日本も次の段階として、エンタメ企業全般がエコシステムの構想に取り組むべき時期に来ているとは思う。われわれ出版業界も、誰にとっても完全によくできている業界にはなれていない。漫画を載せる場所を増やしても、バランスがとれたエコシステムとして機能させるのは難しい。ジャンプに漫画を掲載していたら、海外出版の際の体制が整っているし、そのほかに連載終了後も継続的に多様なライセンス収入があり、基本的にはかなり作家側の理想には近いとは思う。エコシステムのいちばんの課題は、体力のある会社しかその循環を保つことができないというところだろう。

海外展開の鍵をにぎるIP（知的財産権）

日本のコンテンツの強みとは、こと漫画においては、先述した圧倒的な多様性だと思う。連続ドラマや映画は、一作新しいものをつくろうとすると非常に予算がかかるので、冒険がしづらい。そうすると、おのずと通る企画はリスクが低く、確実に需要がありそうな題材に限られてくる。漫画は、初期費用が映画などに比べると基本的に低く、そのぶんチャレンジしやすい環境にある。テレビアニメも、オリジナル企画を一本やろうとすると、今だと数億円はかかるため、ハードルは高く、なかなか通りづらいと聞く。売れるかどうか未知数な、マーケティングからでは生まれないものが、漫画だと平気で出てくるようなところが、いいところだと思う。

海外展開の場合、ジャンプの方針は、基本的に権利をすべて渡すということはないので、たとえばアメリカ本土でそれをグッズ化や映画化をする際には、日本に収益が入らないかたちにはならない。制作物を一切確認できないといったことはほぼ海外でもなくなってきている。エンタメ業界全体的に、一次著作者を尊重してくれる文化にはなっていると思う。

今後の海外戦略については、色々試したり計画したりしているが、やはり日本でしっかり売れたものが海外で売れるという印象もあるので、まず国内での漫画のヒットということだと思う。ただ、少し時代が変わって、世界で同時に売れ出すという流れになってきている気もしている（図1参照）。

韓国や中国がものすごい勢いで伸びていることに対して、日本サイドとしてどう捉えているかは、個人によって意見が分かれるところだと思う。中国と日本の読者の感覚が大きく違うので、中国の漫画はストーリーづくりのテンポがまったく別物だと感じるが、見習うべきところはもちろん多い。

II
これからの漫画の可能性

新しい作品を創る

Netflixの「イカゲーム[1]」の爆発的なヒットは、非常に興味深かった。流行のデスゲームという

ジャンルを、ものすごくお金をかけてビジュアル面をつくりあげ、非常にクールに格好よくするという手法には度肝を抜かれた。ゲーム内容がものすごくシンプルだし、そこは単純化したほうが世界中の色々な人に届くというのも計算だろう。話の構成も、「この手があったか」と、衝撃を受けた。あのレベルまでいくと、既存ジャンルのただの模倣ではなく、完全に今までになかったものを新しく考え出したと思う。やりつくされたと思われる題材でも、まだまだ鉱脈が眠っている。

編集者の目としては、作品を見るときは「こう来たか」といった、新しい要素をどこに加えたかという切り口を発見し、論じることが多い。「イカゲーム」は、1枚絵でもパッと引き付ける

2 「「少年ジャンプ＋」編集長に聞く"バズる
   Web漫画"の方程式「怪獣8号」「ダンダダ
   ン」「SPY×FAMILY」の共通点とは」
   ITmedia NEWS 2021年8月27日

図2 漫画作品の制作プロセス

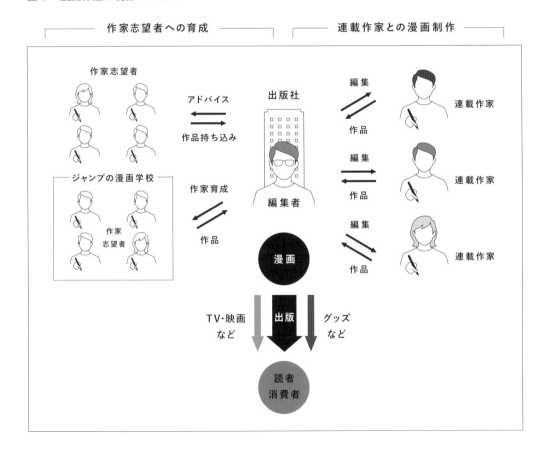

場面が多いところも戦略だと思う。殺伐とした泥臭いジャンルでも、おしゃれにやるとここまで広まる。それをできる美術チームを集めただけでもすごいと思うし、映画のなかで情景として使用されている、階段の迷路のセットやユニフォームで一目で「イカゲーム」とわからせるのもスマホ時代に合っている。

たとえば日本のドラマでも、僕は『古畑任三郎』が好きで、モデルとなった『刑事コロンボ』も好きだ。『古畑任三郎』には発明が相当入っている。犯人の視点から始まるという倒叙形式に則った上で、コロンボのようなおじさんではなくて、めちゃめちゃ格好いい田村正和さんという二枚目俳優に演じさせた。つくり手が考えた今までにない新しいアイデアがちゃんとあるから、ファンが多い作品になっているのだと思う。手塚治虫先生も、ディズニーからインスピレーションを得て、今までにない新しい作品をつくる試みから始まっている。いろいろなものに影響を与えて、こちらも影響を受けるということを繰り返して漫画業界も大きくなってきた。

創作というのは、偉大な先人たちが残したものを取り込んでアップデートしていくということである。今までにない新しいアイデア、新しい表現方法の開発に対して費用を払い、さらに新人作家との関係性を大切にすることが、よい作品をつくり出す、普遍的な方法だと思う。

テクノロジーは 漫画産業を進化させるか

今海外で主流なのはWebtoonという、縦読み漫画である。漫画はWebtoonだけになっていくだろうといった意見も増えてきている。スマホのかたちが今後このままだったら、

Webtoonが非常に大きくなると思うが、今の時点で、折りたたみスマホのようなデバイスが出始めているのでどうなるかは正直読めない。日本だと、横開きの漫画が根強い人気なので、今のところは共存していると思っている。

見開き漫画の、デジタル版の配信に関する取り組みでは、作家によっては、意識的にコマ割りなどの処理をして、スマホで1ページ単位で見てもコマ割りなどに違和感がないように工夫している人もいる。『少年ジャンプ＋』の編集長が、スマホ表現について答えた記事がある[2]。

集英社も今、色々なサービスアプリが出ている。出版社が本以外のものをつくる時代だなということである。

無料購読サービスのスタートなど、ビジネスの構造が変わってくるなかで、作家の印税や原稿料以外の収益の道をどの会社も探している。やはり汗を流した人にお金が入るというシステムを構築するのが、出版社の役目だと思う。

漫画にYouTubeのようなコミュニティが付随し、ファンとのコミュニケーションがとれるような仕組みを取り入れることは、できたら面白いとは思うが、向いている作品・作家、向いていない作品・作家は見極める必要があるだろう。たとえば、いくら必要だからといって、人前に出るのが苦手な作家に動画に出てファンと交流してくださいということが正しいのか、など。新しい取り組みを行う際には、作家がよりよい状態で漫画を描ける、創作に集中できることが大事なので、作家と時間をかけてコミュニケーションをとり、打ち合わせや作品づくりをするなかで、資質を判断できるように努める。作家が100人いれば100通りのやり方があると個人的には考える。

構成：（一財）森記念財団　山中珠美
編集部　山崎みどり

I
日本の芸能界の構図

芸能プロダクションの市場規模

　芸能プロダクションは、俳優・歌手・タレント・YouTuber などのマネジメントや、それに付随するマネジメント事業を行う。映画やテレビ、ドラマなどへの出演交渉やコンサートの主催、ファンクラブ運営、ファン向けグッズ販売などがおもな事業内容になる。一般的には、芸能プロダクションとはマネジメントを行う会社を指す。芸能界には 1000 社以上はあるが、上場しているのはたった 2 社（アミューズ、エイベックス）であり、それ以外は非上場なので、売り上げを公表していない会社がほとんどである。

　芸能プロダクションの特徴は、以下の 5 つに大きく分かれる。

（1）俳優・タレント系

　俳優・タレント系の事務所として、バーニングプロダクションやホリプロなどが大手として知られる。幅広いジャンルでもあるため、小規模な事務所も多数存在する。

新井勝久　Katsuhisa Arai
トリックスターエンターテインメント代表取締役。1989 年広告会社へ入社、媒体・人事・営業を経験した後、ニューヨーク生まれの「ブルーマングループ」の東京公演を実現、4 年間のロングランを成功させる。2010年MBOにより独立。2012年社名をトリックスターエンターテインメントへ改称。シルク・ドゥ・ソレイユとパートナーシップを結び、ブルーマングループのワールドツアーを中心に、映画製作を含めた国内外のさまざまなコンテンツ制作を手がける。「文化は社会が育てる」ことをテーマに、コンテンツ産業の日本の課題にも取り組んでいる。

進化し続ける
日本のコンテンツ産業

新井勝久

（2）音楽系

音楽系の芸能事務所では、アミューズやエイベックスなどが大手として知られる。楽曲・映像の制作やコンサートなどのライブイベントの企画・運営・プロモーションなどを行う。また、ファンクラブを運営し、アーティストグッズの販売やファン向けサイトの運営などを行うこともある。

（3）お笑い系

お笑い系では、吉本興業や太田プロダクションなどが大手として知られる。吉本興業は、所属タレントが公演を行う劇場などの施設運営もしている。

（4）YouTuber系

YouTubeが日本に浸透し、国内トップクラスのYouTuberが多数所属するUUUMなど、YouTuberを専門にマネジメントする所属事務所も増えてきている。最近ではバーチャルYouTuber（VTuber）を手がけるにじさんじを運営するANYCOLORが東証グロース市場に上場し、注目を集めている。

（5）声優系

声優系としては青二プロダクションや81プロデュースなどが大手として知られる。おもな活動範囲は、アニメやゲームへの声の出演、洋画の吹き替え、ナレーションなどがあるが最近は声優自身の地上波への露出も増えている。

芸能プロダクションの
ビジネスモデル

日本の芸能プロダクションのビジネスモデルは、アーティストとプロダクションとが専属契約を結び、必要な役割をすべて、プロダクションが担う。ここでいう必要な役割とは、アーティスト素材の発掘・育成、キャリアデザイン、クリエイティブワーク、プロモーション、ブッキング＆セールス、ファイナンシャル・アドミニストレーション・リーガルプロテクト、スケジューリング＆ケアである。この役割を芸能プロダクションが担い、映画やドラマ、ライブ、広告、出版などのビジネス領域において、テレビ局などの放送局や広告会社、レコード会社など各領域の取引先と連携して、消費者に届けら

表1　売上規模

会社名	株式	売り上げ
アミューズ	上場	387億円[*1]
エイベックス	上場	984億円[*1]
ジャニーズ事務所	非上場	1000億円[*2]
吉本興業	非上場	500億円[*2]
ホリプロ	非上場	170億円[*2]

[*1]：2022決算短信より。[*2]：推定
新井勝久によるヒアリング調査にもとづき作成

Katsuhisa Arai

れる。また、アーティストの報酬については、① 給与制　② 歩合制　③ ①②の融合もあり、芸能プロダクションとアーティストの分配比率は、芸能プロダクションによって異なる。ほかに作詞家・作曲家などは、芸能プロダクションに権利を委託し、著作権や印税をアーティストに支払う（図1参照）。

欧米との管理システムの違い

　欧米と日本の芸能プロダクションを比べると、管理システムがまったく異なる。日本はアーティストとの専属契約を締結し、プロダクションサイドが一括して、前述したキャリアデザイン、

図1　芸能プロダクションのビジネスモデル

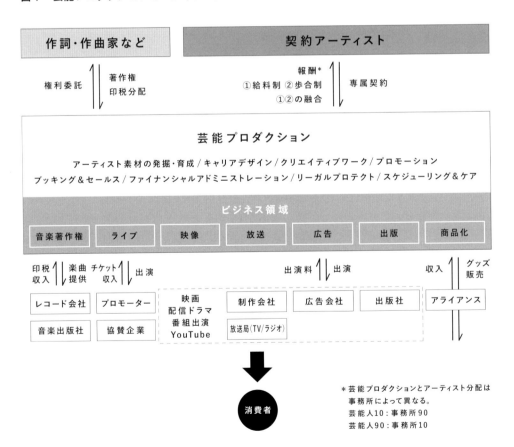

プロモーション、ブッキング＆セールスなど、マネジメントに必要な役割をすべて担う。日本や韓国では、芸能プロダクションが莫大な時間と費用と労力を投入して、アーティストの価値を築き上げ、すべてを一括する管理システムである。一方欧米では、アーティストがまずはパーソナルマネージャーを雇い、その人がマネジメントオフィス（プロダクション）に属する。よって、プロダクションとの関係というよりは、人とのつながりが重要で、日本の芸能プロダクションのように、色々な役割を担ってくれないので、それぞれの分野の専門家（弁護士・エージェント・ビジネスマネージャー・パブリスト）を、アーティストは探す必要がある。ビジネスを構築していく力があるアーティストには有利であるが、資金やパイプがない新人アーティストには、厳しい環境といえる。日本では、アーティストのプロ意識が低くても、芸能プロダクションが強ければ、芸能人としての道が歩めるが、欧米では、アーティストが個人事業主としてプロ意識やパイプがないと、チームすら組成できない（p.202図2参照）。

主要芸能プロダクションが加盟する
日本音楽事業者協会

　日本では、一般社団法人日本音楽事業者協会（通称：音事業）という、メディアに大変影響力のある協会があり、それに所属している会社とそうでない会社に分けられる。日本音楽事業者協会とは、1963年に「音楽プロダクション」を営む事業者により設立されたもので、芸能界にいくつかある業界団体のなかでも、最大規模を誇る団体である。主に「著作権」や「肖像権」「パブリシティ権」などの知的財産権の管理、タレントの引き抜きによる事務所間のトラブルの防止、タレントの雇用環境の改善などを目的に活動しており、日本を代表する大手芸能事務所がズラリと加盟している。ほかにも一般社団法人日本音楽制作者連盟（通常：音制連）という団体があり、実演家とプロダクションのための「権利の擁護と拡大」に努めた活動をしている。

芸能プロダクションで
今、起きていること

　芸能プロダクションの歴史を振り返ると、1960〜80年代は、テレビ枠を獲得しスターを育てる時代であった。1990年代からは、そこに音楽を掛け合わせ、音楽で稼ぐ時代に入った。2000年代からは、モーニング娘やAKB48など、ライブを中心にしたユーザー参加型のビジネスが主流となり、最近では、配信動画・アニメなどで活躍する「声優」というジャンルでタレントを発掘して、マネジメントする会社が存在感を増している。YouTuberのタレント事務所のUUUMや、バーチャルYouTuber（VTuber）を手掛けるANYCOLORも上場し、注目を集めている。

　今は、芸能プロダクションにとって領域のボーダーが見えにくい「アーティスト・ボーダレスの時代」といえる。有力なタレントを抱えてビジネスを多角化し、時代の変化に対応してきた事務所は、現在も成長し続けているが、逆に稼げる領域を拡大できずに、純粋なタレントマネジメントのみを行う事務所は、伸び悩んでいる。グローバルな展開という視点で見ると、日本はそこそこ市場が大きく、苦労して海外進出を仕掛ける必要がない、という雰囲気があるため、韓国芸能プロダクションのようなグローバ

ル市場への進出は描けていない。

　その理由として、おもに２つの要因があげられる。ひとつめは、韓国がインターネットやSNSを駆使しているのに対し、日本勢はジャニーズ事務所を筆頭に、オンラインでの活動が活発とはいえず、国内主体の既存ファンを超えた広がりが見えないことである。２つめは、国民的アイドルに上り詰めた、AKB48グループのビジネスシステムの影響が大きい。そのシステムの特徴としては、コロナ禍前までは、握手会や写真撮影など、ファン一人ひとりと近距離で対面する派生イベントが多数実施され、ファンはアイドルと濃密なコミュニケーションをとりながら、成長過程や「推し活」を楽しむことができた。

　こうしたビジネス手法は、ファンと強い関係がつくられる半面、物理的な距離が遠い海外ファンに対する積極展開は難しい。また日本では、韓国のようなハイレベルのダンスや歌唱力は必ずしも求められないため、素人がオーディショ

図２　欧米との管理システムの違い

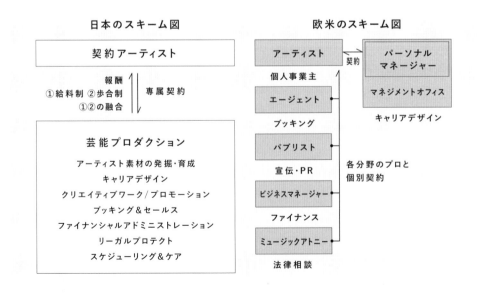

ンから数か月でデビューすることもある。韓国のアーティストは世界進出が可能なクオリティを備えており、日本と韓国アーティストとのクオリティの差は歴然である。日本の人口減やコロナ禍で変わった価値観のなかで、日本の芸能プロダクションは、海外で稼ぐ視点をもつことが、今求められている。

世界で存在感を増す 韓国芸能プロダクション

1997年の韓国通貨危機を機に、韓国政府は芸術への投資をスタートさせた。サムスンを代表とする産業国から、エンタテインメントの世界的中心地へとイメージ転換を図るため、芸術がもつ「ソフトパワー」に着目した。映画やテレビ番組制作に巨額を投じ、映画『パラサイト』で米国アカデミー賞を受賞した映画監督のポン・ジュノ氏といった才能を育て、開花させた。世界市場への進出は、韓国が圧倒的にリードしている。

韓国には3大芸能プロダクションの「SM」「YG」「JYP」がある。後発の「ハイブ（HYBE）」は、BTS（防弾少年団）の成功により存在感が増大し、2021年には796億円の売上をあげ、時価総額は1兆2000億円規模となっている。BTSは2013年に韓国でデビューをし、日本では翌2014年に防弾少年団としてデビュー（英語表記Bangtan Sonyeondan）した。2017年から世界進出を標榜し、BTSとグループ名を統一した。最近では、米「ローリング・ストーン」誌に「音楽ビジネスのルールを書き換えた世界最大のグループ」としてBTSが紹介され、ハイブは2020年に米国支社も設立している。

急成長の背景には、韓国の男性に徴兵制があ

ることが影響している。韓国芸能プロダクションは、アーティストとの専属契約は最大7年と定められており、それ以降は、アーティスト側が契約を更新または解除できる。7年で稼がないといけないため、新陳代謝が生まれやすい構造となる。その結果、意思決定のスピードも速くなり、時代の波にうまく乗れるといった効果を生み、世界での存在感を高めることにつながっている。

さらに、新聞でも大きく取り上げられたが、ハイブは2021年に、米国のイサカ・ホールディングスを10億5000万ドル（約1150億円）で買収すると発表した。イサカ・ホールディングスは、音楽レーベルなどを手がける総合メディア会社で、ジャスティン・ビーバーやアリアナ・グランデといった、世界的なアーティストが所属していることでも知られている。ハイブは米有力事務所を買収することで、韓国アイドルを世界に送り出す狙いがある。

さらにハイブは、「ウィバース」というアーティストとファンを結ぶプラットフォームのサービスを開始した。ウィバースは、Netflixのようなコンテンツ配信プラットフォームと、ツイッターなどのようなSNSが融合したプラットフォームである。発信者と受信者がつながるだけでなく、受信者同士が交流もできる。たとえばBTSのメンバーは、個人のインスタグラムやツイッターに自由に投稿できないが、ウィバースにはメンバー個人でアカウントをもっており、自由に投稿できる。ウィバースでしか見ることのできないコンテンツが投稿され、メンバーがファンのコメントに返信することもあり、ファンにとって、ほかのSNSにはない魅力がある。一方で、アメリカのアーティストは、個人でSNSなどを制限されているケースは少なく、そ

図3　コンテンツ産業の市場規模（2019年）

＜コンテンツ別＞
総合計 12兆8476億円

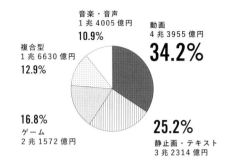

音楽・音声
1兆4005億円
10.9%

複合型
1兆6630億円
12.9%

動画
4兆3955億円
34.2%

16.8%
ゲーム
2兆1572億円

25.2%
静止画・テキスト
3兆2314億円

＜メディア別＞
総合計 12兆8476億円

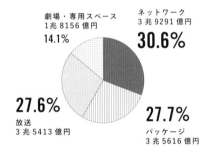

劇場・専用スペース
1兆8156億円
14.1%

ネットワーク
3兆9291億円
30.6%

27.6%
放送
3兆5413億円

27.7%
パッケージ
3兆5616億円

メディア区分	パッケージ	ネットワーク
動画	DVD/ブルーレイ	動画配信
静止画テキスト	書籍/雑誌/新聞フリーペーパー	電子書籍電子雑誌各種情報配信サービス
ゲーム	ゲーム機向けソフト	ソフト配信オンラインソーシャル
複合型	—	インターネット広告モバイル
音楽・音声	CD/DVDブルーレイ	音楽配信

メディア区分	劇場、専用スペース	放送
動画	映画ステージ（演劇など）	地上波BS/CS/CATV
静止画テキスト	—	—
ゲーム	アーケードゲーム	
複合型	—	—
音楽・音声	カラオケコンサート	ラジオ

出典：一般財団法人デジタルコンテンツ協会「デジタルコンテンツ白書2020」をもとに作成

うしたアーティストのウィバース上での魅力づくりも課題となっている。ハイブはこのプラットフォームを通じて、ファンの年齢、性別、消費パターン、コアなファン層などのデータを収集し、世界でヒットできる未来のアーティスト開発のために、データベースにしていく狙いもある。そのためには、芸能プロダクションの垣根を越えた、魅力的なアーティストをそろえ続けることができる、オープンなプラットフォームになれるかどうかが、今後のカギとなる。

II
日本の映像系コンテンツの現在地

コンテンツ産業の市場規模

　2019年におけるコンテンツ産業の市場規模は、12兆8476億円で、前年比101.0%と8年連続で穏やかな成長基調で推移している。図3は、コンテンツ産業全体の市場規模（12兆8476億円）をコンテンツ別に見たグラフで、そのうち4兆3955億円（シェア34.2%）を占めるのが動画である。これには、DVD/ブルーレイ、動画配信、映画/ステージ（演劇など）、地上波/BS/CS/CATVといった項目が含まれている。円グラフ（下）は、コンテンツ産業の市場規模（12兆8476億円）をメディア別に分けたもので、ネットワークが3兆9291億円（前年比108.9%）、パッケージが3兆5616億円（前年比95.3%）、放送が3兆5413億円（前年比97.3%）、劇場・専用スペース

が1兆8156億円（前年比104.5%）である。ネットワークがパッケージと放送の市場規模を金額で上回り、主役に躍り出た。今後もコンテンツ市場の成長を牽引し、存在感をさらに高めていくことが予想される。

動画全体の市場規模

　図4（p.206参照）の表は動画全体の売り上げとその内訳について、2016年からの推移をみたものである。2016年から2019年にかけて、動画全体の売り上げを見てみると、4.38兆円から4.40兆円とほぼ横ばいである。なかでも、パッケージソフトとテレビ放送は、毎年売り上げが減少している。一方で、映画興行収入とネットワーク配信が増加している（ともに2016年比11%増）。動画内でのテレビ放送・関連サービス収入は、減少傾向にはあるものの、動画全体の売り上げの約8割（77%で3兆4078億円）を、いまだに占めている（円グラフ）。日本においてネットや動画配信の躍進が注目され、地上波の衰退が叫ばれているものの、数字をみると依然として、テレビ放送・関連サービス収入は圧倒的なシェアがあることがわかる。

放送コンテンツの海外輸出

　放送コンテンツが海外にどのぐらい輸出されているのかについて、金額では、2019年は全体で529.5億円（2013年輸出額の約4倍）で、年々拡大傾向にある。また、番組販売作品数は、2019年は3903本（2018年は3703本）である。海外への輸出額529.5億円のうち、権利別では、商品化権が37.0%、インターネット配信権が29.2%、番組放送権が23.8%を占めている。

またジャンル別では、アニメが84.9%と圧倒的なシェアとなり、バラエティが8.7%、ドラマが5.5%と続く。輸出先はアジアが54.1%、北米が25.9%、ヨーロッパが9.3%となり、アジアが全体の半数以上を占めている（総務省「放送コンテンツの海外展開に関する現状分析」2019年度より）。

映像系コンテンツの今後の傾向[1]

　コロナ禍によりコンテンツDX化が加速し、Netflix、アマゾン、ディズニープラスなどの海外グローバルプラットフォーマーが存在感を増している。これらはグローバルプラットフォームであるため、世界展開が容易となり、世界で稼ぐことができる。Netflixの現在の加入者は、世界で2億人以上であり、ディズニープラスは1億人を突破している。アマゾン・ドット・コムは、2021年5月、米老舗映画会社のメトロ・ゴールドウィン・メイヤー（MGM）を、約9200億円で買収すると発表し、事業拡大が期待されている。一方で、アップルTVは利用者が伸び悩んでいる。日本国内のNetflixの定額制動画配信サービスについては、2018年に8.9%だった日本国内シェアが、2020年には20%以上と大幅に伸ばしていた。しかし最近では、会員数の減少がメディアで報道されているため、頭打ちの様相を見せ始めているともいわれている。

　動画配信サービスは、すでに世界市場をマーケットにした経済規模のスケーリングできるビジネスとなっており、多額のコンテンツ投資が可能となっている。つまりコンテンツの工業化を実現しているのだ。これまでのコンテンツ制作は、2、3年と制作に時間がかかるため、先行投資となり、その間の資金調達を考えねばならず、また、それが当たるかどうかはわからない

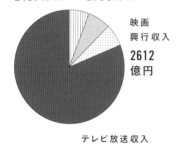

図4　動画全体の市場規模

2019年　動画全体の市場規模
テレビ放送収入　■
パッケージソフト売上　▥
ネットワーク配信売上　▨
映画興行収入　▦

パッケージ　　ネットワーク
ソフト売上　　配信売上
2437億円　　**2766**億円

映画
興行収入
2612
億円

テレビ放送収入
34078億円

ビジネスであった。つまり、体力（資金力）がないとクオリティの高いコンテンツを生み出せない仕組みであるため、今後、日本のみを市場にしている制作会社は、淘汰されていく傾向となる。これは、日本が半導体で負けていった状態と似ている。一般に半導体工場をつくるのには5000億円がかかる。需要が高まると、すぐに次の工場をつくる必要が出て、またそこで5000億円が必要という事態となる。結果として、大きな資本体力がないと太刀打ちできないのだ。動画配信サービスも同様の事態となっており、大きなコンテンツ投資ができない日本は、グローバル・プラットフォーマーにはなれないといわれている。

単位：億円

		2016	2017	2018	2019
動画全体		43809	43956	44151	43955
パッケージソフト売り上げ		3215	3070	2725	2437
	DVDセル	547	523	416	378
	ブルーレイセル	841	888	767	800
	DVD、ブルーレイレンタル	1831	1659	1542	1259
ネットワーク配信売り上げ		1619	1842	2194	2766
フューチャーフォン向け配信売り上げ		11	8	6	4
映画興行収入		2355	2286	2225	2612
	邦画	1486	1255	1220	1422
	洋画	869	1031	1005	1190
テレビ放送・関連サービス収入		34966	35065	35014	34078
	民間事情はテレビ放送事業収入	19699	19453	19246	18669
	民間BS放送営業収益	2185	2184	2181	2205
	CS放送営業収益	1278	1513	1438	1369
	NHK受信料収入	6772	6923	7119	7062
	CATV事業営業収益	5031	4992	5030	4773

出典：一般財団法人デジタルコンテンツ協会「デジタルコンテンツ白書2020」をもとに作成

次々とヒットを生み出す韓国ドラマ制作会社「スタジオドラゴン」

　韓国のドラマ制作会社スタジオドラゴンは、Netflix オリジナルシリーズ『愛の不時着』の大ヒットで、その会社名まで知れわたるようになった。スタジオドラゴンは、アカデミー賞を受賞した映画『パラサイト』を制作した韓国大手のCJエンタテインメントにより、2016年に子会社として設立された。2017年には KOSDAQ に上場し、2020年の売り上げは約500億円で、海外の売上高は昨年比80%増となり、そのうち海外比率は50%であった。2019年に『愛の不時着』、2020年に『スタートアップ/夢の扉』、2021年に『ヴィンチェンツォ』と、韓国国内だけでなく、Netflixを通じて世界的なヒットを出し続けている。グローバル戦略としては、作品の制作だけでなく、作品やフォーマットの販売、韓国や世界でヒットした作品を別の国に置き換え、その国の役者を起用するリメイク契約も積極的に展開し、新たな収入源として確立している。2020年には米国支社を設立し、日本支社の設立も発表されている。

　スタジオドラゴンは、脚本家らが所属する4つのプロダクションを買収し、人気の脚本家や監督、演出家、ディレクターなどクリエーター陣を総勢231人抱えて、ヒット作を量産している。Netflixは、2019年11月に約100億円を投じてスタジオドラゴンの株式4.99%を取得し、2020年から3年間で21本のドラマ調達契約を結んだ。Netflixのテッド・サランドス最高コンテンツ責任者は、「Made in Koreaに出資し続ける」として、2021年には540億円をかけて、ドラマ制作を実行している。CJグループ向けの番組制作を請け負う「下請け体質」から、コロナ禍をきっかけとした動画配信プラットフォームの台頭で、国内テレビ中心の収益構造から脱却し、グローバルプラットフォーマーを通じて世界で稼ぐ収益構造となった。さらにグローバルプラットフォーマー間のコンテンツ争奪戦によってドラマの販売単価も上昇傾向となっている。

　日本の地上波在京キー局の制作費の合計は約7000億円（2020年度各社決算資料より）とされる一方で、Netflixは年間1兆5000億円（推定）と倍以上の制作費の開きがある。お約束事の多い日本ドラマは、ハイコンテクスト（言語外の情報）文化をベースにつくられることが多いため、日本人にはわかるが外国人にはわからないといわれている。さらに日本のドラマは視聴率が大事で、視聴者を薄く広く満足させることが優先される。その結果として、高齢者の視聴を想定した番組が多くなり、若者のテレビ・ドラマ離れを加速させ、スマホで視聴できる動画配信サービスやネット動画に、視聴者がどんどん流れていく事態となっている。テレビ局もこの流れをなんとか食い止めようとして、民放公式テレビ配信サービス「TVer」を2022年4月にリアルタイム配信をスタートさせている。

III
日本のアニメ業界の現在地

アニメ業界の市場規模

　『アニメ産業レポート2020』によると、BtoB と BtoC を含む日本のアニメ産業界全体の市

場規模は、10年間続伸しており、2.5兆円となった。ジャンル別の売り上げでみると、配信、海外における売り上げ、ライブが前年を上回り続けている（図5参照）。アニメ製作・制作会社の市場規模（BtoBのうち製作・制作会社の売上のみ）では、産業界全体と同様に10年連続で続伸しているものの、プロデュース事業などを含めても3000億円規模にとどまっている。また配信、配給、ビデオメーカー、商品販売をはじめとする流通関連の売上市場規模が、大きな割合を占めている。アニメ制作会社は約162社あり、制作スタジオの事業規模は1000億円程度、1社あたり6700万円程度の売り上げとなり、まだまだ小さな会社で成り立っている業界であることがうかがえる。

　また、海外における2019年度の売り上げは1兆2000億円であり、国内市場1兆3102億円を逆転する勢いである。グローバル市場で展開する配信プラットフォーマーの台頭により、自ら世界中を回り個別に営業しなくても、世界中の人にアニメを観てもらえる環境になったことが、海外市場拡大の要因といえる。

図5　アニメ産業市場規模

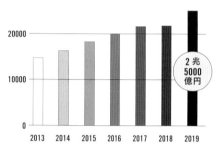

アニメ産業は10年連続伸び、2.5兆円市場に

アニメ産業ジャンル別推移

単位：億円

項目	2013	2014	2015	2016	2017	2018	2019
テレビ	1020	1107	1072	1059	1069	1144	970
映画	470	417	477	663	410	426	692
ビデオ	1153	1021	928	788	765	587	563
配信	340	408	437	478	540	595	685
商品化	5732	6552	5794	5627	5232	5003	5813
音楽	296	292	325	369	344	358	337
遊興	2427	2981	2941	2818	2687	2835	3199
ライブ	248	318	484	532	629	774	844
海外	2823	3265	5833	7676	9948	10092	12009

出典：一般社団法人日本動画協会「アニメ産業レポート2020」をもとに作成

アニメビジネスと収益構造[2]

アニメビジネスは、製作委員会方式〔民法上の組合〕で取り組むことが多く、アニメ制作にかかわるものに加え、その派生ビジネスにより成り立っている。以下に挙げる収益化できる構造が、主に7つある〔図6参照〕。このうちもっとも大きな収益は、制作したアニメのヒットで得られる出資に対するリターンである。一方、ヒットしなければ損失となり、最悪出資額を失うことになる。

アニメ制作のために、製作委員会は現著作物の利用許諾の対価となる「原作使用料」を原作管理している出版社などに支払う〔収益化①〕。次に、アニメ制作を制作会社に発注する〔その制作会社が製作委員会のメンバーであることも多い〕。これにより制作会社は、制作受託金額と実行金額の差額となる「制作利益」を受け取る〔収益化④〕。さらに製作委員会は、制作したアニメのヒット如何で、出資に対するリターンとなる「出資者配分」を受け取ることができる〔収益化③〕。

アニメビジネスには、アニメ制作以外に派生ビジネスが多数あり、権利をライセンス化して「営業窓口手数料」〔収益化⑤〕や「ロイヤリティ」〔収益化⑥〕を得ることができ、さらには各営業窓口の利用許諾により生じた「個別ビジネスの収益」〔収益化⑦〕を得ることができる。幹事会社は、そのアニメビジネス全体を取りまとめ、配分経理処理などを担い「幹事手数料」を受け取る〔収益化②〕。

図6　アニメビジネスと収益構造

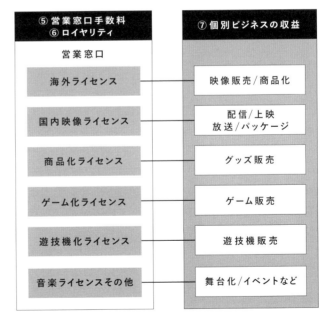

① 原作使用料…原著作物の利用許諾の対価
② 幹事手数料…とりまとめや配分処理に対する手数料
③ 出資者配分…出資に対するリターン
④ 制作利益…委員会からの制作受託に基づく利益
⑤ 営業窓口手数料…各営業窓口の業務執行に対する手数料
⑥ ロイヤリティ…許諾先から取得する利用許諾の対価
⑦ 個別ビジネスの収益…各営業窓口の利用許諾により生じた収益

アニメ業界の地上波における ビジネスモデル

これまで地上波が中心となって製作委員会を組成し、アニメ制作会社へ発注するため、アニメ制作会社は制作利益しか取れない構造であった。さらに最近は、地上波にとってアニメ番組は、もっとも効率が悪い番組となっている。制作費が高いわりには（地上波の予算1話1200万円〜1500万円）、視聴率が取れないため、『名探偵コナン』以外、ゴールデンタイムからアニメ編成がすべて消えた。アニメ産業全体としては、さらなる成長の可能性を秘めている一方で、制作現場がそれに追いつかなくなっている。アニメ制作現場は、手描きアニメーターの高齢化や、アニメーターの量と質両方の不足による品質劣化など、長年先送りにしてきたさまざまな課題が山積みになっており、待ったなしの状態である。この課題を放置しておくと、日本のアニメは、産業として持続することが困難な状況に陥るため、今はチャンスとピンチが同時に押し寄

1　映像系コンテンツの今後の傾向については、Netflixディレクター杉原佳尭氏に実施したオンラインヒヤリング（2021年6月22日）にもとづき作成

2　アニメビジネスとその収益構造、アニメ業界の地上波におけるビジネスモデルについては、竹崎忠トムスエンタテイメント社長に実施したオンラインヒヤリング（2021年6月22日）にもとづき作成。トムスエンタテインメント社は、1946年10月に設立された老舗のアニメ制作会社であり、東京ムービーを前身とする。売り上げは174億円（2020年）、主要株主はセガサミーグループ、代表作品に『名探偵コナン』など

表2　アニメ業界の課題

ゴール		「アニメSDGs」2030年までに持続可能な日本アニメ産業の未来をつくる
課題	制作における課題	・「紙に手描き」を前提とした人海戦術による制作工程の限界 ・手描きアニメ制作を支えてきたベテランスーパーアニメーターの高齢化 ・アニメーターの量的・質的不足による品質劣化
	アニメ産業構造における課題	・アニメ制作で得られる収益が、その派生ビジネスに比べて圧倒的に少ない ・アニメ制作会社は、最初に決めた制作金額で発注・納品となり、作品がヒットした際のリターンは、資金を出した製作委員会にしか戻らない ・これまで、アニメ制作会社は自分で作品を世に出す出口をもっていなかったため、出口をもつ発注側（テレビ局など）に価格決定権があった（仕事をもらえるだけありがたいという関係性）
改革	制作における改革	・若手のスキル不足をテクノロジーで補う仕組みづくり ・デジタル技術を活用し、人的作業を軽減する制作工程の実現 ・新しい制作工程のアニメ業界全体への波及
	アニメ産業構造における改革	・プロデュース機能を強化するために、自社でお金を出し、作品のビジネス構造を自由にハンドリングできるようにし、産業構造全体の改革をめざす

出典：竹崎忠「アニメ業界の現況」2020年をもとに作成

せている状態である。日本でアニメが制作されるようになって100年が経つが、基本的なつくり方は変わっていない（表2参照）。

日本には、新しい表現を生み出す自由な環境がある。さらに多神教や無宗教などの背景もあり、異文化との接点が少ないにもかかわらず、相手の文化や思考を許容するという考えがベースにある。それが、日本の漫画やアニメ作品の特徴としてもあらわれている。これは世界では唯一無二に近い環境ではないかと思われる。日本のアニメは海外で「ANIME」と呼ばれ、大人の鑑賞に耐えうる内容や、ジャンルの多様性がある。またそのクオリティの高さとコストパフォーマンスの観点から、他国のアニメーション作品とは一線を画した存在として、いまだに世界中で注目を集めている。

ソニーグループの成功事例 アニメ関連体制

ソニーグループ（以下ソニーG）は、2021年に米AT&T子会社のアニメ配信「クランチロール」の運営会社を、11.75億ドル（約1300億円）で買収したと発表した。ソニーGは、すでにアニメ専門チャンネル「アニマックス」や「ファニメーション」を傘下にもっているが、クランチロールの買収により、無料会員1億2000万人のほか、欧米など200か国以上の有料会員500万人の会員基盤を、取り込むことが可能になった。アニメ作品やキャラクターは、ファンに長く愛されるため、グッズ販売やアニメソング、映画、ゲームなど360度ビジネスに展開しやすく、多層的に稼ぐことができる。ソニーGは、こうしたビジネスモデルを、グループで一元的に展開できる事業会社群を抱えている。成功事例とし

ては、直近ではアニメ『鬼滅の刃』の大ヒットがあり、2019年にはモバイルゲーム『Fate/Grand Order』の国内売上高が、初の首位となったことがあげられる。こういった成功事例を出してきた背景には、ソニーG全体で連携し、同じ事業に取り組むことができる構造、システムがあることが大きい。ソニーG内には、アニメ制作「アニプレックス」、プレイステーションのゲーム機を企画、開発、販売をする「ソニー・インタラクティブエンタテインメント」、放送・配信を担う「アニマックス・ファニメーション・クランチロール」を抱え、音楽では「ソニー・ミュージックエンタテインメント」がある。親会社のソニーGが、各事業会社連携を調整し、関連技術の開発やM&Aで支援し、エコシステムが機能している。これまで「ソニークラックル」「PSビュー」「アイビオ」「アクトビラ」「キュリオシティ」といった数々の失敗を重ねながらも、新しい製品づくりにチャレンジし、グループ全体での仕組みづくりをし続けてきたことが、今の成功へとつながっている。

委員会発表資料とインタビューをもとに構成

参考資料
かねこひろあき「韓国BTS事務所はプラットフォーマーになれるか」日経産業新聞、2021年8月10日
かねこひろあき「ソニーG、米アニメ配信大手買収を完了」日本経済新聞、2021年8月10日
貴田岡祐子「動画配信サービス、海外勢が見せつける存在感」日経MJ、2021年6月22日
細川幸太郎「『愛の不時着』の韓流制作会社、Netflix効果で躍進」日経産業新聞、2021年3月27日
細川幸太郎「韓国・BTS所属事務所、米同業を買収へ1150億円で」日経経済新聞、2021年4月5日
総務省｜情報流通行政局「放送コンテンツの海外展開に関する現状分析（2019年度）」2021年

Epilogue
おわりに

本書の出発点では、日本文化の長い歴史のなかで培われてきた美意識や道といった精神性が、今日の日本の現代美術（視覚芸術、舞台芸術など）にも息づいている点に着目した。さらには、古来よりある日本人の遊びの精神や、多様な表現をはぐくむ自由な文化環境が、日本ならではのイマジネーションを生み、固有の文化として成長させてきた点を挙げた。そのような背景から日本に生まれている新しい才能や作品が、世界から注目を浴びていることにもふれた。

受け継がれる文化の歴史が、
魅力的に変容し続ける

本書で紹介した「クロスオーバーする文化」は、日本独特の現象である。なかでも、日本の漫画やアニメを筆頭にするコンテンツ産業では、自由でユニークな表現が豊かに育っている。その背景には、欧米での調査内容と比較して大きな違いとして挙げられる、アカデミズムとの距離がある。インタビュー調査のなかに示しているように、日本では、漫画やアニメ、演劇や映画といった比較的新しい分野の教育は、近年増えつつあるものの、しっかりとしたカリキュラムを組んで取り入れている学校は、まだまだ少ない。反して、教育による正当性や形式といった枠組みに捉われることなく、のびのびと生き生きと、創造性を発揮させることができている。こうしたことが、人や技術の流動性や定義の曖昧さを生み、ひとつのメソッドやジャンルに頼らない作品づくりを可能にしているのではないか。そのうえに、日本人の遊びの精神が加わり、海外からはある種ファンタジーな世界観として

受け止められる、傑出した表現による作品が生まれてくるのだろう。そして産業のジャンルさえもボーダレスと化し、クロスオーバーする特異な文化を促してきたのではないか。

自由の一方にある脆弱性

しかし一方で、アカデミズムに組み込まれないことのいちばんの弊害は、研究者や専門家、目利きといわれる人たちの数が、イギリスやアメリカと比較して圧倒的に少ないことである。専門家などが少ないことは、日本で強いアートのエコシステムを形成しにくい要因のひとつとなっている。また、とくに欧米では、国にとって文化とは何であるのかを、積極的に位置付けている。それらを背景に、文化施設の運営は、その維持管理だけでも莫大な費用がかかるが、国や市、非営利組織だけでなく、チャリティや寄付というかたちで市民が担い、支えている。欧米のこういった非営利のもとに展開する社会の仕組みや活動は、都市のなかで文化をはぐくむために、非常に重要な役割を果たしている。

一方日本においては、こうした支援は圧倒的に少なく、日本の文化は、おもに人気や話題性ではかられる商業活動や経済活動、あるいは小規模の熱心なコミュニティにより支えられてきたといえる。人気や話題性で文化をはかることは、一見分かりやすく、早く果実を得られるメリットがあるが、人気がなくなればたちまち忘れ去られ、お金が尽きれば作品制作の継続は途切れ、表現の行き場を失ってしまうのだ。日本では新しい文化について、専門家らによって価値を見出すという流れに乏しく、文化を支える力を、商業活動や経済活動、また特定のコミュニティの力だけに頼ることは、文化そのものを脆弱にしてしまう危険性を、つねにはらんでいるといえる。

都市のなかで、文化が強く育っていくために

本書では、文化が強く育ち、クリエイティブパワーを生み出すために必要な、人のつながりと社会システムに注目してきた。その活動を行うには、「場」が必要である。文化を大切にするコミュニティをはぐくみ、劇場や美術館のみならず、オルタナティブ・スペースや小さなギャラリー、アーティスト・レジデンシーといった、文化が生まれる場所を都市に根付かせる必要がある。加えて、各地の芸術祭で行われているような、街なかにおけるスペース——たとえばお寺や公園、街路空間——といった都市空間の活用も重要になってくる。

そして、生まれた作品を多くの人に観てもらうには、それらを運営するための社会システムが重要である。それは規模が大きくなるにつれて、より強いパワーをもったエコシステムのプレーヤーが必要となっていく。そのためには、文化が生まれ、育ち、作品を制作してより多くの人に観てもらうという活動を、循環性のある産業として成り立たせるための流れをつくることが重要だ。そのために必要とされる建築物や都市空間の「場」としてのあり方、都市としての関わり方が課題である。それら諸点について、引き続き調査研究を実施したいと考えている。

都市と文化・クリエイティブ産業研究委員会
統括　山中 珠美　（一財）森記念財団 主任研究員

出典一覧

URL はすべて 2022 年 12 月 16 日確認時のもの

第 2 章

p.52　註 2
p.54　註 3-7
p.56　註 9
「Artwords」美術館・アート情報 artscape
https://artscape.jp/artword/index.php

p.66　註 13
「パリ・オペラ座バレエ 杉本博司『鷹の井戸』について」
Ballet Constellation
https://ballet-constellation.com/2020/02/08/tv-parisopra-sugimoto-atthehawkswell-2020

p.66　註 14
Japonismes 2018
https://japonismes.org
「杉本博司がヴェルサイユ宮殿で個展 SUGIMOTO VERSAILLES 展（仮）開催へ」
「美術手帖」ホームページ
https://bijutsutecho.com/magazine/news/headline/18122

p.66　註 15
「石岡瑛子 血が、汗が、涙がデザインできるか」
東京都現代美術館ホームページ
https://www.mot-art-museum.jp/exhibitions/eiko-ishioka/

p.68　註 16
アーティスト：ガブリエル・オロスコ「美術手帖」ホームページ
https://bijutsutecho.com/artists/289

p.73　参考資料
「自然音と物音の静寂なコラージュを"聴く"──クリスチャン・マークレー《Found in Odawara》」
美術展ナビ
https://artexhibition.jp/topics/news/20211216-AEJ602853/

p.122　註 2
高橋龍太郎コレクション ホームページ
https://www.takahashi-collection.com/about

p.124　註 3
Taguchi Art Collection ホームページ
https://taguchiartcollection.jp/about

p.124　註 4
OKETA COLLECTION ホームページ
http://oketacollection.com/about

p.124　註 5
横浜美術大学ホームページ
https://www.yokohama-art.ac.jp/news/2020/20200401_01.html

p.129
「日本の NPO 法人と米英独の非営利法人の制度比較」
内閣府 NPO ホームページ
https://www.npo-homepage.go.jp/about/kokusai-hikaku/nposeido-hikaku

p.134　註 1
「文化庁メディア芸術祭、終了へ」朝日新聞デジタル 2022 年 8 月 24 日
https://www.asahi.com/articles/ASQ8S6VTBQ8SUCVL03C.html

p.136　図 1
文化庁「現代美術の海外発信に関する検討会」平成 26 年 10 月
https://www.bunka.go.jp/seisaku/bunkashingikai/kondankaito/gendaibijutsu_kaigaihasshin/pdf/kentokai_ronri.pdf

第 3 章

p.156　註 6
「NFT の動向整理」消費者庁ホームページ
https://www.caa.go.jp/policies/policy/consumer_policy/meeting_materials/

p.156　註 7
Monegraph | NFTMarketplaces
https://www.monegraph.com

p.156　註 8
What is Ethereum? 'Ethereum'
https://ethereum.org/en/what-is-ethereum/

p.156　註 9
Bring the World to Ethereum 'Polygon'
https://polygon.technology/lightpaper-polygon.pdf

p.160
《electric stimulus to face – test | Daito Manabe》
Daito Manabe ホームページ
http://www.daito.ws/en/work/electricstimulustoface_test.html

pp.164-165
Emerging Technologies - SIGGRAPH Asia 'SIGGRAPH Asia 2021'
https://sa2021.siggraph.org/jp/attend/emerging-technologies/18/session_slot/627
https://sa2021.siggraph.org/jp/attend/emerging-technologies/18/session_slot/633
https://sa2021.siggraph.org/jp/attend/emerging-technologies/18/session_slot/626

p.165　参考資料
SIGGRAPH ASIA 2021 Tokyo
https://sa2021.siggraph.org/jp
https://sa2021.conference-program.com/session/?sess=sess195
ACM SIGGRAPH
https://www.siggraph.org/about/
SIGGRAPH 2022 VANCOUVER
https://s2022.siggraph.org/about-the-conference
ACM
https://www.acm.org/about-acm/about-the-acm-organization
Ars Electronica
https://starts-prize.aec.at/en/the-tides-within-us
Akili interactive
https://www.akiliinteractive.com/science-and-technology
EndeavorRx
https://www.endeavorrx.com/about-endeavorrx/

p.170　註 1
国際通貨研究所「アジア通貨危機」
公益財団法人国際通貨研究ホームページ
https://www.iima.or.jp/abc/a/2.html

p.178　註 2
「村上春樹×蜷川幸雄 世界を震わせた奇跡のコラボレーション」
ホリプロステージ
https://horipro-stage.jp/stage/kafka2019

p.194　図 1
一般社団法人日本動画協会
「アニメ産業レポート 2021 サマリー（日本語版）」
https://aja.gr.jp/download/anime-industry-report-2021-summary_jp

p.196　註 2
「「少年ジャンプ＋」編集長に聞く"バズる Web 漫画"の方程式」
ITmedia NEWS　2021 年 8 月 27 日
https://www.itmedia.co.jp/news/articles/2108/27/news088.html

年表

森美術館編「日本の現代美術はどのように海外で紹介されたのか 1958-2019」『STARS 展：現代美術のスターたち―日本から世界へ』美術出版社、2020 年
東京都美術倶楽部編「年表」『日本の 20 世紀芸術』平凡社、2014 年
新国立劇場情報センター「日本の現代舞台芸術年表」
https://www.nntt.jac.go.jp/centre/library/timeline
ICC「ICC × Media Art Chronology 1989-2014」
https://www.ntticc.or.jp/Chronology/main.html
文化庁「文化庁メディアアート年表」
http://cdc.jp/mac/

文化の力、都市の未来
人のつながりと社会システム

2023 年 2 月 20 日　　第 1 刷発行

編著者　　　　（一財）森記念財団
　　　　　　　都市と文化・クリエイティブ産業研究委員会
発行者　　　　新妻 充
発行所　　　　鹿島出版会
　　　　　　　〒 104-0028 東京都中央区八重洲 2-5-14
　　　　　　　電話 03-6202-5200　振替 00160-2-180883
印刷・製本　　シナノ印刷
デザイン　　　石田秀樹（milligraph）

© THE MORI MEMORIAL FOUNDATION 2023, Printed in Japan
ISBN 978-4-306-08571-8 C3052

本書の内容に関するご意見・ご感想は下記までお寄せ下さい。
URL：https://www.kajima-publishing.co.jp/
e-mail：info@kajima-publishing.co.jp

日本のクリエイティブシーンのタイムライン

	1950	1960

アート

ビジュアルアーツ

- 1946 文部省に文化課、芸術課設置
- 1947 日本美術会、日本アンデパンダン展開始
- 1948 「美術手帖」（美術出版社）創刊
- 1949 ・日本（読売）アンデパンダン展開始
  ・東京藝術大学設置
- 1951 ・瀧口修造ら、実験工房結成
  ・神奈川県立近代美術館開館
  （日本初の公立近代美術館）
- 1952 ・ヴェネツィア・ビエンナーレ日本初公式参加
  ・国立近代美術館開館（日本初の国立近代美術館）
- 1954 吉原治良ら、具体美術協会結成
- 1956 世界・今日の美術展（日本橋高島屋）
- 1957 草間彌生、渡米

パフォーミングアーツ

- 1947 民衆芸術劇場（民芸）結成
- 1951 日本演劇協会創立
- 1952 日劇ミュージックホール開場
- 1953 浅利慶太ら、劇団四季結成
- 1956 牧阿佐美バレヱ団結成
- 1957 ボリショイ劇場バレエ団初来日公演

コンテンツ

- 1952 手塚治虫『鉄腕アトム』連載開始
- 1953 テレビ放送開始

テクノロジー

（海外も含む）

- 1953 国産第1号のテレビ発売（シャープ）

社会の動き

1947-1949　第1次ベビーブーム

- 1945 終戦
- 1948 1ドル360円に固定
- 1951 サンフランシスコ講和会議
- 1956 経済白書「もはや戦後ではない」
- 1957 なべ底不況

1960　1970　1980

1967 新潟現代美術家集団GUN結成
1978 国際ビデオアート展（草月会館）
1968 文化庁設置
1979 原美術館開館
1970
・杉本博司、渡米
・「美術手帖」李禹煥らの動向を「もの派」と名付ける
・第10回日本国際美術展（東京ビエンナーレ）：人間と物質展
1958
・草月アートセンター／草月会館設立
・具体美術協会、初の海外展（NY）
1960
・第12回読売アンデパンダン展、「反芸術」広まる
・吉村益信ら、ネオ・ダダイズム・オルガナイザーズ結成
1972
・国際交流基金設立
・ギャラリー・ワタリオープン
1963 高松次郎ら、ハイレッド・センター結成
1975 西武美術館開館

1966
・東京バレエ団、海外公演（ソビエト）
・鈴木忠志ら、早稲田小劇場結成
1975 天児牛大、山海塾結成
1961
・東京文化会館開場
・森光子『放浪記』初演
・英国ロイヤル・バレエ団初来日公演
・土方巽、初めて暗黒舞踏派を名乗る
1971 森下洋子、松山バレエ団に入団
1976 野田秀樹、夢の遊眠社結成、『走れメロス』上演
1972 麿赤児ら、大駱駝艦を結成
1977 大野一雄『ラ・アルヘンチーナ頌』発表
1958 舞台美術家協会発足
1963
・日生劇場開場
・パリ・オペラ座バレエ団初来日公演
・唐十郎ら、状況劇場結成
1973 西武劇場開場
1980 蜷川幸雄『NINAGAWA マクベス』演出
1964
・佐々木忠次、東京バレエ団結成
・マース・カニングハム舞踏団来日公演
1967
・寺山修司ら、天井桟敷結成
・モーリス・ベジャール率いるバレエ団来日公演
1974
・宝塚歌劇団『ヴェルサイユのばら』初演
・劇団つかこうへい事務所設立
・蜷川幸雄『ロミオとジュリエット』演出

1959 「週刊少年マガジン」、「週刊少年サンデー」創刊
1966 『ウルトラマン』放映開始
1974 『宇宙戦艦ヤマト』放映開始
1960 邦画公開本数547本（日本映画史上最初のピーク）
1967 少年マガジン『ゲゲゲの鬼太郎』『天才バカボン』など連載、100万部突破
1977 松本零士『銀河鉄道999』連載開始
1968 「少年ジャンプ」創刊
1978
・『銀河鉄道999』放映開始
・高橋留美子『うる星やつら』連載開始
1969 藤子不二雄『ドラえもん』連載開始
1979 『機動戦士ガンダム』放映開始
1963
・NHK大河ドラマ放送開始
・『鉄腕アトム』放映開始
1973 アニメ『ドラえもん』放映開始
1980 黒澤明監督『影武者』、カンヌでパルム・ドール受賞

1964 カセットテープ誕生
1976 VHS第1号ビデオデッキ発売（日本ビクター）
1968 カラーテレビの普及始まる
1979 ポータブルカセットプレーヤー「ウォークマン」発売（ソニー）
1980
・ゲーム＆ウォッチ発売（任天堂）
・日本語電子タイプライター発売（富士通）

1971-1974　第2次ベビーブーム
1964 東京オリンピック開催
1970 日本万国博覧会
1973 円変動相場制へ移行
1976 ロッキード事件
1959 岩戸景気
1966 ・ビートルズ来日 ・大学紛争始まる
公害問題深刻化
1971 **1972** 沖縄返還
1974 戦後初のマイナス経済成長

1980 — **1990** — **2000**

アート

ビジュアルアーツ

- **1983** 小池一子、佐賀町エキビット・スペース開設
- **1984** ・ヨーゼフ・ボイス展（西武美術館）・ナムジュン・パイク展（東京都美術館）
- **1985** スパイラル、オープン
- **1986** ・名古屋市、モディリアーニ作品約3億6千万円で購入 ・ブリヂストン美術館、ルノワール作品約16億円で購入
- **1987** 安田火災海上保険、ゴッホ《ひまわり》約53億円で落札
- **1988** ジャポニスム展（仏グラン・パレ）
- **1989** 広島市現代美術館開館（日本初の公立現代美術館）
- **1990** ・水戸芸術館現代美術ギャラリー開設 ・美術市場バブル崩壊、美術品の輸入額6145億円超え
- **1991** レントゲン藝術研究所開設
- **1992** 直島コンテンポラリーアートミュージアム開館
- **1993** ・草間彌生ヴェネツィア・ビエンナーレ参加 ・石岡瑛子、映画『ドラキュラ』衣装デザインでアカデミー賞受賞
- **1995** ・東京都写真美術館開館 ・東京都現代美術館（都現美）開館
- **1997** ICC開館
- **1998** 杉本博司「建築の20世紀展 終わりから始まりへ」（都現美）
- **1999** ・宮島達男ヴェネツィア・ビエンナーレ参加 ・東京藝術大学、先端芸術表現科設置
- **2000** 大地の芸術祭 越後妻有アートトリエンナーレ開始

パフォーミングアーツ

- **1983** 平田オリザら、青年団結成
- **1984** 古橋悌二ら、ダムタイプ結成
- **1985** 勅使川原三郎ら、KARAS結成
- **1986** ピナ・バウシュ／ヴッパタール舞踊団初来日公演
- **1987** 『NINAGAWA マクベス』ロンドン上演
- **1988** 東京国際演劇祭'88池袋
- **1990** ネザーランド・ダンス・シアター初来日公演
- **1993** 日本劇作家協会発足
- **1994** ・彩の国さいたま芸術劇場開場 ・ダムタイプ『S/N』発表 ・岩松了、宮沢章夫、平田オリザら「静かな演劇」の波
- **1995** 東京国際舞台芸術フェスティバル（～2001）
- **1996** 近藤良平、コンドルズ結成
- **1997** ・文化庁メディア芸術祭開始 ・岡田利規、チェルフィッチュ結成
- **1999** 蜷川幸雄演出『リア王』、日本・英国で公演

コンテンツ

- **1981** 『うる星やつら』放映開始
- **1982** 大友克洋『AKIRA』連載開始
- **1983** 今村昌平監督『楢山節考』、カンヌでパルム・ドール
- **1984** ・鳥山明『ドラゴンボール』連載開始 ・NHK、衛星テレビ放送開始
- **1985** スタジオジブリ設立
- **1986** 『ドラゴンボール』放映開始
- **1987** 村上春樹『ノルウェイの森』刊行
- **1988** 映画『AKIRA』公開
- **1990** 井上雄彦『SLAM DUNK』連載開始
- **1993** 『SLAM DUNK』放映開始
- **1994** 岡崎京子『リバーズ・エッジ』刊行
- **1995** 『新世紀エヴァンゲリオン』放映開始
- **1996** ゲームボーイ用ソフト『ポケットモンスター』発売
- **1997** ・『ポケットモンスター』放映開始 ・尾田栄一郎『ONE PIECE』連載開始 ・今村昌平監督『うなぎ』カンヌでパルム・ドール ・北野武監督『HANA-BI』ヴェネツィアで金獅子賞
- **1998** 冨樫義博『HUNTER×HUNTER』連載開始
- **1999** ・『ONE PIECE』放映開始 ・『HUNTER×HUNTER』放映開始 ・ポケモン映画米公開、週間興行収入1位

テクノロジー
（海外も含む）

- **1982** 世界初のCDプレーヤー国内から発売
- **1983** ファミリーコンピューター発売（任天堂）
- **1984** ・ポータブルCDプレーヤー発売（ソニー）・Macintosh発売
- **1985** ・カメラ一体型8ミリビデオ1号機発売（ソニー）・Microsoft Windows発売
- **1989** ・小型フルカラー液晶ビデオプロジェクター発売（エプソン）・世界初のノートブック型PC発売（東芝）
- **1990** ・VR（バーチャル・リアリティ）の言葉誕生 ・スーパーファミコン発売（任天堂）
- **1991** ・QuickTimeVR誕生 ・DAWソフト「ProTools」発売
- **1993** VFXソフト「NUKE」発表
- **1994** PlayStation発売（ソニー）
- **1995** Windows95（日本語版）発売
- **1996** 3DCGソフト「Houdini」発売
- **1998** ・iMac発売 ・DAWプラグイン規格「VST」発表 ・OSS統合型3DCGソフト「Blender」発表
- **1999** AIBO発売（ソニー）

社会の動き

1986-1991 バブル景気 **1993-2004 就職氷河期**

- **1989** ・昭和天皇崩御、平成へ ・ベルリンの壁崩壊
- **1991** ・バブル崩壊、長期不況へ ・湾岸戦争
- **1995** ・阪神・淡路大震災 ・地下鉄サリン事件
- **1996** 長野冬季オリンピック開催
- **1997** アジア通貨危機発生

・せんだいメディアテーク開館
・IAMAS開校
2001 ・杉本博司、ハッセルブラッド国際写真賞受賞
・横浜トリエンナーレ開始

2010 ・奈良美智、ニューヨーク国際センター賞受賞
・瀬戸内国際芸術祭開始
・あいちトリエンナーレ開始

2020 STARS展(森美術館)

・村上隆《Ko²ちゃん》日本現代美術最高額となる約5800万円で落札
2003 ・森美術館開館
・山口情報芸術センター開館

2011 名和晃平「シンセシス」展(都現美)

2021 ・ライゾマティクス_マルティプレックス展(都現美)
・クリスチャン・マークレー展(都現美)

・金沢21世紀美術館開館
2004 ・ベネッセアートナイト直島、地中美術館開館
・六本木クロッシング展開始(森美術館)

2013 杉本博司、フランス芸術文化勲章オフィシエ受章

・杉本博司「時間の終わり」展(森美術館)
2005 ・Chim↑Pom結成

2014 札幌国際芸術祭開始

2006 ライゾマティクス設立

2015 「シンプルなかたち展:美はどこからくるのか」(森美術館)

2007 国立新美術館開館

2017 第1回リボーンアート・フェスティバル

・蜷川幸雄、大英帝国勲章受章
2002 ・東京国際芸術祭(~2008)

2017 シアターコモンズ開始

2004 Noism Company Niigata設立

2019 ・豊岡演劇祭開始
・Perfume「Reframe2019」初演

2009 フェスティバル/トーキョー(~2020)

2021 東京バレエ団『かぐや姫(第1幕)』上演

2015 『デスノート THE MUSICAL』初演

2022 ダムタイプ、ヴェネツィア・ビエンナーレで『2022』発表

2000年代後半 ソーシャルゲームの成長
2002 宮崎駿監督『千と千尋の神隠し』ベルリンで金熊賞

2016 吾峠呼世晴『鬼滅の刃』連載開始

2006 映画『DEATH NOTE』公開

2018 是枝裕和監督『万引き家族』カンヌでパルム・ドール受賞

2009 諌山創『進撃の巨人』連載開始

2019 ・『鬼滅の刃』放映開始
・邦画公開本数689本(日本映画史上2回目のピーク)

2003 『DEATH NOTE』連載開始

2011 地上デジタル放送に移行

2020 映画『鬼滅の刃』国内歴代興行収入1位

2013 『進撃の巨人』放映開始

2021 サカナクション「アダプトONLINE」開催

2013 Google Glass発表

2005 ・YouTube動画サービス開始
・iTunes Music Store国内サービス開始

2001 ・iPod発表
・「NUKE」アカデミー科学技術賞受賞

2007 ・初代iPhone発売
・Google Mapsストリートビュー追加

2016 ・PlayStation VR発表(ソニー)
・Spotify国内サービス開始

2002 3DCGアニメーションソフト「Maya」発表

2011 ニンテンドー3DS発売(任天堂)

2017 NFTのオンラインマーケットプレイスOpenSea開始

2003 音声合成技術「VOCALOID」発表(ヤマハ)

2012 VRヘッドマウントディスプレイ「Oculus Rift」発表

2004 PlayStation世界累計出荷数1億台超え

2008 米国リーマンブラザーズ経営破たん

2019 ・新元号、令和へ
・新型コロナウイルス感染症発生

2001 アメリカ同時多発テロ発生

2011 東日本大震災

2021 東京オリンピック・パラリンピック開催